REX GERMANIA

I

Entstehung des Neuen Deutschen Reiches

Ein Military-Fiction-Roman von Heiko Piller

Romowe
Der Verlag.

Romowe. Der Verlag

(c) Romowe . Der Verlag und Heiko Piller
Alle Rechte vorbehalten.
All rights reserved.
ISBN: 978-3-946557-13-5
Autor: Heiko Piller
Umschlaggestaltung, Illustration: Romowe / Hagen Ernst Grafik: Pixabay

Das Werk, einschließlich seiner Teile, ist urheberrechtlich geschützt. Jede Verwertung ist ohne Zustimmung des Verlages und des Autors unzulässig. Dies gilt insbesondere für die elektronische oder sonstige Vervielfältigung, Übersetzung, Verbreitung und öffentliche Zugänglichmachung.
Bibliografische Information der Deutschen Nationalbibliothek:
Die Deutsche Nationalbibliothek verzeichnet diese Publikation in der Deutschen Nationalbibliografie; detaillierte bibliografische Daten sind im Internet über http://dnb.d-nb.de abrufbar.
Verlagsseite im Internet: www.romowe.de

Der Inhalt des Buches ist frei erfunden, auch wenn hier handelnde Personen geschichtlich belegt sind, haben Umstände oder Taten dieser nichts mit der vorliegenden Military-Fiction gemein.

Rex Germania I - Entstehung des Neuen Deutschen Reiches

Das Oberkommando der Wehrmacht gibt bekannt:

… Im Süden der Ostfront stoßen die Verbände der Heeresgruppe A weiter in das Kaukasusgebiet gegen, sich versteifenden Widerstand sowjetischer Truppen vor und erzielten erneut Geländegewinne.
Die Heeresgruppe B steht weiterhin in stärkstem Abwehrkampf an der Wolga im Raum Stalingrad. Dort leistet die 6. Armee unter Generaloberst Paulus, unterstützt durch Teile der 3. Rumänischen Armee gegen stärkste Feindverbände Widerstand und behauptet tapfer die beinahe gänzlich besetzte Stadt Stalingrad und geht entschlossen gegen die verbliebenen Widerstandsnester der Bolschewisten vor um den Gegner durch Abnutzung zu vernichten.
In Afrika stehen unsere Truppen und die Truppen unserer Verbündeten weiterhin im Abwehrkampf gegen die britischen Truppen der 8. Armee im Großraum Tobruk und Lybien. In geschlossener Ordnung gehen die Verbände planmäßig auf die „Buerat- Stellung" zurück Die Anglo-Amerikanischen Kräfte in Algerien und Marokko rücken weiterhin mit verhaltener Geschwindigkeit vor, teilweise unterstützt durch Vichy- Französische Kräfte. Teilweise setzten die Truppen des Generals Giraud den Anglo- Amerikanern heftigsten Widerstand entgegen.
In der vergangenen Nacht gab es wieder schwere Luftangriffe durch britische Terrorflieger auf Städte im westlichen Reichsgebiet. Unsere Luftwaffe schoss, nach ersten Angaben 10 feindliche Terrorbomber ab, mehrere wurden zum Teil schwer beschädigt.
In der Schlacht um den Atlantik wurden dem Gegner erneut schwere Verluste an Handelstonnage durch deutsche und italienische Unterwasserstreitkräfte zugeführt.

Romowe. Der Verlag

Im Nordmeer gelang es deutschen Unterseebooten dem Feind empfindliche Verluste an wichtigem Nachschub für die Bolschewisten beizubringen

20. Dezember 1942, Frühmorgens, Wolfschanze, Rastenburg, Ostpreußen

Eisig pfeift der Wind um die gut getarnten Bunker des Führerhauptquartiers. Doch genauso eisig wie das Wetter in den ostpreußischen Weiten, ist die Stimmung in den Gebäuden.
Adolf Hitler, Führer des Großdeutschen Reiches und Oberbefehlshaber der Großdeutschen Wehrmacht steht mit, vor Zorn hochrotem Kopf vor dem großen Tisch auf dem die Lagekarte des Stalingrader Raumes abgebildet ist.
Soeben hat Generalfeldmarschall Erich von Manstein, Befehlshaber des Unternehmens „Wintergewitter", nachdem Generaloberst Zeitzler die Lage in Afrika bereits erörtert hatte, mit seiner Lageeinschätzung des Einsatzversuches der Truppen im Stalingrader Kessel geendet und nochmals den Ausbruch der 6. Armee und deren Entgegenstoßen zur Entsatztruppe gefordert. Ebenso wie die Freigabe einiger Divisionen und Artillerie-Abteilungen aus dem Westheer und den Stellungen des Atlantikwalls, um den Ausbruch und die folgende Stabilisierung der Südost-Front zu gewährleisten.
Gerade will Generaloberst Kurt Zeitzler, Generalstabschef des Heeres nochmals das Wort ergreifen, da wirft Hitler zornentbrannt seine Brille auf den Tisch und schreit: „Nein, Nein, Nein! Die 6. Armee bleibt wo sie

ist! Paulus soll es ja nicht wagen auszubrechen! Genauso wie Rommel mit seinen Truppen steht, kämpft und notfalls stirbt!"
Noch ehe Hitler mit seinem Wutausbruch weiter machen kann, schneidet ihm Feldmarschall von Manstein unvermittelt das Wort ab: „Also haben sie sich unveränderlich dazu entschlossen, sowohl die 6. Armee, als auch die Heeresgruppe „Afrika" dort zu belassen, wo sie stehen und somit eine halbe Millionen Soldaten sinnlos zu opfern?"
Den anwesenden Militärs stockt der Atem, ob diesem noch nie da gewesenen Affront des Generalfeldmarschalls Hitler so ins Wort zu fallen.
Generaloberst Jodl sah Manstein entgeistert an. Generalfeldmarschall Keitel blickt ihn aus wütenden Augen an und schreit: „Manstein, wie können sie es wagen, den Führer so zu unterbrechen?" Manstein winkte nur leger und formlos ab und blickte weiter starr in die Richtung Hitlers. Dieser, ob des unerwarteten Widerstandes seines Feldmarschalls etwas verunsichert erwidert: „Ja Manstein, es wird kein Meter mehr zurück gegangen! Doch das braucht sie nicht mehr zu kümmern. Sie sind mit sofortiger Wirkung abgesetzt!"
Knisternde Spannung liegt in der Luft. Man könnte die sprichwörtliche Stecknadel fallen hören. Sekunden werden zur Ewigkeit. Wie wird der Feldmarschall darauf reagieren, was wird Zeitzler als Generalstabschef unternehmen?
Endlich, nach einer gefühlten Ewigkeit durchbricht von Manstein die Stille im Raum und antwortet vollkommen unmilitärisch: „So soll es den sein." Und verlässt gruß- und wortlos den Raum. Als er an Zeitzler vorübergeht nicken sich beide unmerklich zu. Durch

die geschlossene Tür hört der Feldmarschall noch die tobenden Worte des Mannes, der das Schicksal Deutschlands soeben eine vielleicht entscheidende Richtung gab.

20. Dezember 1942, Frühmorgens, Flugplatz Rastenburg

Generalfeldmarschall Erich von Manstein beeilt sich aus seinem Mercedes- Benz 170V heraus zu kommen. Sofort greift ein eisig kalter Wind nach ihm. Er eilt zu einer Gruppe von Offizieren, welche nun ebenfalls dem Feldmarschall entgegeneilen. Noch im Laufen ruft von Manstein gegen den heulenden Wind: Kobbler, sie begeben sich sofort nach Königsberg und helfen dort bei der Koordination. Sagen sie General Weyer, dass es soweit ist. Von Hardenburg, sie gehen nach Wien und schauen dort, dass alles so läuft, wie wir es wollen. General Streccius wird alles Wichtige veranlassen. Standartenführer Krause, sie fahren nach Angerburg und kümmern sich um Himmler und sie Herzog mobilisieren, zusammen mit Standartenführer Berger die Einheiten aus Rastenburg und warten dann auf weitere Befehle.
Als die Männer im Kreis gegenüber standen meinte von Manstein etwas leiser: „Die ausgearbeiteten Schriftstücke haben sie hoffentlich alle noch?"
Ein vielstimmiges: „Jawohl Herr Feldmarschall." erklang und von Manstein meinte abschließend: „Gut meine Herren, ich selbst begebe mich nach Berlin und werde dort alles Übrige in die Wege leiten und jetzt los, sie hören von mir. Es lebe Großdeutschland!"

Generalfeldmarschall von Manstein beeilte sich, dass er in das bereits warm laufende Flugzeug des Typs Junkers 52 einsteigt, um schnellstmöglich nach Berlin zu kommen. Doch zuvor muss noch ein Funkspruch zum OKM abgegeben werden.

20. Dezember 1942, Vormittags, Berlin, Flugplatz Tempelhof, nördlich des OKW Hauptquartiers Maybach II

Hart ist die Landung der einzelnen Ju 52. Ewig lang erscheint dem Generalfeldmarschall die Rollstrecke. Endlich nach einer gefühlten Ewigkeit kommt die Maschine zum Stehen.
Mit steifen Beinen steigt von Manstein aus der Maschine.
Wieder steht bereits eine Gruppe von Offizieren auf dem Gelände und erwartet den Feldmarschall ungeduldig. Eine kurze Begrüßung ist alles, als Manstein die Gruppe erreicht. Sofort eilen die Männer zu den bereit stehenden Fahrzeugen.
Von Manstein steigt, zusammen mit General der Kavallerie Franz Freiherr von Dalwigk zu Lichtenfels, dem Befehlshaber des Wehrkreises III auch Admiral Wilhelm Canaris, der Chef der deutschen Abwehr sitzt im Fahrzeug.
„Herr Feldmarschall, die Information über ihre Entlassung ist bereits bekannt gegeben worden, Generaloberst Hoth hat nun das Kommando. Genauso, wie sie es gesagt hatten." meint Canaris trocken. Der Feldmarschall nickt zufrieden. An Freiherr zu Lichtenfels gewandt fragt dieser: „Lichtenfels, ist für Berlin alles vor-

bereitet?" Da dieser auf dem Beifahrersitz des Mercedes Platz genommen hat, muss er sich ein wenig nach hinten drehen und antwortet: „Jawohl Herr Generalfeldmarschall. Alle Truppen sind bereit und warten auf den Befehl zum Losschlagen."
Wieder nickt von Manstein zufrieden.
Es werden noch einige wichtige Einzelheiten geklärt und nach etwas über eine Stunde Fahrt kommt die kleine Kolonne im Hauptquartier des Oberkommandos der Wehrmacht in Wünsdorf an. Die Kontrollen sind allesamt kein Problem, da die hohen Herren des Öfteren im Hauptquartier ein- und ausgehen und allesamt bekannt sind.
Die Kolonne wird von den Obersten Erwin von Lahousen und Hans Piekenbrock empfangen. Auch hier ist die Begrüßung kurz, denn man will sofort zum Chef des Allgemeinen Wehrmachtsamtes, dem General der Infanterie Hermann Reinecke. Ohne sich von Mitarbeitern Reineckes aufhalten zu lassen beritt von Manstein zusammen mit Canaris und Lahousen das Büro des Generals. Dieser springt erschrocken auf und meint: „Herr Feldmarschall? Was führt sie zu mir? Was hat dieser Auflauf zu bedeuten?" Ohne Umschweife erwidert von Manstein: „Piekenbrock, meine Verbündeten werden die Befehlsgewalt im Reich übernehmen, ganz gleich, ob mit ihnen oder ohne sie." Durchdringend ist der Blick des Feldmarschalls, und starr auf Piekenbrock gerichtet. Dieser ist wie vom Donner gerührt. Nach einigen Sekunden strafft dieser sich und meint scharf zu den drei Männern: „Das was sie vor haben ist Verrat! Niemals werde ich mich für so etwas Schändlichem hergeben!" Ungerührt und kalt meint

von Manstein: „Nun, dann sind sie hiermit verhaftet!" Die gezogenen Waffen von Admiral Canaris und Oberst Lahousen lassen keinerlei Gegenwehr zu.
Generalfeldmarschall von Manstein ergreift den Hörer des Telefons und lässt sich nacheinander mit den Kommandeuren des Fahnenjunkerlehrganges 2 der Panzertruppe und der Heeres- Kraftfahrschule verbinden. Danach spricht er kurz mit dem Leiter des Wehrkreis- Unterführerlehrganges III.
Kurz darauf sind die angeforderten Truppen vor Ort und unterstellen sich dem Feldmarschall.
Nachdem, ohne besondere Gegenwehr zusammen mit Piekenbrock, unter anderem auch noch Oberst Franz Eccard von Bentivegni, Generalmajor Hasso von Wedel und einige andere verhaftet wurden, ist das Hauptquartier des Oberkommandos der Wehrmacht in der Hand der neuen Gewalt.
Nun erfolgt ein kurzes Telefonat mit dem OKH Hauptquartier Mauerwald. Voller Spannung spricht von Manstein in den Hörer: „Hier spricht Generalfeldmarschall von Manstein. Ich muss Generaloberst Zeitzler sprechen." Am anderen Ende der Leitung ertönt ein kurzes: „Jawohl Herr Generalfeldmarschall." und nach wenigen Sekunden ertönt die bekannte Stimme von Zeitzler: „Herr Feldmarschall, da sie am Apparat sind gehe ich davon aus, dass bei ihnen ebenfalls alles geklappt hat? Das OKH steht jedenfalls unter unserer Kontrolle." Erleichtert atmet von Manstein hörbar aus: „Ja Zeitzler, auch hier ist alles gut gegangen. Piekenbrock, Bentivegni und einige mehr mussten jedoch inhaftiert werden. Wie ist es sonst gelaufen? Was ist mit Hitler, Himmler und deren Gefolgschaft? Wie steht es

mit der Luftwaffe und der Marine? Sind die, in Marsch gesetzten Einheiten noch immer auf dem Weg? "
Nun ist von Zeitzler ein langes durchatmen zu vernehmen: „Hitler, Keitel und Jodl sind ausgeschaltet, genau nach Plan. Heismeyer hat, zusammen mit Krause ganze Arbeit geleistet und sich um Himmler und dessen Gefolgschaft gekümmert, wie besprochen. Göring war gerade auf einer Jagd, dort gab es einen bedauernswerten Jagdunfall. Raeder und Dönitz haben ohne Probleme das OKM und die Kommandostellen auf unsere Seite gezogen, wie vorhergesehen. Dönitz war zwar anfangs schwer zu überzeugen, da er Hitler und dem Nationalsozialismus sehr zugetan ist, doch seine Treue zu Deutschland und dem Volk haben letztendlich überwogen. Nur beim OKL und bei Fromm, dem Befehlshaber des Ersatzheeres gab es einige Schwierigkeiten. Doch konnten diese mittlerweile ebenfalls eingenommen werden. Das Wachbataillon „Großdeutschland" hat vor kurzem das Reichspropagandaministerium, das Reichsfinanzministerium, das Reichspostministerium und das Reichswirtschaftsministerium gesichert. Das Grenadier- Ersatz- Regiment 218 steht gerade im Kampf um das Außwärtige Amt. Ribbentropp und einige Getreue haben sich dort verschanzt und wir wollen unnötige Opfer vermeiden, daher haben wir noch nicht gestürmt. Genauso wie das Innenministerium. Dort steht das Grenadier- Ersatz- Regiment 397. Sollte sich die Lage jedoch nicht in den nächsten Stunden klären, wird das bereitstehende Pionier- Ersatz- Bataillon 23 den Weg frei sprengen.
Lutze hat die Berliner SA und SA- Einheiten im näheren Umland, soweit noch vorhanden zusammengezogen und eingesetzt um das Reichsluftfahrtministerium

zu stürmen. Verstärkt wurden sie durch das Personal der Heeres- Feuerwerkerschule. Der erste Sturmversuch wurde abgewiesen. Das Grenadier- Ersatz- Regiment 523 und das Personal der Pionierschule sichern die Reichskanzlei. Ebenso wurden im übrigen Reichsgebiet alle wichtigen Staatlichen- und Parteieinrichtungen weitestgehend gesichert. In den besetzten Gebieten ist es so weit ruhig. Die wichtigsten Kommandostellen haben sich uns angeschlossen. Selbst von Seiten der SS ist alles ruhig geblieben. Heismeyer, Hausser, Bittrich, Steiner, Gille, von Herff und Lorenz haben hervorragende Arbeit geleistet. Die Einheiten der Westfront sind noch immer auf dem Weg und werden demnächst in der Ostfront ankommen.
Herr Generalfeldmarschall, alles in allem können wir sagen, dass die Machtübernahme geglückt ist.
Von Neurath, Schwerin von Krosigk, Hierl, Duesterberg, von Witzleben, Rommel und Raeder bereiten gerade die offizielle Erklärung für Volk und Wehrmacht vor und erwarten sie in der Reichskanzlei."
Man kann förmlich hören, wie von Manstein ein Stein vom Herzen fällt: „Sehr gut. Sagen sie den Herren, dass ich mich auf dem Weg mache."

20. Dezember 1942, Vormittags, Stadt Rastenburg

„Achtung! Stillgestanden, die Augen geradeaus!" schallt es über das Kasernengelände des Infanterie- Ersatz- Bataillons 151. Die jungen Männer der Einheit stehen mit einem Schlag stramm und warten auf den weiteren Befehl des Adjutanten. Sie haben bereits Waffen und scharfe Munition empfangen und warten auf das kommende. Lange müssen sie jedoch nicht warten, denn nun schreitet der Bataillonskommandeur, Major Reinhard auf sein angetretenes Bataillon zu. Eisig kalt pfeift der starke Ostwind den wartenden Soldaten ins Gesicht. Der Adjutant, Leutnant Vallentin grüßt stramm und meldet: „Herr Major, das Bataillon ist vollzählig angetreten und wartet auf ihre Befehle." Major Reinhard grüßt zurück und beide schreiten die Front ab. In der Mitte der angetretenen Einheit bleiben beide stehen und Major Reinhard spricht mit seiner donnernden, tiefen Stimme: „Soldaten, Männer, es ist nun für uns soweit uns zu bewähren. Die Bolschewisten haben ein großes Luftlandeunternehmen begonnen und gehen gegen das Hauptquartier des Führers vor. Nun ist auch unsere Einsatzbereitschaft gefragt den Führer zu schützen und nun los. Ich weiss, ihr werdet mich nicht enttäuschen."

Ein tiefes Grummeln geht durch die Reihen der angetretenen Soldaten. Auch der junge Soldat Paul Adomeit ist aufgeregt: „Angriff auf den Führer persönlich. Das ist ja allerhand." denkt er sich im Stillen.
Reinhard spricht weiter, einige Einteilungen werden noch vorgenommen und Anweisungen gegeben. Dann erklingt der Befehl: „Kompanieweise auf die LKW aufsitzen. Los Abmarsch!" und schon setzt sich das Bataillon in Bewegung und besteigt die bereits mit laufenden Motoren vor dem Kasernengelände wartenden Lastwagen.

20. Dezember 1942, früher Nachmittag, Waldstück bei Rastenburg, Ostpreußen, nahe Wolfschanze

Oberleutnant Franz Breithaupt steht in einem ausgedehnten Waldstück in Mitten seiner Unterführer und spricht mit leiser Stimme: „Gut Leute, gerade kam über Funk das Kennwort „Götzenfall". Ihr wisst alle was das bedeutet. Oft genug haben wir es besprochen und Admiral Canaris hat jeden einzelnen von uns persönlich ausgewählt. Meyer, du gehst mit deinen Männern bei der Wache West vor. Wenn du den ersten Schuss abgibst, geht es für uns alle los. Mach viel Rabatz, hau mit dem MG ein paar schöne Furchen in den Boden und stanze einige schöne Löcher mit dem Granatwerfer hin. Die Wachen werden mit Sicherheit die Beine in die Hand nehmen, denn eigentlich rechnet niemand wirklich mi einem Angriff auf die Wolfschanze. Wenn sie weg sind, lass die Russen stürmen, die sollten nicht weit kommen, denn der Sperrkreis ist mit MG- Nestern und Schützenlöchern gespickt. Curwy und Bobrowski, eure Truppen stürmen die Wache Ost. Ihr habt dort freie Hand, doch müsst ihr die Aufmerksamkeit der Wachmannschaften unbedingt auf euch ziehen, damit Clausen, Peters und Steiger sich absetzen können, um so nahe wie möglich an den Bunker von Hitler zu kommen." Dabei sieht Breithaupt nun die drei Scharfschützen an und meint nun zu diesen: „Ihr drei denkt daran, dass ihr nach dem ersten Schuss an der Wache Ost nur Zehn Minuten habt, um in Schussposition zu kommen. Bis dahin müsste General Zeitzler die Bagage heraus gelotst haben. Vergesst nicht, das Hauptziel ist Hitler. Danach Keitel, Bormann und Jodl. Wenn Himmler oder Goebbels da sein sollten, dann diese zwei gleich

nach Hitler. Habt ihr die Ziele erledig, dann zieht ihr euch schnellstmöglich zurück. Curwy, dir wird zusätzlich noch der zweite Zug von Russen zugeteilt. Lass sie vorn Stürmen, werden wohl auch nicht weit kommen. Schade um sie, doch ist es ein notwendiges Opfer. Der Rückzug wird ebenfalls wie geplant ablaufen. Ihr werdet euch möglichst unauffällig von den überlebenden Russen absetzen und beim Treffpunkt sammeln. Also wisst ihr alle Bescheid? Vergesst nicht, dass ihr von nun an kein Wort Deutsch mehr sprecht, von nun an nur noch Russisch oder Polnisch!" Als keine Gegenfragen kommen beendet Breithaupt die Besprechung mit: „Gut Kameraden, dann wollen wir mal. Es lebe Großdeutschland!"
Kaum ist die Besprechung beendet, da pirscht sich der Kommandotrupp „Wolfschanze" der Brandenburger ausgestattet mit sowjetischen Uniformen, Waffen und sonstigen Ausrüstungsgegenständen zur Wolfschanze an ihren jeweiligen Angriffspunkten. Es dauert länger als gedacht, den trotz der dichten Baumkronen ist auch der Waldboden mit einer recht hohen Schneedecke bedeckt, die das vorrankommen erschwert.

Die Unteroffiziere Clausen, Peters und Steiger hocken hinter den bereit stehenden Angriffstruppen und warten auf den Angriff. Sie sind die einzigen Soldaten, die Deutsche Waffen tragen, den der Karabiner K98 mit Zeiss- Fernglas ist als Scharfschützenwaffe überragend. Die Spannung ist kaum mehr auszuhalten und plötzlich erklingt aus einiger Entfernung MG- Geknatter und Abschüsse aus Granatwerfern. Das ist das Zeichen für die Angriffsgruppe Ost, ebenfalls anzugreifen.

Rex Germania I - Entstehung des Neuen Deutschen Reiches

Sofort stürmen die Soldaten in Richtung der Wache Ost und feuern was die Waffen hergeben. Schnell werden die Wachsoldaten erledigt, ebenfalls ein notwendiger Verlust und sie dringen weiter auf das Gelände der Wolfschanze vor. Nun gibt es jedoch Gegenwehr von den Soldaten des Führerbegleitkommandos, doch werden sie durch gezieltes Granatwerferfeuer niedergehalten. Um schneller vorwärts zu kommen, werden nun die Russen ins Feuer geschickt. Sie gehen ohne Rücksicht auf Verluste vor. Der Kampf wogt hin und her, die Wachmannschaften müssen mehr und mehr verstärkt werden. Die Kommandotruppen leisten hinhaltenden Widerstand, von Mal zu Mal wird ein Angriff von den russischen Soldaten nach vorn getragen und die Wachmannschaften geraten zunehmend unter Druck, doch wird nicht mit aller Härt angegriffen, denn es geht in erster Linie nicht darum weit vorwärts zu kommen, sondern die Aufmerksamkeit auf sich zu ziehen.
Die allgemeine Verwirrung nutzen indes die drei Scharfschützen um in eine günstige Schussposition zu kommen.
Diese erreichen sie ohne Probleme. Jeder der drei Männer kennt die Umgebung und das Gebiet der Wolfschanze wie seine Westentasche. Jede freie Minute hatten sie über die Lagekarten und vorhandenen Fotos gesessen und sie auswendig gelernt. Sie kennen jede Mulde, jeden Hügel auf ihrem Weg. Als sie durch ihre Zielfernrohre schauen, sehen sie die Eingangstür des Bunkers.
Er ist zu, niemand seht davor. „Verflucht, sollte es Zeitzler doch nicht geschafft haben?" denkt Clausen

gerade als plötzlich die schwere Stahltür langsam geöffnet wird. Als erstes tritt Generaloberst Zeitzler vor die Tür, danach folgt Otto Günsche, persönlicher Adjutant beim Führer, dann Puttkammer, Keitel, Warlimont, eine SS- Wache dann endlich Hitler, Bormann und Jodl.
Clausen flüstert zu den beiden anderen: „Drei Schüsse auf Hitler. Ich und Steiger den Kopf, Peters du das Herz. Danach nehme ich Bormann, Steiger du nimmst Keitel und du Peters nimmst Jodl. Danach gehen wir zurück. Alles klar? „Beide flüstern: „Klar." Clausen raunzt: „Feuer!".
Drei, fast gleichzeitig ertönende Abschüsse erklingen und gehen im allgemeinen Feuerkampf unter. Noch ehe Hitler, von allen drei Schüssen getroffen, zu Boden fällt, werden die nächsten Ziele anvisiert. Die Bewegungen der drei Soldaten sind fast automatisch und hundertfach geübt. Die nächsten Zielpersonen haben noch gar nicht gemerkt, was passiert ist, da erklingen wieder drei kurze, klare Abschüsse und es fallen Keitel, Jodl und Bormann tödlich getroffen zu Boden. Augenblicklich färbt sich die dünne Schneedecke vor dem Bunker rot.
Clausen schaut auf und meint: „So, erledigt. Schnell noch den Schriebs weg geschmissen und weg!"
Unerkannt und unangefochten gehen die drei Soldaten wieder zurück. Als sie von Bobrowski erkannt werden, gibt der den Befehl zum Rückzug. Kämpfend und aus allen Rohren feuernd ziehen sich die Kommandosoldaten wieder zurück. Tote werden zurückgelassen, doch wird peinlichst darauf geachtet keine Verwundeten in die Hände der Wolfschanze- Soldaten fallen zu lassen.

Glücklicherweise ist auch für die Flucht des Kommandotrupps „Wolfschanze" alles genauestens vorbereitet und minutiös geplant, so gelingt diese ohne weitere Verluste und die Brandenburger steigen, mit pfeifenden und brennenden Lungen in die bereitstehenden LKW und verlassen
schnellstmöglich die Umgebung des Führerhauptquartiers „Wolfschanze".

20. Dezember 1942, früher Nachmittag, Führerhauptquartier "Wolfschanze", Ostpreußen

Der LKW der Gruppe des jungen Soldaten Paul Adomeit kommt, nach einer rutschigen, schlingernden Fahrt über ausgefahrene Feldwege durch die dichten Wälder nahe Rastenburgs kommt mit quietschenden Bremsen zum Stehen. „Los, los, los. Runter vom LKW und sammeln." schreit der Zugführer Feldwebel Wilhelm Stein. Adomeit und die anderen Männer aus seiner Gruppe springen von der Ladefläche. Sofort greift der schneidend kalte Wind nach ihnen. Auf einer kleinen Lichtung am Waldrand nehmen die Soldaten des Infanterie- Ersatz- Bataillons 151 Aufstellung. Die Führer und Unterführer werden zum Befehlsempfang zu Major Walther Reinhard befohlen. Den jungen Männern wird ein kurzer Stopp befohlen und sie stehen nun in kleinen Gruppen zusammen und warten darauf, was da wohl auf sie zukommen wird.
„He Klaus, weißt du, was wir hier jetzt sollen? Ich denke es ist eine feindliche Luftlandung im Gange?"

Der Gruppenführer der Gruppe, der auch Paul Adomeit angehört zuckt nur mit den Schultern und erwidert: „Keine Ahnung, mir sagt doch kein Ass was. Wenn du was wissen willst, dann geh doch zum Reinhard und frag ihn persönlich."
Nach circa einer viertel Stunde hören die jungen Soldaten Infanteriefeuer, welches mehr und mehr anschwillt. Auch sind Abschüsse von Granatwerfern zu vernehmen. Unruhe kommt in die Gruppen der Männer. Hektisch erklingt nun die Stimme von Leutnant Vallentin: „Los, los, los. Abmarsch Zugweise voran!" In geordneter Formation marschieren die jungen Soldaten schnellen Schrittes dem Gefechtslärm entgegen. Lange müssen sie nicht marschieren und schon durchschneidet die kräftige Stimme von Major Reinhard die eisige Kälte. „Halt! Erster Zug nach links ausfächern, zweiter Zug Mittig weiter vor und der dritte Zug deckt die rechte Flanke. In Schützenreihe vorgehen. Es ist mit Feindkontakt zu rechnen!"
Aufgeregt beziehen die unerfahrenen Soldaten, die mitten in der Ausbildung sind die befohlenen Positionen. Bei jedem Meter den die Landser zurücklegen wird der Lärm der Waffen lauter.
Paul Adomeit kann den Dunst seines Atems vor seinem Mund erkennen, es ist lausig kalt, das Land und die Bäume sind weiß und dennoch bilden sich kleine Schweißperlen auf der Stirn des jungen ostpreußischen Soldaten.
Die Aufregung und Anspannung lässt ihm die Kälte nicht spüren.
Adomeit ist, genau wie seine jungen Kameraden voll und ganz von der Situation gefesselt, er ist wie erstarrt als plötzlich von vorn der Ruf kommt „Achtung!

Rex Germania I - Entstehung des Neuen Deutschen Reiches

Feindliche Infanterie von vorn! Deckung!" Sein Verstand braucht einen kurzen Augenblick um die Information zu verarbeiten. Doch nun geschieht alles wie automatisch. Er wirft sich, genau wie seine Kameraden in den tiefen Schnee. Mit seinen handschuhbewährten Händen baut sich Adomeit, wie einige seiner Zugmitglieder auch einen Sichtschutz aus Schnee. Dies hält zwar keine Kugel ab, aber man wird nicht so schnell entdeckt. Der Karabiner wird angelegt und über Kimme und Korn warten die Soldaten auf den gemeldeten Feind. Doch lange brauchen sie nicht warten und schon nach wenigen Momenten sehen sie einige Gestalten aus dem weißen Dunst laufen. Noch kann man nicht erkennen, ob es wirklich der Feind ist, oder aber vielleicht ebenfalls deutsche Soldaten, die den Feind suchen und bekämpfen wollen. Es bleibt den Landsern nichts anderes übrig, als weiter zu warten. Die Anspannung bei den unerfahrenen Jungen wächst von Sekunde zu Sekunde. Sie ist kaum noch zu ertragen. Immer mehr Umrisse schälen sich aus dem Dunstvorhang. Wie geisterhafte Schemen bewegen sie sich voran.
Die unbekannte Einheit ist vielleicht noch 150 Meter entfernt, da brüllt die Stimme von Major Reinhard „Feuer frei auf erkannte Ziele!" Adomeit visiert kurz eines der Schemen an und drückt ab. In diesem Augenblick ist er sich überhaupt nicht darüber im Klaren, dass er zum ersten Mal in seinem Leben auf Menschen schießt. Sein ganzer Körper ist angespannt bis in die letzte Faser. Anlegen, zielen, Feuer. Alles ist ein oft geübter Automatismus. Schon nach kurzer Zeit ist der erste Ladestreifen leer und die Soldaten haben nur einen Ersatzstreifen erhalten. Paul Adomeit ist gerade

dabei, den Streifen einzulegen, da durchschneidet wieder die Stimme des Majors den Lärm „Vorrücken! Es werden keine Gefangenen gemacht!" Adomeit gefriert das Blut in den Adern, als er das hört, doch er wagt es nicht den Befehl des Majors in Frage zu stellen. Noch vollkommen in Gedanken vernimmt er die Stimme seines Zugführers. Die etwas kratzige Stimme von Feldwebel Stein, den die Wehrpflichtigen wegen seines Vornamens Hartmut und seiner rauen und schroffen Art nur „Steinhart" nennen bellt „Ihr habt den Major gehört. Im Sprung vorwärts und gruppenweise Deckung geben! Oft genug haben wir es geübt!" und schon springt er vorwärts. Ein paar Meter weiter wirft er sich wieder in Deckung. Im gleich machen es nun seine Männer. Gruppenweise gehen sie gegen den, in Deckung liegenden Feind vor. Dieser leistet nun zunehmend Widerstand, nachdem er sich zuerst kaum gewehrt hat. Näher und näher kommen sie dem Feind. Schuss um Schuss knallt aus den Karabinern. Adomeit hat nur noch zwei Schuss. Bei seinen Kameraden sieht es jedoch nicht viel besser aus.
Wieder erklingt der Klang eines Abschusses aus dem K 98 Adomeits. Wieder fällt ein Gegner wie vom Blitz getroffen zu Boden. „Nur noch ein einziger
Schuss." denkt Paul Adomeit gerade noch, als wieder die Stimme des Majors erklingt „Seitengewehr aufgepflanzt und bereit zum Nahkampf!" schreit dieser. „Oh Gott, auch das noch!" geht es dem jungen Soldaten gerade noch durch den Kopf und schon dringt eine weitere Stimme an sein Ohr „Und denkt daran, keine Gefangenen!" ergänzt „Steinhart" den letzten Befehl des Majors. Kaum hat Paul Adomeit sein Seitengewehr an

den Karabiner befestigt, da schreit der Major mit überschlagender Stimme „Stuuurrrrmmm!" Er springt als erstes auf und läuft, mit lautem, lang gezogenem „Huuurrraaaaa!" dem Feind entgegen. Sofort stürmen die restlichen Soldaten des Bataillons ihrem Kommandeur nach. Die Soldaten beider Seiten prallen aufeinander und es entwickelt sich ein kurzer, aber heftiger Nahkampf. Die Russen wehren sich nach Leibeskräften. Seitengewehre bohren sich in Fleisch, russische Feldspaten zerschneiden deutsche Körper. Kräftige Hände umschlingen die Hälse von Gegnern. Die Deutschen Soldaten haben von Anfang an den zahlenmäßigen Vorteil auf ihrer Seite und ringen so den Feind nieder, doch dieser fordert einen hohen Blutzoll von den jungen, unerfahrenen Deutschen. Doch Verwundete gibt es nach diesem Gefecht, nur auf deutscher Seite zu versorgen. Ganz getreu dem Befehl des Majors. Dieser steht, mit blutverschmierter, teilweise zerrissener Uniform etwas abseits von seinen Männern und betrachtet stumm und in Gedanken vertieft das Geschehen. Er merkt zuerst gar nicht, dass sich Leutnant Vallentin zu ihm gesellt. Auch dieser ist vom Kampf gezeichnet. Er trägt einen dicken Verband um den rechten Oberschenkel. Ein russischer Spaten hat dort eine tiefe Wunde hinterlassen.

„Nicht schön, das mit den verwundeten Russen, aber es musste wohl sein, Herr Major." Halb verständnisvoll, halb fragend richtet er sich an seinen Kommandeur. „Es waren Kommandosoldaten und sie haben den Führer angegriffen!"

Als der Major nichts erwidert, entfernt sich der junge Offizier wieder.

Etwas wehmütig blickt Major Reinhard hinter seinem Adjutanten her „Ja, es musste sein, doch nicht aus den Gründen, die sie sich vorstellen. Sie wussten etwas, das sie niemals weitergeben dürften!"

20.Dezember1942, Abends, Berlin, Neue Reichskanzlei

Generalfeldmarschall Erich von Manstein, Generalfeldmarschall Erwin Rommel, Generalfeldmarschall Erwin von Witzleben, Großadmiral Erich Reader, Konstantin von Neurath, Konstantin Hierl, Theodor Duesterberg, Graf Schwerin von Krosigk, SS- Obergruppenführer August Heismeyer und der Stabschef der SA, Viktor Lutze halten eine kurze Ansprache an das deutsche Volk. Kurz wird das erschütternde Ereignis geschildert, der Heldentod des Führers und der obersten Spitze der Wehrmacht verkündet.
Darüber hinaus werden die ersten Erkenntnisse preisgegeben, wie es dem Feind gelingen konnte, die streng geheime Anlage zu entdecken und dann ein so zielgerichtetes Luftlandeunternehmen unbemerkt vorzubereiten und durchzuführen.
Den schockierten Volksgenossen wird verkündet, dass der Reichsführer- SS Heinrich Himmler und dessen engster Stab unter Mithilfe des SD dahinter steckten, um die Macht im Reich an sich zu reißen.
Dieser Versuch wurde durch schnelles ein- und durchgreifen von Teilen der Wehrmacht und Loyaler SS-Einheiten vereitelt. Dieses Ereignis jedoch, wird tiefgreifende Folgen für verschiedene Parteiorganisationen haben. Genaueres wird noch bekannt gegeben.

Danach hält noch jeder der neuen Spitzen des Reiches eine eigene kurze Ansprache zu den verunsicherten Volksgenossen und Soldaten des Reiches. Zum Schluss schiebt sich eine junge, dynamische Gestalt an eines der Mikrofone. Gekleidet ist diese junge Gestalt, von der einen natürlichen Präsenz und Erhabenheit ausgeht, in einem schlichten, doch sehr eleganten schwarzen Anzug.
Er strafft sich und beginnt mit den ruhigen Worten „Meine deutschen Bürger, Soldaten des Reiches. Wie ihr soeben erfahren habt, ist der Führer einem feindlichen Anschlag zum Opfer gefallen. Das Schicksal hat entschieden und damit wurde ich, Louis Ferdinand von Preußen von der Vorsehung auserkoren des Reiches Führung zu übernehmen und das Schicksal Großdeutschlands, wieder als Kaiserreich zu einer untrennbaren Einheit mit dem Schicksal des Hauses Hohenzollern zu schmieden.
Der Führer hat in weiser Voraussicht, mit dem von ihm eingeführten Führerprinzip den Grundstein für mein Kaisertum gelegt und ich werde sein Andenken Ehren in dem ich auf sein erbautes Fundament aufbaue und somit eurer Hilfe eine starke, uneinnehmbare Festung Großdeutschland als Wiedergeburt des von den Verbrechern des Novembers 1918 so schändlich verratenem Kaiserreichs errichte! Ich setzte es als selbstverständlich voraus, dass der, dem Führer geschworene Eid nahtlos auf meine Person übergeht. Selbstverständlich werde ich auf eine förmliche Inthronisierung verzichten, dies ist ganz einfach unserer schweren Zeit geschuldet. Es lebe Großdeutschland!"

Stille herrscht nun in den Rundfunkgeräten.

Nach einer kurzen Pause setzt der neue Monarch Großdeutschlands fort „An die Kriegsführenden Mächte der westlichen Alliierten richte ich nun ganz offiziell ein Friedensangebot, um weitere unnötige Opfer zu verhindern. Ich richte an die Staatsführer Großbritanniens und der USA das Angebot einer allgemeinen Friedenskonferenz, um eine gemeinsame Lösung für eine europäische und weltweite Friedensordnung zu finden. Ebenso möchte ich ein Friedensangebot an die Regierung der Sowjetunion richten und diese ebenfalls zu dieser Friedenskonferenz einladen, doch dafür ist die freie Versorgung unserer Truppen in Stalingrad Bedingung. Um meine Friedensabsichten Nachdruck zu verleihen, werde ich allen unter deutschem Kommando stehenden Truppen eine Waffenruhe verordnen, mit der Hoffnung das diese von den Alliierten Mächten genauso beantwortet wird. Einzig und allein auf Angriffe darf entsprechend reagiert werden. Dieses Friedensangebot wird den Alliierten Mächten nochmals schriftlich durch offizielle Bevollmächtigte übersandt werden. Ich hoffe für die Völker Europas, das wir eine gemeinsame Lösung finden werden!"
Wieder treten alle vorangegangenen Redner der Reihe nach an die Mikrofone und huldigen dem soeben öffentlich gemachten Kaiser des Großdeutschen Reiches und schwören ihm ihre Treue. Nach dieser, kurzen, doch denkwürdigen Sendung an Volk und Reich ergriff wieder von Manstein als erstes das Wort. An den frisch proklamierten Kaiser gerichtet meinte er „Mein Kaiser, ich möchte sie darauf hinweisen, dass wir wichtige Dinge zu entscheiden haben!" Die anwesenden Männer stimmten ohne Umschweife zu.

Rex Germania I - Entstehung des Neuen Deutschen Reiches

Das Oberkommando der Wehrmacht gibt bekannt:

Durch ein heimtückisches Kommandounternehmen stärkster feindlicher Fallschirmjägerverbände ist es dem bolschewistischen Feind gelungen in das geheime Führerhauptquartier einzudringen und in einem gezielten Angriff den Führer Adolf Hitler, Generalfeldmarschall Keitel sowie Generaloberst Jodl und Reichsleiter Borrmann zu töten.
Nach den ersten Untersuchungen zu dieser ungeheuren Tat, welche ohne Verrat an höchster Stelle unmöglich gewesen wäre hat sich der ehemalige Reichsführer SS Heinrich Himmler, sowie weitere ranghohe Mitglieder aus SS und Partei diesem unverzeihlichen Verbrechen schuldig gemacht. Loyalen Einheiten von Wehrmacht und SA ist es gelungen, sowohl die feindlichen Kommandotruppen restlos zu vernichten, als auch die Verräter zu verhaften und teils an Ort und Stelle hinzurichten.
An mehreren Frontabschnitten und in Teilen des besetzten Europas kam es zu Angriffen von Einheiten der Waffen- SS auf Wehrmachtseinheiten und Kommandostäben. Auch diese konnten, nach teils blutigsten Verlusten niedergeschlagen werden.
Der Stellvertreter des Führers Reichsmarschall Göring kam, ohne dass er sein Amt antreten konnte bei einem tragischen Jagdunfall ums Leben.
Um die sichere Führung von Reich und Wehrmacht zu gewährleisten übernimmt Kaiser Louis Ferdinand I. die Nachfolge des Führers in engster Zusammenarbeit mit bewährten Männern aus Politik und Wehrmacht um auch weiterhin ein festes Bollwerk gegen die Feinde des Reiches und seiner Verbündeten zu stellen.
Um eine umfassende Friedenskonferenz einzuleiten, welche es der neuen Deutschen Reichsregierung ermöglichen

Romowe. Der Verlag

würde, die Stabilität des Reiches zu festigen und den Frieden zwischen den Völkern wieder herzustellen hat seine Majestät Kaiser Louis Ferdinand I. ein Friedensangebot sowohl an die westlichen Alliierten, als auch an die Sowjetregierung gesandt. Dies, obwohl unsere siegreichen Truppen weite Gebiete des Feindes fest in der Hand haben und der Feind überall in der Defensive ist, oder ihm stärkster Widerstand entgegengesetzt wird.
Der genaue Wortlaut wird durch offizielle Stellen demnächst bekannt gegeben.
Um die Ernsthaftigkeit des Angebotes von Seiten der Reichsregierung zu unterstreichen, wurde den deutschen und verbündeten Truppen befohlen, jegliche Offensivhandlungen zu Wasser, zu Lande und in der Luft einzustellen und nur Defensivhandlungen im Falle eines Angriffes einzuleiten.
Sowohl die Angloamerikaner, als auch die bolschewistische Regierung in Moskau haben auf die Aufforderung zu Friedensgesprächen mit teils massiver Gewalt geantwortet.
… Im Süden der Ostfront stehen die Truppen der Heeresgruppe B weiterhin im schweren Abwehrkampf rund um Stalingrad. Wieder konnte den bolschewistischen Kräften schwere Verluste zugeführt werden.
Unsere Truppen im Kaukasus, im Bereich der Heeresgruppe A werden, nachdem sie ihre strategischen Ziele, unter anderem die Zerstörung der Erdölförderanlagen von Maikop erfühlt haben zurück in den Raum des Kuban, um dort einen Brückenkopf für weitere strategische Vorstöße zu bilden.
Es kam zu, teils schweren Luftangriffen auf das Reichsgebiet. Besonders betroffen waren Potsdam und die Reichshauptstadt. Es gelang mehrere schwere Bomber des Feindes abzuschießen.
…

21. Dezember 1942, früher Morgen, Berlin, Neue Reichskanzlei

Nach mehreren Stunden der hitzigen Diskussionen sind sich die anwesenden Militärs und der Neue Kaiser des Großdeutschen Reiches über den Rettungsplan für hunderttausende Deutsche und Verbündete Soldaten einig.
Die sowjetische Truppe hat auf einen vor kurzem losgeschickten Versorgungsflug gefeuert, mehrere Transportflugzeuge wurden abgeschossen oder beschädigt worden.
Über offene Rundfunkkanäle hat die sowjetische Regierung, bereits wenige Stunden nach dem Friedensangebot verkünden lassen, das für sie nur ein vollständiger Rückzug aller feindlichen Truppen von sowjetischem Gebiet, die Auslieferung führender deutscher Militärs und Politiker sowie die Entwaffnung aller deutscher Verbände eine Grundlage für Verhandlungen sei. Unannehmbare Bedingungen.
Generalfeldmarschall Erich von Manstein, welcher nun der Oberbefehlshaber der gesamten Ostfront ist, fast noch einmal in kürze zusammen.
„Meine Herren, wie ich bereits erwähnte stehen die Truppen von Hoths Entsatzkräften nur noch circa 25 Kilometer vom Rand des Stalingrader Kessels entfernt. Jedoch kommen sie nicht mehr weiter, da sie massive Feindangriffe in ihren Flanken abwehren müssen und auch der frontale Widerstand der Sowjets wird immer zäher. Dazu kommt noch, dass die Russen auch an anderen Frontabschnitten zu Offensiven Kampfhandlungen übergegangen sind. Mit einem endgültigen Entsatz

ist daher nicht mehr zu rechnen. Die einzige verbliebene Alternative ist ein Ausbruch der 6. Armee in Richtung der Truppen Hoths mit gleichzeitiger Offensive der Gruppe Hollidt um dadurch Druck auf die Sowjets auszuüben, sie an eine weitere Verstärkung der Kesseltruppen zu hindern und vielleicht sogar einen Truppenabzug von der Einschließungsfront zu erzwingen.
Alles andere würde einer Vernichtung unserer Truppen in Stalingrad gleichkommen und dahingehend einen Totalverlust der Truppe bedeuten.
Ich würde empfehlen, dass der Ausbruch noch für den heutigen Tag befohlen wird!" Es herrscht eisiges Schweigen in dem riesigen Raum der Neuen Reichskanzlei, welcher Hitler einmal als Arbeitszimmer gedient hat. Alle sind sich darüber im Klaren darüber, was es bedeutet, der Armee den Ausbruch zu befehlen. Nach den Berichten von Generaloberst Paulus fehlt es bei der Truppe an so ziemlich allem. Besonders schwerwiegend ist der Mangel an Betriebsstoff für Panzer, Sturmgeschütze und Lastkraftwagen. Auch Nahrungsmittel für die Soldaten sind Mangelware. Manche haben nicht einmal mehr anständige Stiefel, oder man bediente sich einfach an den Kleidungen der Gefallenen, ob Freund oder Feind. In der eigenen Verzweiflung und Not verschwammen die Bedenken und Hemmungen. General Zeitzler wirft nochmals einige Bedenken in den Raum: „Meine Herren, selbst wenn wir den Ausbruch befehlen, ist zu bedenken, dass vielleicht nur ein Bruchteil der Truppen dem Kessel entkommen kann und Anschluss an eigene Truppen findet. Ganz zu schweigen vom Material. Das kann, bei

der übermittelten Betriebsstofflage sowieso nicht mitgenommen werden." Mit einer lapidaren Handbewegung wischt von Manstein diesen Einwurf Zeitzlers beiseite. „Mein lieber Zeitzler, wenn wir den Ausbruch nicht befehlen, dann kommt gar keiner aus dem Kessel und wir verlieren alle! Das Material ist mir da erst einmal vollkommen egal. Wichtig sind die Soldaten. Denen sind wir verpflichtet!"
Außerdem benötigen wir die Truppen zur Verstärkung der Front um Rostow. Sollten die Sowjets den Kessel zerschlagen und mit ihrer Offensive Rostow schneller erreichen, als wir es befestigen können, erwartet unseren Truppen der Heeresgruppe A und B ein „Über-Stalingrad!" Zustimmendes Gegrummel ist zu vernehmen.
Letztendlich erhebt sich Kaiser Louis Ferdinand von seinem, mit hochwertigem Leder bezogenen Sessel, sieht in die Runde. Jedem einzelnen der Anwesenden ins Gesicht. Viele ernste Gesichter blicken zu ihm zurück. Von Manstein, Zeitzler, Rommel, von Witzleben, Hausser, aber auch von Neurath, Lutze, von Krosigk. Sie alle erwarten vom jungen Monarchen eine Entscheidung. Eine Entscheidung, mit derem Ausgang vielleicht auch ihr eigenes Schicksal verbunden sein kann. Wie würde das Volk reagieren, wenn die erste Maßnahme der neuen Gewalt zum Debakel wird? Grabesstille herrscht im großen Raum, keiner der Anwesenden spricht ein Wort. Nach einer gefühlten Unendlichkeit strafft sich die Gestalt des Kaisers und mit fester, entschlossener Stimme verkündet er: „Generalfeldmarschall von Manstein, funken sie unverzüglich zu Generaloberst Paulus, dass die Operation „Donner-

schlag" so schnell wie möglich durchzuführen ist. General Hoth soll der 6. Armee so gut wie möglich unterstützen und so weit wie möglich entgegenstoßen. Die Gruppe Hollidt hat sofort zur Offensive überzugehen, sie hat die vordringlichste Aufgabe vor allem feindliche Truppen zu binden. Jeder Meter zählt!"
Sofort nach dieser Entscheidung verlassen Generalfeldmarschall Erich von Manstein und General Kurt Zeitzler den Raum, um die nötigen Befehle auszuarbeiten und zum Hauptquartier der 6. Armee und zur Gruppe Hollidt zu senden.
Nun wendet sich Louis Ferdinand dem Generalfeldmarschall Erwin von Witzleben zu. Mit ruhigerem Tonfall als zuvor meint er zu diesem „Mein lieber von Witzleben, sie als neuer Chef des Oberkommandos der Wehrmacht machen sich daran, die Strukturen des OKW zu säubern und alle ihnen wichtige Maßnahmen zu sammeln. Ich erwarte sie morgen zum Vortrag." Damit ist auch dieser entlassen und von Witzleben verlässt den Raum. Nun wendet er sich an Generaloberst Guderian: „Guderian, von Ihnen erwarte ich eine detaillierte Aufstellung von aktuellen Panzermodellen, geplanten Modellen und Maßnahmen zur Produktionssteigerung. Auch ihren Vortrag erwarte ich morgen." Der schneidige Generaloberst grüßt und verlässt zackig wie eh und je den Raum.
Daraufhin wendet sich der Monarch an Generalfeldmarschall Rommel: „Sie, mein lieber Rommel, sie arbeiten Pläne zur unvermeidlichen Evakuierung Afrikas aus. Setzen sie sich dahingehend auch mit dem Italienischen Oberkommando in Verbindung und ziehen sie es so gut wie möglich mit ein. Sobald sie einen Ablaufplan haben, melden sie sich bei mir. Achten sie auch

auf die allgemeine politische Stimmung unseres Verbündeten!" Auch dieser verdiente Offizier grüßt kurz und verlässt den Raum. Nun waren die politischen Kräfte an der Reihe. Der Kaiser wandte sich an alle anwesenden Politiker zugleich „Meine Herren, die ihnen zugedachten Ressorts sind ihnen bereits bekannt. Nehmen sie alles soweit in Augenschein. Säubern sie, soweit nötig ihre Reihen. Für Vorschläge und Anmerkungen stehe ich ihnen nach der Operation „Donnerschlag" zur Verfügung.

Nun ist, neben dem Kaiser nur noch eine Person im Raum. Es ist der drahtige und zackig wirkende Obergruppenführer Hausser. Das neue Staatsoberhaupt des Großdeutschen Reiches lässt sich in den, elegant und hochwertig wirkenden Sessel gleiten, stützt beide Arme auf den großen Mahaghoni- Tisch auf und umschließt seine Hände. Er sieht den hohen SS- Offizier an und nickt ihm zu. Dieser kommt langsamen Schrittes auf den Souverän zu. „Setzten sie sich, Hausser." Beginnt der Monarch. „Wir beide haben viel zu bereden."

21. Dezember 1942, Mittags, Kessel von Stalingrad, Hauptquartier der 6.Armee, Uniwermag Kaufhaus

Eine relative Wärme herrscht im Funkraum des Hauptquartiers, der seit über einem Monat eingeschlossenen 6. Armee, einem kleinen Kellernebenraum im großen Kaufhaus in Stalingrad. Der junge Funker, welcher gerade Dienst hat nimmt gerade einen Funkspruch auf, gibt ihn weiter an den diensthabenden Offizier.

Romowe. Der Verlag

Nachdem er Stück um Stück entschlüsselt wird und immer mehr Instanzen involviert hat, da er mehrfach verschlüsselt wurde, wird er dem Chef des Generalstabes Generalmajor Arthur Schmidt übergeben. Dieser überfliegt kurz die Zeilen, seine Augen weiten sich und es ist als ob ein Blitz seinen Körper durchzuckt. So unglaublich ist das soeben gelesene. Schnellen Schrittes eilt er in das kleine Dienstzimmer von Generaloberst Paulus. Ohne anzuklopfen reißt der Generalmajor die Tür auf. Vom Adjutanten Paulus, der ihm am schroffen eindringen in den Raum hindern will nimmt er keinerlei Notizen. „Herr Generaloberst, soeben ist ein Befehl aus Berlin eingetroffen!" Sichtlich irritiert blickt der Befehlshaber der 6. Armee seinen Generalstabschef entgegen. „Schmidt, was in Gottes Namen ist in sie gefahren, dass sie hier einfach so hereinstürmen?" ist vorerst alles, was der Generaloberst erwidern kann. Ohne näher darauf einzugehen beharrt Schmidt: „Herr Generaloberst, es ist äußerst wichtig, dass sie diesen Befehl in aller Tragweite zu Kenntnis nehmen!" Damit legt er die Blätter des mehrseitigen Befehls auf den schäbigen Schreibtisch des Generalobersten. Dieser nimmt sie auf und überfliegt als erstes die ersten Seiten. Ungläubig lässt er die Blätter sinken und schaut Schmidt fragend an. „Schmidt, sind diese Zeilen auch richtig entschlüsselt worden?" Dieser schaut den Befehlshaber fest an und nickt stumm. „Was sollen die Unterschriften? Von Witzleben, Generalstabschef OKW? Von Manstein, Oberbefehlshaber Ost? Und dann als letztes noch, Kaiser Louis Ferdinand I. Oberbefehlshaber der Wehrmacht? Was ist mit dem Führer, mit Keitel und Jodl?" Generalmajor Schmidt erwidert mit ruhiger

Stimme „Generaloberst, was befehlen sie nun? Die Befehle sind, an sich unmissverständlich! Sie sind in unserem Sinne! Politische Begebenheiten haben uns nicht zu interessieren, nicht jetzt, nicht in unserer Situation!" Paulus legt die Blätter auf die Tischplatte und meint zu seinem Generalstabschef „Rufen Sie die Befehlshaber der Korps zusammen. Ich will sie in spätestens einer halben Stunde sehen!"

21.Dezember 1942, Mittags, Kessel von Stalingrad, Hauptquartier der 6.Armee, Uniwermag Kaufhaus

Nach weniger als einer halben Stunde sind alle Befehlshaber der Korps und der unterstellten Einheiten im Hauptquartier der 6. Armee versammelt.
Unter ihnen der General der Infanterie Hans von Obstfelder, Befehlshaber des XXIX. Armeekorps, General der Artillerie Walter von Seydlitz-Kurzbach, Befehlshaber des LI.Armeekorps und Generalleutnant Hans Zorn, Befehlshaber des XXXX. Armeekorps. Auch einige rumänische Generale sind anwesend.
Generaloberst Friedrich Paulus, der Befehlshaber der eingeschlossenen und kurz vor ihrem Zusammenbruch stehenden 6. Armee hatte, nach einer kurzen Begrüßung der Generäle den Befehl zum Ausbruch seiner Armee vorgetragen. Eine kurze Zeit lang geschah nichts, man ließ die Worte erst einmal wirken. Doch dann entbrannte eine hitzige Diskussion zwischen den versammelten Offizieren und diese dauert immer noch an. Die Männer nehmen kein Blatt vor dem Mund, auch interessiert es keinen der Anwesenden, ob ihre Worte nach außen dringen und außerhalb des spärlich eingerichteten Raumes zu vernehmen sind. Die leichte,

morsche Holztür wird dies nicht verhindern können. Es ist den Wortführern auch egal, man entscheidet in diesem Augenblick endgültig über die Zukunft der Armee, der Männer und damit auch über das eigene Schicksal.
Noch einmal ergreift General von Seydlitz das Wort und meint energisch „Meine Herren, ich kann es nur nochmals widerholen, wir haben einen Befehl. Dieser Befehl ist für uns vorerst bindend. Was es damit auf sich hat, ist erst einmal zweitrangig, was er politisch zu bedeuten hat, ist momentan ebenfalls nicht wichtig. Noch dazu, das er nicht einmal von irgendeiner anderen Stelle widerrufen wurde und wir daher davon ausgehen können, das die politischen Machtverhältnisse geklärt sind, was immer auch in Berlin passiert sein mag.
Es ist definitiv die letzte Gelegenheit für uns, aus dem Kessel zu kommen. Mein Stab und ich vertreten weiterhin die Auffassung, dass es die einzige vernünftige Lösung ist und die Pläne dazu liegen dem Befehlshaber seit langem vor!" Noch bevor sich erneut Gegenstimmen bilden können, erhebt sich, der bis dahin ruhig gebliebene Befehlshaber. Er hatte die Diskussion seiner kommandierenden Generäle schweigen verfolgt, doch nun ergreift er das Wort. Sofort herrscht Ruhe im Raum. Die schlanke, drahtig wirkende Gestallt strafft sich und mit klarer Stimme spricht er die Worte, welche zu einem großen Teil über das Schicksal hunderttausender Soldaten entscheiden wird „Meine Herren!" es folgt eine kurze, lastende Pause „Ich habe mir ihre Argumente alle angehört und ich danke ihnen für diese sachlich geführte Diskussion. Sie hat mich in meiner Überzeugung gestärkt, den nun folgenden Befehl

zu erteilen." Wieder folgt eine Pause um dann fortzufahren „Meine Herren, wir brechen aus! Im Groben wird die Planung von General Seydlitz übernommen und nur den momentanen Gegebenheiten angepasst. Genaue Befehle werden sie in den nächsten Stunden erhalten, der Ausbruch findet unter „Donnerschlag" noch in dieser Nacht statt. Alle ihnen zur Verfügung stehenden gepanzerten Kräfte, soll heißen alle Panzerkampfwagen und Sturmgeschütze werden unverzüglich zur Nordwestflanke, in den ihnen gleich bekanntgegebenen Bereitstellungsraum verlegt. Des Weiteren verlegt das LI. Korps ebenfalls dort hin, es wird, zusammen mit der gepanzerten Gruppe, unter Oberstleutnant Sieckenius die Angriffsspitze bilden, welche wahrscheinlich unter dem Kommando von General Seydlitz stehen wird. Soweit das wichtigste von mir und nun begeben sie sich wieder zu ihren Einheiten und veranlassen sie alles Notwendige und wie gesagt, detaillierte Befehle folgen in kürze. Ich wünsche uns viel Soldatenglück!"

21.Dezember1942, Nachmittags, Nordostfront Kessel Stalingrad

Hektische Betriebsamkeit herrscht im Bereich der Panzerkampfgruppe der 16. Panzerdivision. Die bereitstehenden Kräfte sind sehr überschaubar geworden. Gerade einmal noch 7 Panzer sind vom, einst mächtigen Panzerregiment 2, übriggeblieben. Selbst bei diesem Rest herrscht ein katastrophaler Mangel an Betriebsstoff, Munition und Ersatzteilen.

Romowe. Der Verlag

Der Panzer- Obergefreite Hans Klein, ein geselliger junger Mann aus der Nähe von Dessau in Anhalt ist gerade dabei, an seinem Panzer III der Ausführung L herumzuschrauben. Völlig in Gedanken lässt er seine letzten Jahre im Geiste noch einmal durchlaufen. Durch seine Ausbildung zum Kraftfahrzeugschlosser war er von vornherein prädestiniert bei einer Instandsetzungseinheit zu landen oder eben als Panzerfahrer eingesetzt zu werden. Als er nach seiner Grundausbildung, seinem Wunsch nach zu einer Panzereinheit versetzt wurde, war sein Weg klar- Panzerfahrer und so fuhr er zuerst einen Panzer II durch Polen, er und seine Besatzung zerstörten die ersten Pak- Geschütze und LKW, danach stieg er, mitsamt seiner Besatzung in einen Panzer III um und sie erhielten so zu sagen Zuwachs, den es stiegen, neben der ursprünglichen Besatzung, die aus ihm, den Kommandanten Fred Springer und dem Funker Benjamin Klausen bestand, zusätzlich der Richtschütze Franz Breitfelder , Abiturient aus Hannover und der Ladeschütze Diether Krause, Maurergeselle mit Händen so groß wie Bratpfannen, die Kraft eines Ochsen und dem Gemüt eines Lammes, aus der Nähe von Dresden ein. Mit dieser Besatzung fuhren sie dann quer durch Frankreich, erzielten die ersten Panzerabschüsse und verdienten sich die ersten Orden. Die Zeit in Frankreich ging viel zu schnell vorüber und es ging nach Russland. Sie erlebten Höhen und Tiefen. Erzielten unglaubliche Erfolge und erlitten schwere Verluste an guten und lieb gewonnenen Kameraden, bis sie schließlich im zweiten Russland- Jahr in Stalingrad landeten. Sie wurden mit der Zeit zu einer verschworenen Gemeinschaft, fast schon so etwas wie eine Familie. Hier nun in Stalingrad kam es, das der

Rex Germania I - Entstehung des Neuen Deutschen Reiches

langjährige Panzerkommandant Springer von einem russischen Scharfschützen durch Kopfschuss erschossen wurde, als er sich im offenen Turmluk Übersicht über das Kampfgeschehen verschaffen wollte. Der Benjamin der Besatzung, der auch dem Namen nach so hieß, holte sich in einer sehr kalten Nacht durch Unachtsamkeit Erfrierungen an beiden Füßen und musste zum Hauptverbandsplatz gebracht werden. Nach den letzten Informationen konnte er noch ausgeflogen werden. So stand nun der Rest von Kleins Besatzung relativ allein da, doch wurden sowieso kaum noch Einsätze mit den Panzern gefahren, da Betriebsstoff, Ersatzteile und Munition Mangelware wurden und wenn, dann wurden immer mal wieder zwei Mann zugeteilt. Doch dann kam die Parole „Ausbruch" auf und man sollte zusehen, dass der Panzer voll einsatzfähig wird, doch wieder einmal macht der Motor Probleme. Eiskalt sind die Metallteile. Gezwungenermaßen muss er mit Handschuhen arbeiten, da ansonsten die Haut der Finger schnell am blanken Metall festfrieren und es zu empfindlichen Verletzungen kommen würde.
Eisig- Kalt pfeift der Ostwind über den kleinen Platz. Die Ruinen, welche einmal ansehnliche Häuser waren, bieten keinerlei Windschutz mehr.
Trotz der Enge ist Klein mit fast dem kompletten Oberkörper im Motorraum verschwunden. Fluchend und schimpfend versucht er, mit den klobigen Handschuhen die Schrauben und Muttern des Anlassers zu lösen.
Er ist so in seiner Arbeit vertieft, dass er gar nicht bemerkt, wie sich einige Gestalten dem Panzer nähern. Einer der Neuankömmlinge nimmt einen herumliegenden Schraubenschlüssel, holt aus und schlägt mit voller

Wucht gegen die Seitenpanzerung. Im Inneren des Motorraums dröhnt es wie in einer Glocke.
Wie an einer Feder gezogen schnellt der Obergefreite aus dem Motorraum „Franz bist du bekloppt, oder was? Hast du zu viel Kraft über?" schreit der Oberschnapser den Richtschützen seines Panzers an.
Franz Breitfelder, ebenfalls Obergefreiter, hält ihm ein sperriges Metallteil entgegen. Ein breites Grinsen ist auf seinem stoppligen, von den Strapazen und Entbehrungen der letzten Wochen gezeichnetem Gesicht zu sehen. „Ach Hans, reg dich nicht ab. Hab dir doch auch für unsere Bärbel einen neuen Anlasser mitgebracht."
Das, ebenfalls gezeichnete Gesicht von Klein hellte sich ein wenig auf. „Mensch Franz, das ist Klasse. Wenn der passt und unsere Bärbel anspringt, dann sind wir auf jedem Fall weg von den Stoppelhopsern!" Breitfelder schaut skeptisch und erwidert trocken „Ja, aber selbst, wenn die alte Dame anspringt, müssen wir immer noch eine Besatzung zusammenbekommen. Springer hat ja nun auch nen kalten Arsch bekommen und unser Benjamin liegt mit schweren Erfrierungen auf dem HVP!" Betretendes Schweigen folgt nun in der kleinen Runde, bis sich die dritte Person, der Gefreite Krause zu Wort meldet und meint: " Bei den anderen sieht es ja auch nicht besser aus. Da gibt es ja auch kaum noch eine komplette Besatzung. „Wieder stellt sich bedrücktes Schweigen in der kleinen Gruppe ein. Jeder der drei jungen Soldaten hängt in diesem Augenblick seinen eigenen Gedanken nach, denkt an gefallene oder verwundete Kameraden. Die Panzer- Obergefreite Klein ist der erste der sich wieder fasst und meint abschließend: „Scheiß Infanterieeinsätze!"

Um wieder auf andere Gedanken zu kommen, fragt Kleinseine zwei Kameraden: „Was habt ihr sonst noch organisiert?"
Der Obergefreite Breitfelder war mit dem Gefreiten Krause, auf Befehl von Oberleutnant Friedrich, welcher die kleine Kampfgruppe führt, mit einigen anderen zu einer Beschaffungstour aufgebrochen. Sie sollten schauen, ob sie irgendwo, irgendwie Munition, Sprit und Ersatzteile auftreiben könnten. Daraufhin machten sich die Männer der Kampfgruppe auf und suchten in abgeschossenen Wracks nach Überresten und Brauchbarem.
Nach und nach treffen diese kleinen Trupps wieder ein und unter diesen auch der Trupp Breitfelder und Krause. Auf ihrem mitgeführten, selbstgezimmerten Transportschlitten liegen, neben Werkzeugen und verschiedenen Teilen auch Granaten, MG-Gurten und ein großes Fass.
Stolz zeigt Breitfelder auf den Schlitten „Wir haben gute Beute gemacht. Wenn ich richtig mitgezählt hab, haben wir 13 Panzergranaten und 8 Sprenggranaten gefunden. Dazu noch 3 Munitionsgurte, 2 Trommeln, MGs, 7 Handgranaten,3 Magazine 2cm Munition und unser Fass ist auch fast voll."
Kurz entschlossen sagt Klein:" Gut, die Handgranaten, die 2 Trommeln, ein Gurt und ein MG gehen direkt in unsere Bärbel. 5 Panzer- und 5 Sprenggranaten genauso. Den Rest könnt ihr zum Sammelplatz ziehen!"

Romowe. Der Verlag

21. Dezember 1942, später Nachmittag, Bereich der Armeegruppe Hollidt

Nach einer wochenlangen Bahnfahrt erreichen die Soldaten, welche zur 8. Luftwaffenfelddivision gehören endlich Rostow am Don- das Tor zum Kaukasus. Am Bahnhof angekommen, heißt es dann sogleich angetreten. Nach Feststellung der Vollzähligkeit geht es in die Quartiere. Beim Marsch durch die Stadt kann man so manches Bauwerk bewundern, wie zum Beispiel die Kasaner Kathedrale. Doch fällt auch das unglaubliche Gewusel und die Hektik der vielen verschiedenen Heeres- und Luftwaffensoldaten auf. Bei einem kurzen Stopp hält der Gefreite Oberländer, ein ehemaliger Bomberpilot, welcher durch eine Disziplinarmaßnahme degradiert und strafversetzt wurde einen schon älteren Soldaten auf, der gerade an der Gruppe vorbeieilen will. „Sag mal." beginnt Oberländer „Ist hier immer so ein Wirrwarr und Durcheinander?" Der Soldat sieht in scheu an und antwortet schon beinahe ängstlich „Hast du noch nicht gehört, was los ist? Der Iwan hat die restlichen Itaker und Rumänen beiseite gefegt, die 4. Panzerarmee erneut schwer angeschlagen und die 6. Armee welche aus Stalingrad ausbrechen wollte zerschlagen. Man sagt, die russischen Spitzen stehen angeblich nur noch weniger als 100 Kilometer von hier entfernt und dann haben sie die ganze Heeresgruppe A und B im Sack." Kaum zuende gesprochen eilt er weiter. Andere Gefragte schwören, das sie genau wissen, dass Paulus bereits gefangen genommen wurde, manche meinen von hohen Offizieren gehört zu haben, das ganze Regimenter und Brigaden der Verbündeten

Rex Germania I - Entstehung des Neuen Deutschen Reiches

übergelaufen sind und Paulus, sowie sein kompletter Stab und alle Korpskommandeure bereits hingerichtet wurde.
Diese und andere Parolen geistern durch die Stadt. Als es endlich weiter zu den Quartieren geht, sind dies die Gesprächsinhalte der Männer und sie bleiben es auch beim Empfang des Essens und die Küchenbullen wissen natürlich auch noch das Neueste dazu zu geben.

Da die Gerüchteküche nicht enden will, sieht Major Beck, der Kommandeur des Luftwaffenbataillons sich gezwungen einige Dinge klar zu stellen.
Noch am Nachmittag lässt er sein Bataillon und den, sie begleitenden schweren Panzerjägerzug antreten. Nach der Vollzugmeldung der Kommandeure, dankt er und stellt sich in Einwandfreier und Tadelloser Uniform und Haltung vor seine Männer. Leichter Schnee fällt, seine kräftige Stimme hallt von den kalten, aus Roten Backstein gefertigten Wänden des, als Quartier dienenden Industriekomplexes wider. „Männer, hergehört. Um die Gerüchte zu entkräften und euch die Ungewissheit über die momentane Lage zu nehmen, gebe ich euch einen kurzen Überblick, soweit sie mir bekannt ist.

Also, sowohl die 6. Armee als auch die 4. Panzerarmee stehen mit intakter Führung im Kampf. Jedoch sind sowohl die 6. Armee, als auch Teile der 4. Panzerarmee immer stärkerem Widerstand der Sowjets ausgesetzt der sich mehr und mehr versteift. Sie werden jedoch von unseren Luftwaffenkameraden versorgt und können dem Feind somit trotzen und gewinnen Meter um Meter zur, sich vorkämpfenden Gruppe Hoth. Die sowjetische Offensive traf unsere italienischen und rumänischen Kameraden mit voller Wucht und die betroffenen Armeen wurden weitestgehend zerschlagen, doch kämpfen sich die Reste tapfer und heldenhaft zu den eigenen Truppen zurück, um für den Entsatzangriff zur Verfügung zu stehen. Der gesamte sowjetische Angriff auf Rostow kommt nur schleppend voran und stößt überall auf hartnäckigen Widerstand. Auch sind weder Rostow oder unsere Truppen im Kaukasus in irgendeiner Weise bedroht. Die Führung hat bereits entsprechende Maßnahmen ergriffen, um den Feind vernichtend zu schlagen. Sie sehen also, die Lage ist vielleicht Ernst, doch noch lange nicht aussichtslos. Ich hoffe ich konnte ihnen etwas Klarheit verschaffen. Weggetreten."

Paul Oberländer geht mit seinen Kameraden zusammen in die große Fabrikhalle, welche für sie als notdürftige Unterkunft dient. Mit einem Blick in den, mit schneeschweren Wolken verhangenem Himmel denkt er sich „Versorgungsflüge für vielleicht 2 Armeen, welche in Bewegung sind und im Kampf stehen? Bei den Temperaturen und der Witterung, kein Kinderspiel. Hoffentlich gelingt es den Kameraden." Mit einem mulmigen Gefühl im Magen begibt er sich zu seinen Kameraden Stüwe, Kunze und Meyer zu ihrer obligatorischen Runde Skat.

Bereits am nächsten Morgen, nach einem mageren Frühstück mit Ersatzkaffee, Brot und Käseaufstrich aus der Tube wird wieder ein Transportzug bestiegen. Beim Verladen der Mannschaft und des Gerätes wird von der Verlademannschaft die Parole verbreitet, dass

es zur Armeegruppe Hollidt geht. Diese soll wohl nun verstärkt in die Offensive gehen um dadurch die Panzergruppe Hoth zu unterstützen, welche der 6. Armee immer näherkommt, sich aber immer stärkerem Widerstand gegenübersieht.
Oberländer und seine Kameraden besteigen ihren Waggon mit der Gewissheit, dass es für sie nun endlich in den Kampf geht. Nach der langen, elenden Gammelfahrt, welche von einigen Unterbrechungen abgesehen sterbenslangweilig war, eine echte Offenbarung. Sie fiebern ihrem ersten echten Einsatz als Erdkampftruppe der Luftwaffe entgegen und wollen sich endlich als Infanteristen beweisen.

21. Dezember 1942, später Nachmittag, Nordwestfront Kessel Stalingrad, nördlich von Baburkin

Die Panzer der Kampfgruppe Friedrich sind, ohne großes Aufsehen in den geplanten Bereitstellungsraum gelangt. Leider sprang ein Panzer nicht an und konnte, trotz großer Anstrengungen nicht wieder instandgesetzt werden. ER teilt nun das Schicksal mit vielen Panzern, Schützenpanzerwagen, Lastkraftwagen und anderem schweren Gerät, welches nicht mehr repariert werden kann oder für deren Verwendung einfach kein Treibstoff mehr vorhanden ist.
Also stehen nun 2 Panzer IV und 4 Panzer III in der Abenddämmerung und warten auf Befehle.
Nach und nach gesellen sich weitere Panzer und Sturmgeschütze zur Kampfgruppe.

Romowe. Der Verlag

Die Männer haben die Motoren ausgestellt und frieren erbärmlich in ihren Stahlkästen, doch jeder Tropfen Benzin ist kostbar, zu kostbar, um ihn für die Heizung zu verschwenden.
Niemand im Panzer sagt ein Wort, wieder hängen alle ihren eigenen Gedanken nach. Was werden die nächsten Stunden wohl bringen? Was ist das große Ziel? Ist es der Ausbruch?
Auch ist die momentane Besatzung von Bärbel erst seit wenigen Stunden beisammen.
Als Kommandant stieg Unteroffizier Paul Christmann, Berufssoldat aus Magdeburg, seit fünf Jahren glücklich verheiratet und zweifacher Familienvater ein. Er ist ein sachlicher und ruhiger Mann und versteht sein Handwerk, denn er hat es von der Pike auf gelernt. Er war vorher Kommandant des Panzers, welcher nicht mehr flott gemacht werden konnte und er brachte seinen Funker, den Gefreiten Peter Schneider, welcher aus einem kleinen Dorf aus dem Harz kommt und dort als Holzfäller beschäftigt war gleich mit.
Die Männer hatten noch keine große Gelegenheit, sich bekannt zu machen. Sie einigten sich schnell, dass sie sich im Einsatz, der Einfachheit halber mit ihren Vornamen ansprechen würden, was unter den Panzermännern auch allgemein üblich war. Außerhalb der Panzer war es jedoch straff organisiert und dienstlich.
„Peter!" ruft gerade Unteroffizier Christmann durch die bedrückende Stille im Stahlkasten. „Schalt mal die Funke an und geh auf die Abteilungsfrequenz. Vielleicht ist ja was zu hören." Der junge Soldat macht, wie ihm befohlen wurde. Schnelle sicher Griffe zeugen von einer gewissen Routine bei seinem handeln.

Christmann wird langsam ein wenig unruhig, ewig kann diese Massierung der letzten gepanzerten Kräfte der 6. Armee nicht vom Feind verborgen werden, auch wenn der trübe Tag mehr und mehr der Nacht weicht. Denn gerade das ist eine beliebte Zeit für Spähtruppunternehmen.
Nach ein paar Minuten fragt der Kommandant nach unten: „Und wie schaut es aus? Ist was zu hören?" Angestrengt lauscht der Funker in seine Kopfhörer und gibt dann ein betrübtes „Nichts Herr Unteroffizier." zurück.
Christmann nimmt seine schmutzige, abgetragene, schwarze Feldmütze vom Kopf, knüllt sie zusammen und wirft sie genervt gegen die Stahlwand des Turms.
„Breitfelder, kommen sie mal mit raus, die Füße vertreten, dann können wir ja gleich mal bei den anderen hören, ob die was Neues wissen!"
Breitfelder, hat zwar eigentlich keine Lust auf einen „Spaziergang" mit seinem neuen Kommandanten, aber ein wenig Bewegung tut ihm jetzt auch gut, denn die Warterei im eisig kalten Panzer zerrt langsam aber sicher an seiner Substanz. Außerdem interessiert es ihm auch, was es mit der Bereitstellung auf sich hat und wann mit der lästigen Warterei Schluss ist.
Mit steifen Gliedern zwängen sich die beiden Panzermänner aus ihren jeweiligen Turmluken. Sie überblicken in der Abenddämmerung die weite Ebene auf der sich die gepanzerte Speerspitze der 6. Armee eingefunden hat. Sie wird teilweise durchzogen von einigen flachen Mulden, welch wenigstens ein wenig Sichtschutz geben. Mit unsicheren Bewegungen klettern sie vom Panzerkampfwagen. Seine Stahlhaut ist bereits teilweise mit einer Eisschicht überzogen und so ist jede

Bewegung mit größter Vorsicht zu machen, den
schneller als man denkt ist man weggerutscht und liegt
in der weißen Pracht.
Kaum unten angekommen meint Unteroffizier Christmann zu seinem Richtschützen: „Wir gehen mal rüber
zum Panzer vom Oberleutnant, der wird bestimmt
schon genaueres wissen." Breitfelder nickt und gibt
ein kurzes „Jawohl Herr Unteroffizier." zurück.
Es weht ein eisig kalter Wind über die Ebene und
schneidet geradezu durch die Kleidung der beiden
Männer. Die Obergefreite schlägt beide Arme um seinen Körper und denkt sich so beim Gehen: „Puh, im
Panzer war man wenigstens vom Wind geschützt." ES
ist nicht sonderlich weit bis zum Panzer von Oberleutnant Friedrich. Christmann entert auf den Panzer IV
auf und schlägt mit seiner behandschuhten Faust fest
auf das Turmluk des Kommandanten. Sofort kann man
Stimmen im Inneren des Panzers vernehmen und unmittelbar darauf wird das Luck geöffnet. Heraus
schaut das hagere Gesicht von Oberleutnant Friedrich:
„Christmann, was kann ich für sie tun?" ist die kurze
Frage des Offiziers. Paul Christmann deutet einen
Gruß an und erwidert kurz: „Herr Oberleutnant, ich
würde gern wissen, wann es mit der Warterei ein Ende
hat. Man friert sich ja was ab, bei der Kälte." Friedrich
kann sich ein schmales Grinsen nicht verkneifen und
meint zu seinem Gegenüber: „Ich habe gerade den
Funkspruch von der Kampfgruppe bekommen, wir
treten in 10 Minuten an. Die Herrschaften machen alles
sehr geheimnisvoll, wird wohl aber der Durchbruch
sein. Entweder jetzt oder nie mehr. Unsere Abteilung
wird in der Mitte eingesetzt, die Spitze machen die
Sturmgeschütze, flankiert von den Kampfgruppen der

anderen Panzerdivisionen, wir, wie gesagt in der Mitte, wenn es klemmt, dann rücken wir nach. Genaue Befehle wollte ich gerade duchfunken lassen, also ab zu ihren Kasten!" Christmann sieht seinen Kommandeur verblüfft an. So in etwa hat er sich das ganze ja bereits gedacht. Dass sie hier nicht stehen, um den Iwan einfach nur mal so vor der Nase herum zu fahren, sondern dass es wohl etwas Großes werden wird. Christmann grüßt schnell und klettert wieder vom Panzer herunter, gleichzeitig schließt Friedrich wieder seine Turmluke. Wieder auf dem Boden angekommen fragt der Unteroffizier Breitfelder: „Haben sie alles soweit mitbekommen Breitfelder?" Die Obergefreite schaut den Unteroffizier ernst an und meint nur: „Ausbruch!" Beide eilen zu ihrem Panzer.
Drinnen angekommen, werden sie bereits erwartet. Die drei zurückgebliebenen Besatzungsmitglieder wollen nun auch wissen, ob und was die beiden Männer in Erfahrung gebracht haben. Kurz angebunden meint Christmann zum Funker:" Peter, schalt die Funke an und geh auf Abteilungsfrequenz. Friedrich gibt gleich den Befehl zum Ausbruch und alle, für uns wichtige Details durch. Alles genau notieren!"
Sofort ist nun auch der Obergefreite Klein wieder hellwach. „Ausbruch! Also doch! Endlich ist es soweit, raus aus dieser Schneehölle!"denkt er sich und wartet auf ein paar erklärende Worte seines Kommandanten. Dieser lässt aber nicht viel von sich hören.
Die Funker sitzt angespannt auf seinen Sitz und notiert alle wichtigen Details des eingehenden Funkspruches. Überraschenderweise ist er unverschlüsselt in Klartext.
„Und, was sagt die Abteilung?" fragt Christmann ungeduldig.

Die Funker Peter Schneider blickt nach hinten und meint: „In 5 Minuten geht es los! Artillerieschlag aus allen, noch vorhandenen Rohren. Wenn die Ari anfängt zu ballern, werden die Motoren gestartet, nicht früher und wir rücken noch während des Feuers vor. Genaue Positionen werden noch bekannt gegeben und Feuer nach eigenen Ermessen auf genau erkannte Ziele!"
Christmann nickt zufrieden: „Kontrolliert alle nochmal eure Gerätschaften, soweit wie möglich! Ich will keine bösen Überraschungen erleben. Munition für die MGs liegt bereit? Handgranaten und Granaten für die KWK bereit? Alles nochmal genau nachprüfen!"
Emsiges Treiben macht sich breit. Nun geht alles ganz schnell. Noch während die letzten Handgriffe gemacht werden, ertönt ein immer lauter werdendes Gebrummel aus dem Innern des Kessels. Christmann greift zu seinem Scherenfernrohr, Breitfelder blickt durch die Zieloptik. Alle wissen in diesem Moment, das die deutsche Artillerie ihren letzten geballten Feuerschlag ausführt und damit die Grundlage zum beginnenden Höllentanz legt. „Motor an und anrücken!" befiehlt Christmann.
Ohne das Ende des Artillerieschlages abzuwarten, rollt die stählerne Lawine los.
„Verdammt Dunkel. Ich kann ja kaum sehen, wo ich hinfahre." moniert sich der Obergefreite Klein. „Sei doch froh, der Iwan sieht genauso wenig wie wir." meint der Obergefreite Breitfelder. „Jetzt ist aber Ruhe!" fährt der Kommandant Christmann zwischen die aufkommende Debatte. „Konzentriert euch lieber auf eure Aufgaben und die Umgebung. Wer zuerst sieht, der überlebt!". Ruhe kehrt in den Panzer ein, das

einzige, was man hört ist das Brummen des Motors und das Rasseln und Quietschen der Ketten. Glücklicherweise ist durch den Schnee eine, doch recht annehmbare Sicht gegeben.
Lange brauchen die Panzer der Kampfgruppe nicht rollen, da blitzt vor ihnen bereits die erste Mündungsfeuer auf. Kurz darauf kommt auch schon ein Funkspruch des Abteilungskommandeurs „Feuer auf erkannte Ziele und Durchbruch durch die Linie!" Sofort gibt der Funker dies an Christmann weiter. „Habt ihr gehört? Hans hau die Pulle rein und nach vorn, nicht festnageln lassen! Franz, wenn du etwas erkennst, Feuer! Peter, auch du hast Feuererlaubnis auf lohnende Ziele!"
Nun teilt sich die Kampfgruppe etwas auf. Ein Teil der Panzer bleibt etwas zurück und der andere Teil rückt weiter vor, um die Frontlinie zu durchbrechen.
Offensichtlich wurden die russischen Truppen überrascht. Dementsprechend ist auch der Widerstand ungeordnet und unorganisiert.
Systematisch nehmen die deutschen Panzer die sowjetischen Stellungen unter Feuer, teilweise sind selbst die MG- und PAK- Stellungen nicht besetzt und die Bedienungen werden beim, in Stellung gehen niedergemäht. Sobald der erste Widerstand gebrochen ist, stößt die gepanzerte Gruppe weiter vor. Es wird sich nicht mit Säuberung aufgehalten und um Flankenschutz gekümmert.
„Hans, auf 1 Uhr, 50 Metersteht eine PAK! Drüber rollen. Peter, die Bedienung rennt gerade von rechts hin!" gibt Unteroffizier Christmann seine Anweisungen. „Schon gesehen." gibt Schneider zurück und schon rattert das Bug- MG los. Klein lässt den Panzer

auf das Geschütz zuschwenken und gibt Gas. Sofort rückt der Stahlkoloss merklich nach vorn. Ein kurzer Augenblick und schon wird der kleine Sichtschutzwall aus Schnee, welchen die Bedienung um ihr Geschütz gebaut hat durchbrochen und die Panzerketten erfassen die Panzerabwehrkanone. Die Panzerkampfwagen bockt sich ein wenig hoch, doch das Geschütz kann dem Tonnengewicht nicht lange standhalten und wird zerrissen. Ein ohrenbetäubend, unangenehmes quietschen, kreischen und knarzen dringt in den Kampfraum. Ein kurzer Ruck noch und der Stahlkasten ist über die PAK hinweg.
Nun wird es in der russischen Verteidigungslinie immer lebendiger und auch an den Nachbarabschnitten der geplanten Durchbruchsstelle steigen nun Leuchtkugel hoch und tauchen den Abschnitt in milchiges Grau. Sofort bekommt die Kampfgruppe Flankenfeuer aus beiden Seiten. Doch es wird sich nicht lange damit aufgehalten. Einige Granaten werden in diese Stellungen gefeuert und die, durch ihre Mündungsfeuer erkannten Geschütze eingedeckt. Entweder werden sie vernichtet, oder aber wenigstens in Deckung oder zum Stellungswechsel gezwungen.
Weiter geht der Durchbruch, aus dem rückwärtigen Bereich nähert sich bereits der infanteristische Teil der Armee. Nicht mehr weit entfernt von diese, marschieren dann die rückwärtigen Dienste, das Armeeoberkommando unter Generaloberst Paulus und nicht mehr kampffähigen Einheiten, gefolgt von der Nachhut, mit der Masse der Panzerabwehrgeschütze, den Panzerjägern, den verbliebenen 8,8cm Flak- Geschützen und einer Grenadierkampfgruppe unter General

Rex Germania I - Entstehung des Neuen Deutschen Reiches

von Seydlitz-Kurzbach. Die Artillerie und die Nebelwerfer wurden nach dem Verschuß ihrer letzten Munition gesprengt oder anderweitig unbrauchbar gemacht. Die Bedienungen wurden in die Infanterie, aber vorzugsweise bei den Panzerjägern und der Flak eingegliedert.
Die Überreste der italienischen Divisionen wurden kompanieweiseweise auf die Deutschen Einheiten verteilt, ebenso wie Reste von rumänischen Einheiten. Die Überbleibsel des kroatischen Regiments dienen bei der Nachhut.
Leider zeigt sich schon bald wieder einmal, dass nicht der italienische Soldat an den schlechten Leistungen vieler italienischer Einheiten Schuld ist, sondern deren vollkommen unzureichende Ausrüstung. Genauso verhält es sich mit den meisten rumänischen Einheiten. Diese Mischtruppen aus rumänischen, italienischen und deutschen Soldaten rücken nun an den Flanken der Armee vor und versuchen so, einen gewissen Flankenschutz zu gewährleisten und nehmen nun den Kampf mit den Nachbarabschnitten der Durchbruchsstelle auf und riegeln so den Durchbruch behelfsmäßig ab. Die Infanteriekampfgruppe macht sich nun daran, den Durchbruchsraum von gegnerischen Soldaten zu säubern. Die Panzerkampfgruppe stößt weiter vor um den erhofften endgültigen Durchbruch zu erzwingen. Alle beteiligten Soldaten geben ihr letztes, damit der Ausbruch gelingt. Sie alle wissen, wenn heute der Durchbruch nicht gelingt, dann ist dies das Ende der 6. Armee, denn die letzten Reserven an Munition, Ausrüstung und Betriebsstoffe werden eingesetzt.

Kaum sind die deutschen Panzer über die erste Verteidigungslinie gestoßen, schon stehen sie vor der nächsten Frontlinie. Diese ist jedoch massiver ausgebaut, als die erste und die Rotarmisten sind bereits vorbereitet. Die gepanzerte Gruppe wird von geballten PAK- Feuer empfangen. Glücklicherweise haben die russischen Richtschützen Probleme die deutschen Panzer ins Visier zu nehmen, denn durch Dunkelheit und Schneeverwirbelungen ist auch ihre Sicht sehr eingeschränkt. Bisher hatten die deutschen Panzer Glück und nur geringe Verluste. Es sind erst 2 Panzer durch Volltreffer vernichtet worden und 2 Panzer durch Beschussschäden ausgefallen. Diese müssen leider zurückgelassen werden, die Besatzungen reihen sich bei der Infanterie ein.
Wieder nehmen die Panzerkampfwagen das Gefecht an.Panzer- und Panzerabwehrkanonen donnern, Bord-MG rattern.
Zusätzlich schaltet sich nun auch die sowjetische Artillerie in das Gefecht ein und belegt das Niemandsland vor der eigenen Linie mit massivem Feuer.
Nun haben auch die nachrückenden Einheiten die ersten Verluste.
Die Leichtverwundeten versuchen den Anschluss zu halten und werden von mancher hilfreichen Hand unterstützt. Die Schwerverwundeten müssen schweren Herzens zurückbleiben. Ihnen kann nur mit einer gnädigen Kugel das schlimmste erspart werden.
Nach hartem Kampf haben die Panzer auch in dieser Linie den härtesten Widerstand beseitigt und überrollen auch diese Verteidigungslinie. Wieder stürmen die nachfolgenden Grenadiere und rollen den restlichen

Widerstand auf. Es kommt zu teilweise heftigen Nahkämpfen. Trotz starkem Widerstand der russischen Truppen wird auch diese Linie überwunden. Schon glaubt man den schwersten Verteidigungsriegel der gegnerischen Einschließungsfront durchstoßen zu haben, denn die Panzer stehen vor einer weiten freien Fläche, doch nach einigen hundert Metern stellt sich heraus, dass diese freie Fläche einfach nur ein vergrößertes Vorfeld mitten in der zweiten Verteidigungslinie ist. Gerade wollen sich die Panzer wieder neu ordnen, um in das Gehoffte freie Hinterland hinein zu stoßen oder gegebenenfalls auch eine 3. Verteidigungslinie aufzubrechen, da blitzt auf der gesamten Breite des Stoßkeils Mündungsfeuer von Panzerabwehrgeschützen auf. Zwischen den Panzern schlagen die Granaten ein, eine große Anzahl an Geschossen findet aber auch ihr Ziel. Einige prallen von den Panzerungen ab, doch auf einer so geringen Distanz schlagen vor allem die großkalibrigen Granaten durch. Einige Panzer platzen förmlich auseinander. Die ersten schweren Ausfälle treten auf. Schlagartig hat sich der Durchbruchsversuch bei Nacht negativ bemerkbar gemacht, denn die deutschen Panzer sind ahnungslos in eine PAK- Front gefahren.

Wie in einer Glocke dröhnt es im Panzer. Kaum wurden die Mündungsblitze gesehen, schon schlug es ohrenbetäubend ein. Wie ein Komet mit langem Schweif schießt die Granate fast senkrecht nach oben. Glücklicherweise hält die Panzerung stand. „Zurücksetzen!" schreit Unteroffizier Christmann in das Kehlkopfmikrofon. Sofort tritt der Obergefreite Klein auf die Bremse und reißt den Rückwärtsgang rein. Meter um Meter setzt der Panzer zurück. „Links einschlagen!" befiehlt Christmann seinem Fahrer, worauf kurz danach ein knappes „Stop!" folgt. Nun steht der Tank ein wenig in Deckung eines eben zerschossenen deutschen Panzers. Angestrengt versuchen sowohl Christmann als auch Breitfelder die Dunkelheit mit den Augen zu durchdringen und die Ziele genau auszumachen. Immer wieder blitzen die Mündungsfeuer der russischen Panzerabwehrgeschütze auf. Die restlichen Panzer und Sturmgeschütze nehmen den Feuerkampf auf und feuern auf die erkannten Geschütze und Stellungen.

„Turm 11 Uhr, 300 Meter, Sprenggranate!" befiehlt Unteroffizier Christmann. Augenblicklich dreht sich der Turm in die angegebene Richtung. Ein kurzes Nachrichten und der Obergefreite Breitfelder hat das Ziel erkannt. „Erfasst!" sagt Breitfelder. „Feuer!" kommt es fast in einem Atemzug zurück. Franz Breitfelder drückt unverzüglich den Feuerknopf und die Sprenggranate verlässt die Kanone. Nach weniger als einer Sekunde schlägt diese beim Gegner ein. Der Unteroffizier hat bereits das nächste Ziel ausgemacht, welches sich durch einen Abschuss verraten hat. „12Uhr hinter einem Schneewall, PAK 400, Feuer!" Wieder dreht sich der Turm in die angegebene Richtung. Breitfelder schaut angestrengt durch die Zieloptik, doch kann er das Geschütz nicht sofort ausmachen. Doch als das Geschütz wieder feuert, erkennt Breitfelder es ganz deutlich. Ein minimales nachbessern ist nötig und schon peitscht die Granate mit lautem Knall aus dem Rohr und zerschmettert das Geschütz. Wieder wird ein neues Ziel gesucht und ausgemacht. Kommandos folgen und wieder wird ein feindliches Geschütz zerstört.

Rex Germania I - Entstehung des Neuen Deutschen Reiches

Doch auch die deutschen Kräfte erleiden wieder herbe Verluste. Sie kommen einfach nicht durch die massierte Abwehrfront durch. Schon erklingt ein neuer Befehl in den Kopfhörern der deutschen Funkgeräte „Alle Panzer zurücksetzen und Deckung suchen. Auf Befehl bereit machen zum Abschuss von Erkennungssignalen. Auf weitere Befehle warten!" lässt der Abteilungskommandeur durchgeben. „Also du hast es gehört Hans. Zurücksetzen und schauen, das wir eine Deckung bekommen. „Meterweise setzt der tonnenschwere Panzer zurück, um hinter einen kleinen Schneewall zum Stehen zu kommen. „Was soll denn diese Aktion?" will Breitfelder wissen. Unteroffizier Christmann kann nur mit den Schultern zucken. Auch er kann sich keinen Reim aus dieser Aktion machen. Trotz der eisigen Kälte draußen, rinnt den Männern der Schweiß aus allen Poren. Ein Tribut der Körper, die nun schon seit über einer Stunde unter extremer Körperlicher und Geistiger Anspannung stehen.
Ab und an ist noch ein Abschuss aus der Front der Russen zu sehen, manchmal fliegt eine Leuchtkugel in den Himmel in Richtung der vermuteten Deutschen Panzer, zerreißt eine Pak- Granate die tiefschwarze Nacht, die nur vom Brennen der abgeschossenen deutschen Panzer und Sturmgeschütze, aber auch der zerschmetterten russischen Panzerabwehrgeschütze schwach erhellt wird, doch sonst bleibt es ruhig. Dieses Katz- und Maus- Spiel geht ungefähr 10 Minuten, dann kommt der Befehl „Achtung, ES- Grün schießen!" Christmann schnappt sich die Signalpistole, legt die Patrone ein und öffnet den Lukendeckel. Er nutzt die Gelegenheit, um sich einmal kurz genau umzusehen. Sofort greift der eisig kalte Wind nach ihm und

lässt ihn erschauern. Überall sieht er Grüne Leuchtzeichen in die Luft steigen, er kann einige Panzer sehen, welche vor zur sowjetischen Front sehen und das Feuer der Pak auf sich ziehen. Auch ein merkwürdiges Brummen kann er vernehmen, welches er nicht einordnen kann. Jedoch wird das brummen und dröhnen immer lauter. An den vermuteten Flanken der Ausbruchsgruppe kann Unteroffizier Paul Christmann gelegentliches Mündungsfeuer ausmachen, doch scheint es dort noch keine allzu großen Gefechtstätigkeiten zu geben. „Paul, es soll nochmals ES geschossen werden! Danach Rot in Richtung der russischen Stellungen!" ruft der Funker Peter Schneider nach oben. „Was ist denn da draußen los?" will Breitfelder nun auch wissen. So wie ihm geht es auch den übrigen Männern. Wieder nimmt Christmann einen Rundblick. Er lässt sich die nächsten Patronen geben und feuert erst Grün und dann Rot. Immer mehr steigert sich das Brummen in der Luft. Es dringt nun auch deutlich, durch die offene Lucke ins Innere des Panzerkampfwagens. Noch bevor die restlichen Männer im Innern fragen können, was das Dröhnen und Donnern bedeutet, öffnet sich in der russischen Front die Hölle. So sieht es jedenfalls für Christmann aus, denn es steigen meterhohe Feuersäulen empor. Mehr kann er wegen der Dunkelheit nicht erkennen. Unwillkürlich hält er sich die linke behandschuhte Hand schützend vor seine Augen, um nicht geblendet zu werden. Der Unteroffizier beeilt sich, dass er wieder ins Innere kommt. Kaum hat er die Kopfhörer wieder auf, schon vernimmt er die Stimme des Abteilungskommandeurs Oberleutnant Friedrich. „Durchstoßen!" Christmann strafft sich und befiehlt „Also gut. Ihr habt es gehört. Auf ein Neues. Vorwärts

und durch!" Der Panzer ruckt an, umfährt den Schneewall und stößt, gemeinsam mit den anderen Panzern wieder vor. Hinein in die noch immer andauernde Feuerlohe. Klar und deutlich zeichnet sich nun die russische Front ab. Überall stehen brennende Geschütze und zerschlagene Unterstände. Mit den Panzern gehen nun auch geschlossen die Panzergrenadiere, welche in der Zwischenzeit aufgeschlossen hatten mit vor. Sie stürmen die verbliebenen Unterstände und Geschützstellungen. Christmann, Breitfelder, Schneider und Klein können die, teilweise in weißer Tarnkleidung, aber größtenteils einfach nur in normaler feldgrauer Uniform gekleideten Soldaten durch die Sehschlitze und Winkelspiegel schemenhaft erkennen. Doch viel Zeit zum Beobachten haben sie nicht. Unaufhörlich klingelt es von außen gegen die Panzerung des Kampfwagens. Es hört sich an, als ob jemand unaufhörlich harte Erbsen oder Kirschkerne gegen eine Eisenpfanne wirft.
Angestrengt halten die Männer Ausschau. Sobald Breitfelder oder Schneider feindliche Soldaten ausmachen, lassen sie ihre Maschinengewehre los rattern. Christmann sucht lohnende Ziele für die Kampfwagenkanone. Er macht eine Panzerabwehrkanone aus, welche sich gerade auf einen deutschen Panzer einschießt. Schon löst sich ein Schuss aus der Pak und zerschlägt dem Panzer III die rechte Kette. Dieser dreht sich nun hilflos um die eigene Achse und zeigt dem russischen Panzerabwehrgeschütz die verwundbare Flanke. Die deutsche Besatzung hat nun den Ernst ihrer Lage erkannt. Die Lukendeckel fliegen auf und die Panzermänner wollen gerade ausbooten. Christmann sieht, wie die Rotarmisten hinter ihrem Geschütz arbeiten

und schon die nächste Granate laden. Der Unteroffizier gibt Breitfelder schnellstmöglich die Zielanweisungen, die KWK richtet sich auf das Geschütz. Gleichzeitig blitzen die Mündungsfeuer vor der deutschen KWK und der russischen Pak auf. Fast im gleichen Moment schlagen die jeweiligen Granaten in die anvisierten Ziele ein und zerschlagen Stahl, zerfetzen menschliche Körper. Nur wenige Sekunden zu spät schießt der deutsche Kampfwagen auf die russische Pak, dann hätten sie den Tod von 5 deutschen Panzersoldaten verhindern können, den der deutsche Tank wird durch die Wucht des Einschlages praktisch zerrissen und die drei Panzermänner, welche bereits aus dem Fahrzeug heraus waren, werden durch die herumfliegenden Stahlteile durchsiebt oder erschlagen.
Unteroffizier Christmann beißt sich die Unterlippe blutig und schlägt vor Wut wegen die Stahlwand seines Turms „Verflucht nochmal! Einen Augenblick zu spät." Spricht er unterdrückt aus.
Weiter geht der Vorstoß der Speerspitze der 6. Armee. Die sowjetischen Kräfte sind zwar sichtlich geschockt, durch den völlig unerwarteten Bombenangriff der deutschen Heinkel 177 unterstützt durch einige Heinkel 111 und Junkers 88. Sogar ein paar Focke-Wulf 200 flogen den Angriff mit, da sie eine recht große Einsatzreichweite aufweisen können. Trotz der tiefen Schneedecke hatten die schweren Bomben stellenweise eine vernichtende Wirkung, wenn sie in ausgebaute Stellungen und Unterstände eingeschlagen sind. Die restlichen Stellungen und Schützengräben werden nun nacheinander durch die Panzer und Sturmgeschützen vernichtet und durch die Grenadiere ausgehoben.

Rex Germania I - Entstehung des Neuen Deutschen Reiches

Das Oberkommando der Wehrmacht gibt bekannt:

... Im Süden der Ostfront hat die planmäßige Räumung des Stalingrader Kessels begonnen. Stalingrad ist auf längerer Hinsicht als strategischer und operativer Faktor für die Bolschewisten ausgeschalten worden und hat von daher auch für uns ihren Wert verloren.
Die Offensivhandlungen der Armeeabteilung des Generals der Infanterie Karl- Adolf Hollidt, verstärkt durch Erdkampf- Verbände der Luftwaffe im Donbogen und dem Tschir- Gebiet geht planmäßig voran.
Wieder hat der Anglo-Amerikanische Feind massive Terrorangriffe auf Bevölkerung und Städte vor allem im Norden des Reichsgebiets verübt. Mehrere Terrorflieger konnten von unseren Jagdfliegern und der Flugabwehr vernichtet werden.
An der afrikanischen Front geht der Rückmarsch der deutsch- italienischen Kräfte auf die Buerat- Stellung planmäßig weiter. Im tunesischen Raum konnten die Amerikaner keine größeren Geländegewinne erzielen und rücken nur sehr langsam vor.
In der Schlacht um den Atlantik konnte dem feindlichen Handelsverkehr, trotz einer immer stärker werdenden Abwehrtaktik der feindlichen Marinekräfte wieder empfindliche Verluste beigebracht werden. Dabei stießen sie teilweise bis in die Südsee und der karibischen See vor.
Trotz der rauen Wetterbedingungen im Nordmeer gelang es deutschen Unterseebooten, unterstützt durch Verbände der Luftwaffe dem Feind auch hier empfindliche Verluste an Handelsschiffen beizubringen und dem sowjetischen Feind so dringend benötigtem Nachschub vorzuenthalten.

22. Dezember, früher Morgen, Bahnstrecke Nordwestlich von Rostow

„Naja wenigstens neues Stroh haben sie uns rein geschmissen." sagt der junge Gefreite Kunze. „Ja und mit dem klapprigen Ofen hier, frieren wir uns wenigstens nicht die Ärsche ab." pflichtet ihm Stüwe bei, welcher sich gerade die Hände an eben diesem Ofen wärmt, da er gerade den Wachposten am MG der Waggontür an Oberländer übergeben hat. „Hoffentlich haben die Bahn- Heinis daran gedacht uns genug Holz mitzugeben. Hier an der Tür erfrieren einem ja die Läuse- Biester." tut dieser gerade laut seinem Unmut kund. „Und überhaupt, wie lange soll diese verfluchte Bahnfahrt den noch dauern?" fragt er anschließend. „Keine Sorge Herr Oberländer. Morgen sollen wir unser Einsatzziel erreicht haben." antwortet ihm der Hauptgefreite Max Stüwe, sein Gruppenführer ungewohnt dienstlich, doch mit einer gehörigen Portion Ironie in der Stimme. Nach einer Stunde Wache übergibt Oberländer das MG an Kunze und begibt sich seinerseits zum Ofen um sich wieder aufzuwärmen. Die wohlige Wärme nimmt ihn schnell ein und mit der Wärme überkommt ihm die Müdigkeit und kurze Zeit später ist er bereits eingeschlafen.

22.Dezember, früher Morgen, Neue Reichskanzlei Berlin

Erneut treffen sich die neuen Großen des Reiches in der Reichskanzlei. Im großen Besprechungsraum

hängt die Große Karte des gesamten von der Großdeutschen Wehrmacht besetzten Gebietes. Von der Atlantikküste bis zum Kaukasus, von Norwegen bis Nordafrika.
Anwesend sind, natürlich der Kaiser, dann Generalfeldmarschall von Manstein als Oberbefehlshaber Ost, Generalfeldmarschall von Bock als Oberbefehlshaber West, Generaloberst Dietl als Oberbefehlshaber Nord, Generaloberst Blaskowitz als Wehrmachtsbefehlshaber Ostland, Generalfeldmarschall von Witzleben als Generalstabschef des Oberkommandos der Wehrmacht, Generalfeldmarschall von Rundstedt als Oberbefehlshaber des Ersatzheeres, General der Infanterie Zeitzler als Generalstabschef des Heeres, Robert Ritter von Greim als Oberbefehlshaber der Luftwaffe, unter Überspringung des Ranges eines Generaloberstens nun Generalfeldmarschall , Generaloberst Hausser als Befehlshaber der Garde und Generaloberst Guderian.
„Die westlichen Alliierten haben nun ebenfalls mein Friedensangebot abgelehnt und mit einem massiven Bombenangriff auf Potsdam und Berlin geantwortet." „Durch den, bereits erfolgten Abzug und Verlegungen von Jagd- und Nachtjagdverbänden hatten die anglo-amerikanischen Terrorflieger natürlich leichtes Spiel und stießen auf relativ wenig Gegenwehr. Auch die Ziele Potsdam und Berlin waren, mit der Geburtsstadt des Kaisers und der Reichshauptstadt wohlüberlegt!" führt von Greim kurz aus.
Nun ergreift Kaiser Louis Ferdinand wieder das Wort „Was gibt es neues von der 6. Armee? Hat Hoth sich bereits gemeldet?" fragt der Kaiser sichtlich nervös.
Generalfeldmarschall von Manstein tritt näher zur

Romowe. Der Verlag

Karte, nimmt sich einen großen Zeigestock und erläutert „Mein Kaiser, Generaloberst Paulus meldet starken Widerstand durch die sowjetischen Truppen. Die 6. Armee kommt nur unter schweren Verlusten voran. Die Kampfgruppen geraten von einer Riegelstellung in die nächste. Die gepanzerten Truppen werden dadurch schnell zerschlissen. Generaloberst Hoth meldet fast das gleiche. Auch seine Truppen kommen nicht richtig voran. Seine Truppen müssen sich stattdessen gegen stärker werdende Flankenangriffe der Russen erwehren. Die italienische 8. Armee ist fast aufgerieben und es klafft eine mindestens 150 Kilometer breite Lücke von mindestens 45 Kilometer Tiefe am Südflügel der Heeresgruppe B. Es wird höchste Zeit, das die, in Marsch gesetzten Truppen der Westfront ankommen!" Nun meldet sich Generalfeldmarschall von Bock zu Wort „Diese Truppen sind bereits in unmittelbarer Nähe der Front und ich rechne damit, dass die 716. und 320. Infanteriedivision heute Abend ankommen werden. Die 333. und 343. Infanteriedivision werden wohl morgen früh ankommen und die Heeresgruppe Süd kann sie zur Stabilisierung ihrer Südflanke nutzen. Die Indische Legion wird Übermorgen in Rostow erwartet. Die 7. und 26. Panzerdivision werden ebenfalls morgen Früh ankommen und können dann der Armeegruppe Hoth zugeführt werden. Des Weiteren habe ich, in Absprache mit von Manstein das Turkestanische Infanterie-Bataillon 787 und die 171. Reserve-Division, welche als Besatzungstruppen für die Niederlande im Einsatz sind, die 156. Reserve- Division von der Kanalküste, das Turkestanische Infanterie- Bataillon 781 und das Georgische Infanterie-Bataillon 795 aus Frankreich in Marsch gesetzt. Sie sind bereits auf dem Weg und werden sofort nach Rostow transportiert, um die dortigen Stellungen zu verstärken. Die Eisenbahnbatterien 655, 664, 674, 717, 718 und 772 werden heute in Rostow erwartet. Die Batterien 800, 801, 802, 804 kommen Übermorgen bei Leningrad an. Auch verschiedene selbstständige schwere Artillerie- Abteilungen, wie z.B. die schwere Artillerie- Abteilung 101, das schwere Artillerieregiment 84 mit seinen 24 cm Kanonen für Rostow und die schwere Artillerie- Abteilung 641 ,die schwere Artillerie- Batterie 102 und die schwere Artillerie- Batterie 103 bei Leningrad. Ebenso wie die 156. Reserve-Division aus Frankreich. Doch gebe ich zu bedenken, dass diese Divisionen entweder unerfahren sind, oder nicht voll aufgefüllt, da sie sich in Neuaufstellung befanden. Darüber hinaus möchte ich erwähnen, dass das Westheer mit der Abgabe dieser Divisionen und Einheiten gefährlich ausgedünnt wurde. Sollte es noch einmal zu einem Landungsunternehmen, wie in Dieppe, oder gar Größer kommen, kann ich für nichts garantieren. " Nun meldet Generaloberst Hausser „Mein Kaiser, die Truppen der ehemaligen SS, welche zur Neuaufstellung an der Westfront standen, also die Leibstandarte Adolf Hitler, die Division „Das Reich" und die Division „Totenkopf" werden Heute Abend bei der Gruppe Hoth ankommen und werden dieses Verstärken, doch auch diese Einheiten standen mitten in der Neuaufstellung und sind nicht voll aufgefüllt. Diese 3 Divisionen werden jedoch zu einem Korps unter General Steiner zusammengefasst, was ihnen eine gewisse Durchschlagskraft verleiht, denn die Truppen kennen sich untereinander und haben dementsprechendes Vertrauen. Von der

Leningrader Front kommt darüber hinaus noch die Polizei- Panzergrenadier Division und bereitet die Verteidigung von Rostow vor. Da die Zeit drängt, habe ich mich entschieden, die ehemaligen SS- Divisionen sofort und geschlossen einzusetzen und die Garde nach Abschluss der Kämpfe zu gruppieren.". Danach ergreift Generaloberst Blaskowitz das Wort:" Mein Kaiser, aus dem Bereich der besetzten Ostgebiete können der Front kurzfristig die turkestanischen Feld-Bataillone I./295; I./297; I./305; I./371; I./384 und I./389 zugeführt werden, da diese als Auffrischung der in Stalingrad kämpfenden Truppen gedacht waren. Ebenso können die turkestanischen Infanterie-Bataillone 450, 452 und 782, welche als Besatzungstruppen im Generalgouvernement dienen herausgelöst werden. Aus dem Raum der Ukraine kann ich die Aserbaidschanischen Infanterie-Bataillone 804 und 806 sowie die 143. Reserve-Division. Die Georgischen Infanterie- Bataillone 798 und 799 waren eigentlich als Verstärkung der Besatzungstruppen in Frankreich gedacht, doch angesichts der angespannten Lage sind sie an der Ostfront zweckdienlicher, denk ich und Feldmarschall von Bock wird mir da wohl zustimmen. Darüber hinaus habe ich noch die Stäbe der Aserbaidschanischen, Armenischen und Georgischen Legion bei Radom, doch möchte ich vorschlagen, diese nach dieser Krise als Stäbe der zu bildenden entsprechenden Einheiten zu nutzen. Mit Ihrer Erlaubnis werde ich die zuvor genannten Einheiten umgehend dem Oberbefehlshaber Ost unterstellen, da dieser die weitere Verwendung besser organisieren kann.". Zustimmendes Nicken folgt der Ausführung. Dieser Ausführung folgt Feldmarschall von Rundstedt:" Mein Kaiser, aus dem Heimatgebiet kann

ich die 386 Infanteriedivision in Marsch setzen, diese ist jedoch noch nicht komplett und befindet sich noch in der Aufstellung, sowie die 148. und 158 Reserve-Division, welche zur Zeit in Schlesien stehen. Umfangreiche Ersatz-, Ergänzungs- und Reserve -Verbände würde ich nur ungern herauslösen, da sich dies in der Zukunft rächen wird, da dadurch die Ausbildung des Ersatzes in Mitleidenschaft gezogen werden würde." Auch hier gibt es zustimmendes Gemurmel. Stumm nickt der Kaiser vor sich hin, während seine obersten Heeresführer ihre Ausführungen nacheinander beenden. Nun bittet er Ritter von Greim zum Vortrag. „Mein Kaiser, die Lage der Luftwaffe ist mindestens ebenso angespannt, wie die Lage des Heeres. Die Versorgungsflüge der Luftwaffe für die 6. Armee haben einen ungeheuren Blutzoll gefordert. Ohne die bereits angelaufenen Verlegungen, welche weitere folgen müssen, können wir die benötigte Unterstützung für die kommende Abwehrschlacht im Raum Rostow nicht bewerkstelligen. Da bedeutet jedoch im Umkehrschluss, dass die anderen Fronten geschwächt werden müssen. Nach kurzfristiger Übersicht der Lage werde ich vorschlagen, das wir aus dem Reich die I.JG 1 aus dem Raum Jever in den Südraum der Ostfront verlegen, ebenso wie die im Reich zur Auffrischung liegenden Teile des Kampfgeschwaders 1 „Hindenburg".
Aus Rumänien sollten wir die dort stationierte I. Gruppe des Jagdgeschwaders 4 abziehen.
Aus der Westfront die III. Gruppe des Jagdgeschwaders 1, die I. Gruppe des Jagdgeschwaders 2 aus Südfrankreich und die III. Gruppe und auch die 13. Jabo-Staffel des Jagdgeschwaders 2 in der Bretagne und der

Kanalküste. Damit sollten die Jagdkräfte genügend gestärkt sein. An Kampffliegern können wir die restlichen Teile des KG 40 nachziehen, denn die mit der Heinkel 177 ausgerüsteten Teile sind ja bereits im Einsatz, ebenso wie das Kampfgeschwader 50 aus Dänemark. Um einen gewissen Schutz für den Raum der Bretagne zu sichern werde ich die 10.Zerstörer- Staffel des Jagdgeschwaders 5 aus dem Norden in die Bretagne verlegen lassen. Aus dem Nordraum wird ebenso die I. KG 30 abgezogen und in den Raum Rostow verlegt. An infanteristischer Unterstützung kann ich die 11. Luftwaffen-Felddivision aus Griechenland abziehen, die 16. Luftwaffen- Felddivision befindet sich in Groß- Born zur Aufstellung, kann jedoch kurzfristig in Marsch gesetzt werden, die 18. Luftwaffen- Felddivision befindet sich als Sicherungstruppe am Kanal und könnte ebenfalls eingesetzt werden. Des Weiteren würde ich kurzfristig ein Luftlandeunternehmen zur unmittelbaren Verstärkung der 6. Armee durch Fallschirm- Truppen vorschlagen, was jedoch mit den Herren von Manstein, von Witzleben und Zeitzler genauer zu besprechen und zu koordinieren wäre. „Auch nach diesem Vortrag gibt es bestätigendes Gebrummel und nicken der Anwesenden Befehlshaber, bis auf einem. Genau dies bemerkt der junge Monarch in seiner eleganten, schwarzen Uniform. Ohne Scheu spricht er den angespannt wirkenden Offizier an. „Herr Dietl, an ihrer Mimik sehe ich, dass sie mit den zur Debatte stehenden Verlegungen nicht einverstanden sind!" Ohne Umschweife oder falscher Zurückhaltung gibt der Generaloberst zurück:" Jawohl mein Kaiser. Ich bin über den Umfang der Verlegungen entsetzt. Dies ist eine offene Einladung für die

Feinde zu neuen Landungen oder verstärkten Kommandounternehmungen. Solch eine Entblößung der besetzten Gebiete hätte es unter dem Führer niemals gegeben! Besonders die Verlegung von Luftwaffen-Verbänden aus meinem Befehlsbereich ist nicht akzeptabel. Wie sollen wir denn den Konvoiverkehr im Nordmeer unterbinden, wenn mir die Kampfverbände entzogen werden. Vielmehr müssten eben diese Kräfte verstärkt werden, genauso wie die Infanteriekräfte, damit wir endlich auf Murmansk stoßen können, um den anglo-amerikanischen Treiben dort ein Ende zu setzen!" Da meldet sich Großadmiral Raeder zu Wort und stimmt in diese Forderung mit ein: „Mein Kaiser, der Konvoi-Verkehr im Nordmeer kann nicht nur von der Marine unterbunden werden. Allein schon die Wetterverhältnisse lassen dies nicht zu. Wenn nun auch noch Luftwaffenverbände, welche auch zur Aufklärung für die U- Boote wichtig sind abgezogen werden, dann wird dies fast unmöglich. Einem direkten Angriff auf den Hafen Murmansk, bin ich nicht abgeneigt, doch setzt dies eine genaue Vorbereitung und Zusammenarbeit mit dem Heer voraus."
Wiederum hört sich Louis Ferdinand alles in Ruhe an. Nach einiger Zeit des Überdenkens erwidert er auf die Feststellung der beiden ranghohen Offiziere: "Meine Herren Offiziere, ich kann ihre Bedenken natürlich nachvollziehen, denn auch ich habe ein sehr ungutes Gefühl bei den Gedanken, die Fronten so zu entblößen, doch bleibt im Groben nichts weiter übrig. Ich bitte sie jedoch zu bedenken, dass die Verlegungen im Großen und Ganzen nur zeitlich begrenzt sind und der Not der Stunde geschuldet sind. Ich bitte die Herren Befehls-

haber der Operations- und besetzten Gebiete eine genaue Aufstellung der freien Verbände anzufertigen und diese dem Oberbefehlshaber Ost so schnell wie möglich zukommen zu lassen! Ebenso bitte ich die Herren von Greim und Zeitzler einen Vorschlag für ein Luftlandeunternehmen zur Verstärkung der Ausbruchstruppen auszuarbeiten und unverzüglich durchzuführen. Die Herren Raeder und Dietl mögen eine Planoperation zum Angriff auf Murmansk ausarbeiten und mir vorlegen, den die Ausschaltung dieses Hafens sehe auch ich für Entscheidend im Ostkampf an! Ich bitte zu bedenken, dass die Zeit drängt und ich daher die Durchführung der Verlegungen für spätestens heute Abend festlege. Abschließend, möchte ich meinen, dass die frühzeitigen Verlegungen, hinter den Rücken der alten Herrschaft sich bereits bewährt und als richtig erwiesen hat, da werden sie alle mir wohl zustimmen. Meine Herren ich bin mir vollkommen bewusst, was ich von ihnen und ihren Stäben jetzt und in der nächsten Zukunft verlange, doch schlafen können wir später immer noch! Bedenken sie was auf dem Spiel steht und das ist nichts Geringeres als Deutschland selbst! Nun möchte ich sie verabschieden und bitte die Herren Guderian, Hausser, von Bock und von Witzleben noch einen Moment zu bleiben!" Nach diesen Worten grüßen die Verabschiedeten und verlassen den Raum. Nun warten die 4 genannten gespannt, was der Monarch wohl noch von ihnen möchte. Lange müssen sie nicht warten und die Gardewache, welche ebenfalls in Schwarz uniformiert ist, öffnen die großen und schweren Eichentüren. Hinein treten nacheinander Konstantin von Neurath, welcher nun den Posten des Reichsaußenministers innehat, Konstantin Hierl, der

Rex Germania I - Entstehung des Neuen Deutschen Reiches

nun Reichsarbeitsminister ist, Theodor Duesterberg der Reichsinnenminister und Graf Schwerin von Krosigk der neue und alte Reichsfinanzminister. Als letztes kommt der Minister für Bewaffnung und Munition Albert Speer in den großen prachtvollen Raum. Kaiser Louis Ferdinand begrüßt jeden seiner Minister mit einem kräftigen Handschlag. Danach beginnt er: „Meine Herren neben unserem Großen Unternehmen, der Rettung der 6. Armee habe ich mir auch über die Lage unsere Verbündeten Gedanken gemacht und ich wünsche ein Treffen mit den Staatschefs und Befehlshabern unserer wichtigsten Verbündeten. Ich hatte alle Minister beauftragt, einen Bericht über ihre Ressourts zu verfassen, doch von ihnen, meine Herren möchte ich diesen persönlich hören, genauso wie von ihnen meine Herren Offiziere. Nun Guderian, fangen sie bitte an." Mit schneidigem Schritt tritt der Generaloberst vor: „Mein Kaiser, der Blutzoll, welchen die Panzertruppe entrichtete ist beträchtlich. Soweit sämtliche Panzer- und Panzergrenadierdivisionen sind unter Soll. Die Panzer, die noch vorhanden sind, sind oft ältere Modelle der Reihen III, IV 38t oder sogar der Reihen II und 35t. Diese sind alle kaum in der Lage es mit den sowjetischen Panzern aufzunehmen. Es ist zwingend erforderlich die Produktion des Panzer IV in den Ausführungen G und der geplanten H zu steigern, und voranzutreiben. Ebenso wie die Produktion des Sturmgeschütz III F8 und der geplanten G- Ausführung. Sehr vielversprechend ist der neue Panzerkampfwagen V, der Prototyp hat noch einige Schwächen, doch bei weitem mehr Potential. Wenn diese Schwächen ausgemerzt sind, haben wir eine mächtige Waffe in den Händen, doch benötigt es noch einige Zeit und wir sollten nichts übereilen, sondern lieber seine Zuverlässigkeit vorantreiben und die Mannschaften Gewissenhaft ausbilden. Der Panzer VI ist ebenfalls ein potentiell guter Panzer, doch hat auch er einige Schwächen, so vor allem die zwar dicke, aber auch fast senkrechte Panzerung und den, für das Gewicht viel zu schwachen Motor. Auch bei diesem bin ich der Meinung, wir sollten keine weiteren verzettelten Einsätze mehr unternehmen, sondern die Kinderkrankheiten ausschalten, die Besatzungen genauestens ausbilden und dann massiert einsetzen, es ist eine klassische Schwerpunktwaffe. Ich bin bereits mit Krupp, Maybach, der Zahnradfabrik Friedrichshafen und Voith im Gespräch, soweit mir dies in der Kürze der Zeit bisher möglich war, wie man Kampfwertsteigerungen der Wanne, des Getriebes und des Motors anstellen kann. Henschel arbeitet bereits an einem möglichen Nachfolger für den Tiger, doch wird dieser noch schwerer und dadurch höchstwahrscheinlich noch unzuverlässiger. Von daher muss man sich die Notwendigkeit genauestens betrachten. Porsche hat bereits, im vorrauseilender Gewissheit, das sein Entwurf für den Panzerkampfwagen VI gewinnen würde, rund 90 Fahrgestelle anfertigen lassen. Ich schlage vor, da wir keine Ressourcen verschwenden sollten zu Prüfen ob wir diese zu einer art massiven Panzerzerstörer umbauen können. Doch auch dies gilt es genau zu überlegen und zu prüfen.

Das Baukommando des Majors Becker, welches vor allem im besetzten Frankreich tätig ist, hat einige bemerkenswerte Zwischenlösungen geschaffen und man sollte durchaus überlegen, diese Tätigkeiten auszubauen. Er steht in regen Kontakt mit den Altmärki-

schen Kettenfabriken und dies sollte man definitiv vorantreiben. Von daher möchte ich Feldmarschall von Witzleben bitten, mir eine möglichst komplette Übersicht über die Beutepanzerbestände der Wehrmacht und auch über, die noch im Einsatz befindlichen Panzer I und Panzer II zu geben. Damit werde ich mich mit Major Becker beraten und weitere Maßnahmen ausarbeiten.
Alles in allem bin ich der Meinung, dass die Panzertruppe im Jahr 43, wenn überhaupt, dann nur zu begrenzten Offensiven in der Lage ist und man sich wohl eher mit Defensivhandlungen begnügen sollte. Auf mittelfristiger Sicht, muss es unser Ziel sein und ich denke, dass kein Weg daran vorbei gehen wird unser Waffenarsenal so weit wie irgendwie möglich zu standardisieren und uns auf ein Model eines mittleren Panzers und ein Model eines schweren Panzers zu beschränken. Dies sollte auf kurzfristiger Basis der neue Panzerkampfwagen V und der Panzerkampfwagen VI sein. Das Fahrgestell des Panzerkampfwagens V bietet auch genügend Potential für geplante Jagdpanzer, Flakpanzer und Selbstfahrgeschütze. So lange dies jedoch noch nicht in ausreichender Zahl zur Verfügung steht und die Industrie die nötigen Produktionsstraßen noch nicht eingerichtet hat, werden wir hier auf das Fahrgestell des Panzer IV zurückgreifen müssen. Doch muss endlich Schluss sein mit der Modelvielfalt, es frisst viel zu viel Kapazitäten! Ich möchte die Gelegenheit nutzen, um noch einmal kurz auf den eben erwähnten Flak- Panzer zu sprechen zu kommen. Nach Auswertung der neusten Berichte, vor allem von Feldmarschall Rommels Truppen in Afrika, welche immer

stärker mit der feindlichen Luftüberlegenheit zu kämpfen haben, ist es zwingend erforderlich, dass wir eine bewegliche Flugabwehr- Selbstfahrlaffette schaffen, welche unter größtmöglichem Panzerschutz unsere Kolonnen effektiv gegen feindliche Tiefflieger und Jagdbomber schützen kann! Einem Flak- Panzer eben und da momentan kein anderes Fahrgestell zur Verfügung steht, muss es halt das des Geschützwagens III/IV sein."
Schweigen herrscht nach dieser klaren, aber nüchternen Zusammenfassung. Als nächstes lässt der Monarch den Generalfeldmarschall von Bock vortreten und richtet sogleich das Wort an ihn: „Feldmarschall von Bock, auch von ihnen erwarte ich eine genaue Zusammenfassung über die Stärke und Moral unseres Westheeres und allem was dazu gehört, des Weiterem ist es für meine zukünftigen politischen Entscheidungen wichtig, dass wir unser Heer wieder aus Südfrankreich abziehen und daher möchte ich sie bitten Pläne auszuarbeiten, wie dies schnell und reibungslos vonstattengehen kann, sobald ich den Befehl dazu gebe. Es soll nicht wie ein Rückzug wirken, sondern wie eine diplomatische Geste. Von daher ist es wichtig, dass wir mit den französischen Entscheidungsträgern zusammenarbeiten. Feldmarschall von Witzleben, ich möchte von ihnen, das Sie mir ein detailliertes Dokument anfertigen, in dem alle Projekte und Prototypen der 3 Wehrmachtsteile aufgeschlüsselt sind und welche Aussichten auf Erfolg diese haben, ebenso etwaige Schwachstellen und Entwicklungshemmnisse." Der Angesprochene nickt kurz und macht sich Notizen. „Wie ist die allgemeine Lage der Truppe, von Witzleben?" will der Monarch nun wissen. „Wie hat die restliche Truppe auf

Rex Germania I - Entstehung des Neuen Deutschen Reiches

den Machtwechsel reagiert?" Der Generalfeldmarschall strafft seine Uniform und tritt nun zur großen Lagekarte vor. „Mein Kaiser, die Truppe hat mit gemischten Gefühlen auf den Wechsel reagiert, doch hauptsächlich aus dem Grunde das die komplette Führungsriege der Wehrmacht mit einem Schlag ausgeschaltet wurde und das anscheinend die höchsten Chargen der SS und Partei an diesem ungeheuren Anschlag beteiligt waren, wie aufgefundenen Dokumente etwa beim Reichsführer- SS Himmler, SS- Oberst-Gruppenführer Kurt Daluege, SS- Obergruppenführer Friedrich Alpers und dem SS- Obergruppenführer Gottlob Berger nahelegen. Auch die anscheinende Verwicklung der Herren von Ribbentropp, Goebbels, Axmann, Holz, Eggeling, Rainer, Jordan, Giesler und anderer Parteigrößen sowie ihrer engsten Mitarbeiter wiegt schwer.
Die SS- Divisionen und Verbände werden nun von der Wehrmacht mit noch größerem Argwohnen betrachtet und ihre Loyalität in Frage gestellt. Konsequenzen werden folgen müssen.
Positiv betrachtet wird allerdings unser hartes und entschlossenes Durchgreifen und die fast schon geradlinige Übertragung des Eides auf ihre Person.
Alles in allem, bin ich sicher, dass die Wehrmacht geschlossen hinter uns stehen wird, wenn wir durch diese schwere Krise kommen!" Die anwesenden Personen nicken dem Generalfeldmarschall zustimmend zu.
„Nun mein lieber Generaloberst Hausser, diese Ausführung bringt uns dann wohl direkt zu ihnen. Wie steht es mit den Truppen der ehemaligen SS?"

Romowe. Der Verlag

Der angesprochene, gekleidet in einer eleganten schwarzen Uniform, anstelle der alten SS- Dienstgradabzeichen nun jedoch die gewöhnlichen Wehrmachts-Epauletten und der Adler am linken Oberarm trägt statt dem Hakenkreuz die deutsche Kaiserkrone im Kranz tritt vor um Bericht zu erstatten. „Mein Kaiser, meine Herren Reichsminister und Offiziere, die Umbildung der SS in eine kaiserliche Garde ist bereits im vollen Gange. Es gibt einiges zu tun, um die verschiedenen Untergruppierungen und deren Machtbefugnisse auseinander zu kämmen, sowie sie aufzulösen ohne die militärischen Strukturen vollends zu zerschlagen, denn diese sollen zum Grundstein der militärischen Garde werden. Durch die Auflösung der überflüssigen Strukturen und nicht zu guter Letzt durch die Auflösung der Großteile der unsäglichen Konzentrationslager werden tausende junger Männer für die Wehrmacht und Garde frei. Wobei jedoch speziell bei den Wachmannschaften der KL genaue Untersuchungen angestellt werden müssen, um eventuelle Straftaten, welche mir zum jetzigen Zeitpunkt jedoch noch nicht genauer bekannt sind aufzudecken und zu ahnden, denn jene welche mir bereits jetzt bekannt geworden sind, müssen mit aller Härte verfolgt werden. Den ehemaligen Insassen der KL wird dahingehend ein freiwilliger Eintritt in die Wehrmacht und die damit verbundene Rückgewinnung sämtlicher Bürgerrechte- und Pflichten, sowie eine Entschädigungszahlung oder die Möglichkeit der Ausreise in ein neutrales Land angeboten. Dies gilt jedoch vorerst nur für Personen welche nicht als politische Inhaftierte in den Lagern saßen um die Innere Sicherheit des Reiches nicht zu gefährden. Die politischen Insassen werden in Zentrale Arbeitslager überführt, um in der Rüstung oder der Landwirtschaft tätig zu werden, selbstverständlich werden die Bedingungen auch dahingehend gesichert, dass sie diese Arbeiten auch bewältigen können. Menschenverachtende Behandlungen werden nicht geduldet! Jegliche Grausamkeit gegen die Insassen oder auch Kriegsgefangene sind eine Schande für den Schild des deutschen Heeres und des Großdeutschen Kaiserreichs! Darüber hinaus ist es eine Vergeudung von wirtschaftlichem Potential.

Wenn wir die Operation Wintergewitter und Donnerschlag beendet und die Südflanke der Ostfront stabilisiert haben, werden die ehemaligen Waffen- SS Divisionen und auch die ausländischen Freiwilligenverbände unter SS- Kommando aus der Front gezogen und mit der Division Großdeutschland und wohl mit einigen Divisionen der 6. Armee, sowie der 1. und 7. Panzerdivision, als auch der 1., 2. und 3. Gebirgsdivision gemischt und so die neuen Gardedivisionen, namentlich der Garde- Panzergrenadierdivision „Leibstandarte", der Garde- Panzergrenadierdivision „Germania", der Garde- Panzergrenadierdivision „Barbarossa" der Garde- Panzerdivision „Großdeutschland", Garde- Panzerdivision „Der Kaiser" der Garde- Kavalleriedivision „Hohenzollern" , der Garde- Kavalleriedivision „Habsburg" und die Garde- Gebirgsdivision „Kaiserjäger" gemischt.

Für diese Neuaufstellungen wird die ehemalige Division Leibstandarte SS Adolf Hitler nach Nordfrankreich, die Division „Das Reich" nach Belgien, die Division „Wiking" nach Rumänien, die Division

„Nord" nach Ungarn, die Division „Prinz Eugen" ebenfalls nach Ungarn, sowie die Freiwilligenverbände in ihre jeweiligen Heimatländer verlegt um dort in Freiwilligenlegionen umgewandelt zu werden. Die Division „Totenkopf" und die SS- Polizeidivision werden in Reich verlegt und dort aufgelöst um auf die Divisionen der 6. Armee aufgeteilt zu werden, um diese aufzufrischen. Eine detaillierte Planung wird den entsprechenden Kommandostellen und Ihnen Generalfeldmarschall von Witzleben und General von Zeitzler, sowie Generalfeldmarschall von Rundstedt als Oberbefehlshaber des Ersatzheeres natürlich noch übergeben."
Nach dieser Bekanntgabe, welche eigentlich schon eine gewisse Anmaßung und eine Einmischung in Kompetenzen der hohen Offiziere darstellt herrscht ungläubiges Schweigen. Es wird den anwesenden Herren klar, dass hinter ihren Rücken Maßnahmen geplant wurden, von welchen sie nicht die geringste Ahnung hatten und die ein ungeheures Eingreifen in ihre Ressourcengebiete darstellt. Generaloberst Guderian ist der erste der seine Worte wiederfindet „Dieses Eingreifen in unsere Sachgebiete ist nicht hinnehmbar! Es hätte mit uns abgestimmt werden müssen! Es können nicht einfach ganze Divisionen verlegt, aufgelöst und umgruppiert werden, ohne das mit den entsprechenden Befehlshabern abzusprechen!" Dort anschließende äußern sich die übrigen Offiziere ähnlich. Hausser versucht seine Ausführungen als zwingend notwendig zu verteidigen. Ein Streit droht aufzukommen, doch eher er richtig auszubrechen droht meint der junge Monarch und hebt beschwichtigend die rechte Hand: „Meine Herren,

seien sie sich sicher, dass die Maßnahmen von Generaloberst Hausser mein vollstes Einverständnis haben und das er mir seine Pläne so früh wie ihm möglich war mitteilte! Das sie dahingehend nicht konsultiert wurden, ist auch wiederum der Not der Stunde zuzuschreiben und soll keineswegs zum Normalzustand der Zusammenarbeit zwischen Garde und Heer werden. Einige Entscheidungen und Maßnahmen werden noch auszufechten sein, doch auch dies werden wir gemeinsam überstehen!" Nun wendet sich der junge Kaiser Großdeutschlands von seinen Militärs ab und seinen Reichsministern zu „Herr von Neurath, wie ich bereits kurz erwähnte, möchte ich, wenn wir die Ostfront wieder stabilisiert haben ein Treffen unserer wichtigsten Verbündeten abhalten. Namentlich sind dies natürlich Italien, wobei ich dort ausdrücklich nicht nur Herrn Mussolini einlade, sondern auch König Viktor Emanuell III. und den wichtigsten Marschall der italienischen Armee, dann Ungarns Reichsverweser Admiral Horthy und Herr Miklos Kallay, Kroatiens Tomislav II. und Herrn Pavelic, Josef Tiso und Vojtech Tuka der Slowakei und selbstverständlich König Michael I. Von Rumänien und Marschall Antonescu, darüber hinaus noch Zar Boris III. von Bulgarien und Herrn Filow sowie Marschall Mannerheim und Herrn Ryti und auch der japanische Botschafter". Der Reichsaußenminister sieht den Kaiser verblüfft an „Eure Majestät, dies ist also ein offizielles Treffen, aller unserer Verbündeter Staaten und deren Führer und wichtigste Militärs. Solch ein Treffen mitten im Krieg, dies ist geradezu eine Einladung für die Alliierten einen Angriff zu starten und mit einem Schlag den Krieg zu beenden. Wann und wo soll dieses Treffen stattfinden? Wie soll es gesichert werden?" Ein Lächeln huscht über das Gesicht des Monarchen. Mit solch einer Reaktion hat er eigentlich fest gerechnet. „Mein lieber Herr von Neurath, über die militärische Sicherung müssen sie sich nicht den Kopf zerbrechen, denn dies wird die Aufgabe der Herren Offiziere sein. Das wann und wo kann ich ihnen bereits teilweise beantworten. Dieses, vielleicht alles entscheidende Treffen wird im Schloß von Versailles stattfinden. Einem mehr als historischen Ort der Deutschen Geschichte und ich denke, für unser Vorhaben mehr als passend. Wann das Treffen stattfinden soll, das wird sich noch genau herausstellen. Auf jedem Fall wohl Ende Februar, oder Anfang März nächsten Jahres." Der Reichsaußenminister muss unwillkürlich schlucken. „Eure Majestät, haben sich diese Entscheidung gut überlegt? Versailles liegt mitten im feindlich gesinnten Frankreich, in unmittelbarer Nähe zu Großbritannien. Eine Einladung für den Feind!" Wieder huscht ein Lächeln über das übernächtigte Gesicht Louis Ferdinands „Herr von Neurath, genau darum werden wir die Vorbereitungen auch mit größter Geheimhaltung behandeln. Keine unnötigen Informationen an Personen, welche nichts mit den Vorbereitungen zu tun haben, keine Übermittlungen über Funk, keine unnötigen Anfertigungen von Dokumenten und so weiter. Kurz nach diesem Treffen möchte ich ein zweites Treffen mit den Staatsoberhäuptern von Frankreich, also mit Marschall Pétain, Herrn Darnand und auch mit Herrn Laval, mit Dänemarks König Christian X. und Herrn Scavenius sowie mit Griechenlands Herrn Papagos und Logothetopoulos abhalten, denn ich möchte eine engere Zusammenarbeit auf wirtschaftlicher, als auch gegebenenfalls auf militärischer Ebene anregen! Bei beiden Treffen werden wir einen Zukunftsplan für Europa bekanntgeben, welche eine Neuordnung Europas beinhalten wird! Genauere Details werden dann bekanntgegeben. Dennoch wünsche ich, dass sowohl das OKW, als auch die verschiedenen Ministerien Denkschriften, sowohl über eine Neuordnung Europas, als auch über minimalen und maximalen Kriegsziele des Reiches auszuarbeiten haben. Diese Denkschriften haben mir bis spätestens Ende Januar vorzuliegen!" Schnell wendet er sich noch einmal direkt an seine Generalität „Meine Herren von Witzleben und Hausser, sie beide werden die Überwachung und den Schutz des Treffens übernehmen und organisieren. Ich denke da vor allem an Flak- Schutz und genügend Jäger für die Luftsicherung. Aber natürlich auch den direkten Schutz der anwesenden Personen!" Beide nicken und machen sich kurze Notizen. „So Herr Hierl, wie schaut es in ihrem Bereich aus?" möchte der Kaiser nun von seinem Arbeitsminister wissen. Dieser, gekleidet in der Uniform des Reichsarbeitsführers tritt einen Schritt vor und beginnt gewohnt zackig „Mein Kaiser, der Reichsarbeitsdienst läuft wie gewohnt, planmäßig ab. Von Seiten des Arbeitsdienstes können sie sich absoluter Loyalität gewiss sein! Ein Teil der RAD- Pflichtigen müssen jedoch zum immer gravierender werdenden Beseitigen von Bombenschäden der alliierten Terrorbomber eingesetzt werden. Die Wehrmacht bedient sich leider immer ungenierter der Arbeitsleistung des RAD und setzt diesen oft kurz hinter der Front ein, was zu hohen Menschenverlusten führt! Der Einsatz des Dienstes an der Atlantik- und Kanalküste zum Ausbau des Atlantikwalls läuft erfreulich planmäßig. Die wirtschaftliche Leistung des Reiches läuft auf immer höheren Touren, doch die immer stärker werdende Aktivität der feindlichen Luftwaffe auf Wirtschaftszentren macht mir Sorgen!" Nickend nimmt der junge Kaiser die Informationen zu Kenntnis und meint zu seinem Minister „Herr Hierl, ich danke für Ihren Vortrag." Dreht sich zum nächsten wartenden Minister und meint zu diesem „Und nun zu ihnen Herr Duesterberg. Wie ist die Innere Lage des Reiches?" Dieser macht einen skeptischen Eindruck und führt etwas unsicher aus „Eure Majestät, die Bevölkerung ist verständlicherweise verunsichert, was die Zukunft bringen wird. Unsere Bekanntgabe über das Attentat auf den Führer und die Wehrmachtsführung und die Verwicklung hoher Parteifunktionäre darin stießen auf starke Überraschung, Wut und Enttäuschung. Vielerorts kam es zu spontanen Demonstrationen vor Parteigebäuden und SS-Dienststellen, welche nur durch den Einsatz der Polizei wieder eingedämmt werden konnte. Das Volk ist von den höheren Parteimitgliedern enttäuscht und fordert weitere Konsequenzen. Dennoch sollten wir die Partei als Ganzes als Ordnungsfaktor erhalten, um etwaige Kommunistische, Sozialistische und Antimonarchistische Bestrebungen zu überwachen und gegebenenfalls zu unterbinden. Doch Konsequenzen in den Strukturen werden nicht ausbleiben können und ich schlage vor, sämtliche übrigen Gauleiter in Schutzhaft zu nehmen, die Gaustrukturen aufzulösen und vorerst unter Verwaltung der entsprechenden Wehrkreise der Wehrmacht zu stellen. Die unteren Strukturen ab der Kreisleitung sollten bestehen bleiben, um das Volk zu beruhigen. Doch sollten die Parteikader unter Beobachtung der Abwehr und Canaris stehen."

Auch diese Ausführung hört sich der Monarch ruhig und gewissenhaft an, doch erkennt er auch, dass sein Innenminister noch etwas auf dem Herzen hat und somit richtet er noch einmal das Wort an ihn „Herr Duesterberg, ich sehe, das euch noch etwas beschäftigt?" Die Minister strafft seine Gestalt noch einmal und beginnt „Ja, Eure Majestät, da gibt es noch zwei Dinge. Erstens bin ich der Meinung, dass die noch bestehenden Konzentrationslager, welche ja nun als Arbeitslager für politische Häftlinge umgewandelt werden sollen, unter die Verwaltung des Innenministeriums gestellt werden sollten, da die Garde doch wohl eher eine militärische denn eine politische Elite werden soll. Und zweitens bin ich mit der Ernennung Heißmeyers zum Chef der Polizei nicht sonderlich glücklich." Der junge Kaiser schaut seinen Minister an und nickt mehrmals kaum merklich vor sich hin. „Nun, mein lieber Herr Duesterberg, die KL werden so bald wie möglich den Befehl des Innenministeriums unterstellt. Damit wird die Polizei dort die Befehlsgewalt übernehmen. Wieviel und mit welcher Ausrüstung bleibt dann ihnen überlassen. Was uns nun zu Herrn Heißmeyer bringt, so waren wir nun einmal gezwungen, zur Festigung unserer Position einige Kompromisse einzugehen und uns mit einigen ungeliebten Personen zu verbünden und zu einigen. Das diese natürlich am Besten mit einflussreichen Posten zu ködern waren sieht man nun mal an den Herrn Heißmeyer der nun Chef der deutschen Polizei ist ,

Lutze, der jetzt den Posten des Wehrerziehungsführers inne hat und für die militärische Vor- und Nachbildung unseres Volkes verantwortlich ist und noch einigen weiteren Herrschaften, welche nur auf ihren Machterhalt- und Ausbau bedacht sind." Breite Zustimmung zeigt sich in den Gesichtern der anwesenden Personen. „Was natürlich nicht heißen muss, dass dies ein dauerhafter Zustand sein muss, man wird sehen, wie nützlich diese Personen uns sind!" fügt der Kaiser noch kurz nach.

22.Dezember 1942, früher Morgen, Ausbruchskräfte 6. Armee, Stab Generaloberst Paulus

Mehrere Stunden dauert nun bereits der Durchbruchsversuch. Die zurückgelegten Kilometer stehen in keinem Verhältnis zur verstrichenen Zeit. Auch die bisher erlittenen Verluste stehen im Gegensatz zum gewonnenen Raum. Der sowjetische Widerstand versteift sich mehr und mehr. Die Kämpfe werden Härter, die Verluste an Menschen und Material steigen. Die Sowjets haben ihre Belagerungskräfte massiert rund um Stalingrad eingesetzt und tief gestaffelt aufgestellt. Insgesamt sind in diesem Raum rund 1 Millionen sowjetischer Soldaten und über 800 Panzer massiert.
Nervös sitzt Generaloberst Paulus in seinem Befehlsfahrzeug und betrachtet die Lagekarte. Immer wieder vergleicht er die Entfernung seiner Armee mit den Spitzen der Gruppe Hoth. „Schmidt, lassen sie nochmals zur Heeresgruppe funken, ob es etwas Neues von Hoth gibt und ob er uns wieder entgegenstoßen kann. Die Unterstützung durch den Verband von Heinkel

Rex Germania I - Entstehung des Neuen Deutschen Reiches

177 war hervorragend, lassen sie anfragen, ob und wann wir mit weiterer Unterstützung rechnen können!" Generalmajor Schmidt salutiert, steigt aus dem Fahrzeug und eilt zum Funk- SPW hinüber „Funker, sofort bei der Heeresgruppe anfragen: 1. Wo steht die Spitze von Hoth? 2. Wann kann er weiter vorstoßen? 3. Wann ist mit weiterer Unterstützung durch die Luftwaffe zu rechnen?" Der junge Funker geht sofort an die Arbeit. Gerade will sich Generalmajor Schmidt zum Gehen wenden, da meldet ein weiterer Funker „Herr Generalmajor, General Zorn meldet, das die Russen immer stärker nachrücken und die Nachhut massiv unter Druck setzen. Er vermeldet starke Verluste und bittet um Verstärkungen!" Wie vom Blitz getroffen, wendet sich Schmidt zum Funker und entreißt ihm förmlich das Blatt auf dem dieser den Funkspruch notiert hatte und verlässt schnellstens den Funk- SPW um schnellstmöglich zu General Paulus zu benachrichtigen. Dieser wartet noch immer in seinem Befehlswagen. Generalmajor Schmidt legt ihm die Notiz vor, Paulus überfliegt sie und wirft sie ärgerlich in die Ecke seines Wagens „Wie stellt Zorn sich das den vor? Wo soll ich denn die Verstärkung hernehmen? Unsere Flanken sind nur notdürftig gesichert und von der Spitze kann ich keine Einheiten abziehen, ohne den Ausbruch zu gefährden! Schicken sie an Zorn zurück, dass ich nichts mehr habe. Er muss mit dem Auskommen, was er hat!" Diesmal schickt Schmidt einen Melder zum Funk- SPW hinüber um die Antwort an General Zorn zu senden.
Bange Minuten vergehen, Meter um Meter kämpft sich die 6. Armee in Richtung Freiheit, immer mehr nähern sich die Spitzen der deutschen Truppen einander. Fast

schon ist der Erfolg in greifbarer Nähe, als ein Melder in den Befehlswagen stürzt „Herr General, die Sowjets greifen unsere Flanken an, sie versuchen anscheinend unsere Truppen zu zerschneiden! General Heitz versucht mit seinen Truppen den Feind aufzuhalten, doch weiss er nicht, wie lange es ihm gelingen wird! Die Sowjets greifen auf breiter Front an!" Paulus schaut ihn an, man sieht förmlich, wie es in ihm arbeitet „Schmidt, was haben wir für Optionen? Welche Truppen sind als Reserve frei?" Paulus Generalstabschef blättert kurz in seinen Papieren und meldet „Wir haben noch eine Kompanie der Italiener und ein geschwächtes Bataillon der 76. ID." Der Oberbefehlshaber überlegt kurz, dann befiehlt er „Schickt Heitz die Italiener und eine Kompanie der 76., mehr können wir im Augenblick nicht entbehren. Die Führung dieser Kampfgruppe soll Oberst Adam übernehmen. Wenn sich Zorn noch einmal meldet, dann schickt ihm den Rest der 76." Schmidt nickt und gibt die entsprechenden Befehle weiter. Danach wendet sich Paulus nochmals an seinen Stabschef „Schmidt, lassen sie sämtliche Nichtkämpfende Truppen und Stäbe der Divisionen und Korps durchkämmen. Jeder Mann der der auch nur irgendwie eine Waffe halten kann, soll sich als Reserve bereithalten! Sie übernehmen persönlich den Befehl über diese Reserve!" Sofort eilt Schmidt los, um den Befehl in die Tat umzusetzen. Gerade sieht er noch, wie Oberst Wilhelm Adam seine Truppe sammelt und aufbricht, in Richtung der rechten Flanke der 6. Armee, wo der Druck des Feindes am stärksten ist. Lange brauchen sie nicht zu marschieren und schon sehen sie General Heitz mit einem Karabiner in der Hand seine Truppen befehligen. Adam eilt zum General und

meldet „Herr General, Oberst Adam mit einer italienischen Kompanie und einer Kompanie der 76. Infanteriedivision zu ihrer Verfügung. Heitz dreht sich um und meint kurz zu dem vor ihm stehenden Offizier „Sehr gut Oberst, wir werden sofort einen Gegenstoß durchführen. Die Sowjets versuchen uns hier aufzureiben und durchzustoßen." Kurz entschlossen geht der General mit nach vorn und führt die Truppe zu einer kleinen Bodenerhebung hinauf. Von dort hat man ein wenig Überblick über die Flanke der 6. Armee. Die weiße Schneefläche zeigte bereits viele dunkle Flecken und Trichter. Auch qualmende und rauchende Stahlungetüme waren zu sehen, doch leider waren noch viele Stahlkolosse unterwegs, welche feuerten und kämpften. Die beiden Offiziere knien und überblicken mit einem schweren Zeiss- Glas des Generals das Gefechtsfeld „Nun Oberst Adam, wie sie sehen versucht der Russe genau hier sich zu uns durchzukämpfen, da wir hier auf eine der wenigen Erhebungen in der Gegend herumhocken. Und genau das werden wir ihm versalzen. Noch können meine Männer halten, doch wohl nicht mehr lange, also zum Angriff!" Kaum gesagt, winkt Oberst Adam seine Männer heran und befiehlt seine Kompanieführer „Meine Herren wir werden uns so weit wie möglich an die Feinde heranarbeiten, ich denke das der tiefe Schnee uns gute Deckung geben wird. Wenn ich das Kommando gebe, stürmen wir zum Feind, drängen ihn zurück und zwingen ihn durch unseren überraschenden Gegenangriff zum Rückzug. Nachgestoßen wird nicht!"
Kaum ausgesprochen pirschen sich die Männer vorwärts. Die Sowjets scheinen sie noch nicht ausgemacht zu haben, den außer einige verirrte Kugeln bekommen

sie noch kein Feuer. Trotz der bittern Kälte und dem teils hüfthohem Schnee strömt bald aus jeder Pore der Männer der Schweiß, in immer schnelleren Abständen bilden sich die weißen Wölkchen vor den Mündern der Soldaten. Noch immer bekommt die Stoßtruppe kein Feuer und sie sind nur noch circa 100 Meter von den sowjetischen Soldaten entfernt. Adam blickt sich noch einmal um, jeden Augenblick könnte der Widerstand der Flankensicherungen zusammenbrechen. Der Oberst steht auf, zeigt sich nun aufrecht seinen Männern, stößt seinen rechten Arm, in dessen Hand er seine MP40 hält dreimal in die Luft und ruft „Sturm auf! Marsch Marsch!" Sofort läuft er, so schnell es der hohe Schnee zulässt auf den Feind zu und feuert auf die überraschten Rotarmisten. So wie er es als glänzendes Vorbild seinen Männern vormacht, so eifern ihm seine Soldaten nach. Zwei zusätzliche Kompanien stehen nun plötzlich den sowjetischen Einheiten gegenüber und feuern aus allen Rohren. In die Breite, als Schützenkette gegliedert gehen sie, sich ständig gegenseitig Deckung gebend immer weiter vor. Durch die größtenteils weißer Tarnkleidung der Männer konnte der Feind sie nicht eher entdecken. Auch können die russischen Offiziere die genaue Anzahl der neuen Feinde nicht ausmachen und dementsprechend keine zielführenden Gegenmaßnahmen ergreifen.
Die Landser feuern unablässig auf die sowjetischen Soldaten. Reihenweise fallen sie und färben den Schnee an vielen Stellen rot. Es dauert eine Weile, bis sie den neuen, unerwarteten Feind genauer ausmachen können. Die russische Infanterie stockt, ob des unerwartet heftigen Gegenangriffs kurz vor dem erhofften Durch-

Rex Germania I - Entstehung des Neuen Deutschen Reiches

bruch durch die deutsche Linie und einige Männer ziehen sich bereits zurück. Doch werden sie im Hinterland von politischen Kommissaren aufgehalten. Jene, die nicht wieder angreifen und weiter zurückgehen, werden kurzerhand von den Kommissaren und den eigenen Offizieren erschossen. Da die Rotarmisten nun weder nach vorn weiter kommen und auch nicht zurück können, so kommt es unweigerlich zum Zusammenstoß der deutsch- italienischen Stoßtruppe unter Oberst Adam, der sich mitten im dichtesten Kampfgetümmel befindet unter den sowjetischen Angriffstruppen, welche keinen anderen Ausweg sehen als weiter anzugreifen und seinen eigenen Männern. Der nun unvermeidliche Nahkampf ist entsprechend brutal und gnadenlos. Gefangene werden nicht gemacht. Die Deutschen können sie nicht mitführen und die Russen haben kein Interesse an Gefangenen. Spaten zerschneiden die kalte Luft und das Fleisch von Soldaten. Gewehrkolben zertrümmern Schädel und Brustkörbe Deutscher Landser und Rotarmisten. Auch die ursprüngliche Flankensicherung schließt sich dem Gegenstoß an und befindet sich im erbarmungslosen Nahkampf. Die Verluste auf beiden Seiten steigen unweigerlich in die Höhe, doch drängen die deutschen und italienischen Soldaten die Sowjets immer weiter zurück, bis diese sich zur Flucht wenden. Einige Handgranaten werden den Rotarmisten noch hinterhergeworfen, doch durch den hohen Schnee wird die Splitterwirkung stark herabgesetzt. Jedoch zeigt sich eine gewisse psychologische Wirkung und die flüchtenden Sowjets können nun auch durch ihre Offiziere und Politkommissare nicht mehr aufgehalten werden. Teilweise werden diese von den flüchtenden russischen

Soldaten einfach niedergeschossen! „Stopp! Nicht nachstoßen!" ruft Adam, der, trotz der Kälte durchgeschwitzt ist, einigen Soldaten zu, welche den fliehenden Rotarmisten nachstoßen wollen. Er wischt sich sein Gesicht mit dem Ärmel seiner Winterjacke ab, doch sickert einiges an Blut sofort wieder durch eine Kopfwunde nach und vermischt sich mit dem Blut feindlicher Soldaten, welches er im Nahkampf abbekommen hat. „Kompanieführer zu mir!" ruft der Oberst über das, nun wieder ruhig Kampffeld und wenig später stehen sie vor Adam. „Die Italiener verstärken unsere Flankensicherung. Das deutsche Bataillon zieht sich, mit mir wieder zurück, um wieder als Reserve einsatzbereit zu sein. Leichtverwundete verbleiben bei der Truppe, unsere Schwerverwundeten werden mit zurückgenommen. Ich versuche mein möglichstes, das sie versorgt werden!" gibt Oberst Adam bekannt. Die Kompanieführer salutieren kurz und eilen zu ihren Männern. Schnell reihen sich die Italiener, die tapfer und hart gekämpft haben in die Flankensicherung ein und die deutschen Soldaten ziehen sich wieder zurück. Es gab empfindliche Verluste und leider auch einige Schwerverwundete, welche trotz gegenteiliger Befehle der Armeeführung mit zurückgenommen werden. Oberst Adam begibt sich zum, noch immer auf dem kleinen Hügel stehenden General Heitz und meldet ihm den erfolgreichen Gegenstoß.
„Sehr gut Adam. Ich habe von hier aus alles gesehen. Ihre Männer haben gut gekämpft und ich danke für die Unterstellung eines Teils Ihrer Männer. Ich hoffe wir haben nun ein wenig Ruhe, doch fürchte ich, dass dies nicht der letzte Angriff war." „Herr General, ich danke für ihre Worte. Ich fürchte auch, dass dies nicht der

letzte Angriff der Bolschwiken war, doch werden wir auch die kommenden Angriffe zurückschlagen!" Adam salutiert und begibt sich zum Befehls-SPW von Generaloberst Paulus. Er tritt ein und wird von einer, schon fast unangenehmen Wärme empfangen. Adam nimmt seinen, mit weißer Kalkfarbe bestrichenen Stahlhelm ab. Sofort tritt wieder verstärkt Blut aus der, noch unbehandelten Kopfwunde. Er salutiert, soweit es im ihm Inneren des Wagens möglich ist und meldet „Herr Generaloberst, der russische Flankenangriff wurde erfolgreich abgeschlagen, die italienische Kompanie wurde General Heitz unterstellt die Kompanie der 76. steht für weitere Befehle bereit! Die Verluste waren beträchtlich, doch die Kompanie ist voll einsatzbereit. Paulus schaut von seinem Sitz auf, grüßt zurück „Ich danke ihnen für die rasche Meldung Adam. Wie ist Ihre Einschätzung des Angriffes?" Die Befehlshaber der 6. Armee bietet dem Offizier einen kleinen Stuhl an, dieser setzt sich „Herr Generaloberst, ich denke das dieser Angriff nur unsere Schwachstellen abklopfen sollte. Der eigentliche Angriff wird uns noch bevorstehen. Dieser Meinung ist auch General Heitz, auch er meint, dass dies nicht der letzte Angriff in unsere Flanken war." Paulus reibt sich nachdenklich am Kinn und meint „Nun vielleicht warten die Sowjets auf den Morgen um genauer aufklären zu können. Ich nehme an, dass sie sich noch nicht schlüssig sind, wo genau unsere Position ist, wo es hingehen soll und wo unsere Flanken sind. Das werden wir ihnen aber kräftig versalzen. Ich habe von der Heeresgruppe die Bestätigung bekommen, dass wir tagsüber mit starker Luftwaffenunterstützung rechnen können, weiß der Teufel woher die plötzlich kommt, aber uns soll es recht sein. Darüber hinaus wurde mir versichert, dass General Hoth mit Beginn des Morgengrauens ebenfalls wieder Angreifen wird! Ich danke ihnen, das war es fürs erste. Lassen sie nun ihre Wunde versorgen." meint der General abschließend. Als sich der Oberst jedoch nicht erhebt meint Paulus überrascht „Nun Oberst Adam, was kann ich noch für sie tun?" Dieser erhebt sich nun langsam und schwerfällig und meint „Ich bitte Herrn General es schnellstmöglich zu veranlassen, das meine Schwerverwundeten versorgt werden. Ich konnte sie unmöglich ihrem Schicksal überlassen!" Der Befehlshaber der 6. Armee schaut den Oberst starr an und meint entschlossen „Oberst Adam, sie kennen die Befehle und sie wissen auch, warum diese Befehle ausgegeben wurden!" ebenso entschlossen blickt der Oberst seinen Befehlshaber an „Dennoch Herr Generaloberst, verdienen es diese Männer, versorgt zu werden!" Ohne sich verunsichern zu lassen gibt dieser ungerührt zurück „Das hatten tausende andere Männer, die wir zurücklassen mussten auch! Nun gut, versuchen sie ihr Möglichstes, doch darf es dadurch keine Behinderungen geben!" Adam salutiert und verlässt den Befehls-SPW.

Müde und erschöpft stapft Sergente Danielo Tomasi mit seinem zusammengewürfelten Haufen italienischer Soldaten der Divisionen „Ravenna" und „Pasubio" durch den dichten tiefen Schnee. Mühsam versuchen sie in den Spuren der vorrausfahrenden deutschen Panzer und Sturmgeschütze zu bleiben, welche die gepanzerte Speerspitze der 6. Armee bilden.

Nachdem ihre Divisionen, welche zur italienischen Armata Italiana in Russia gehören bei der russischen Operation „kleiner Saturn" schwer angeschlagen und fast aufgerieben wurden, gerieten sie in der allgemeinen Verwirrung in den Strudel der Rückzugskämpfe und fanden sich schließlich irgendwie mitten im Kessel von Stalingrad wieder.
Durch mangelhafter Ausrüstung, welche durch den Rückzug noch schlimmer wurde und ständiger Unterstellung unter fremden Kommandos wurde die Einheit von Tomasi mehr und mehr dezimiert, bis nun nur noch 3 seiner ursprünglichen Kameraden übriggeblieben sind. Dies sind Caporalmaggiore Luigi Salva und Caporale Antonio Dio. Zu ihnen gesellten sich nach und nach andere Soldaten der italienischen Verbände. Die deutschen Kommandanten schienen es als ratsam zu empfinden alle italienischen Soldaten im Kessel unter einem einheitlichen Kommando zu vereinen.
Selbst jetzt unter diesen widrigen Umständen marschieren die drei Kameraden Seite an Seite durch die bitterkalte, winterliche Landschaft im Vorfeld von Stalingrad.
Immer wieder hören sie den Schlachtenlärm von der Spitze der Ausbruchsgruppe. Die Panzerstreitkräfte bahnen sich Meter um Meter ihren Weg aus dem Kessel hinaus und der Gruppe Hoth entgegen.
Danielo Tomasi und die ihm als ihr Zugführer unterstellten Männer sind im Rahmen einer Kompanie als Reserve eingeteilt. Niemand weiss, wie stark die Russen wirklich sind und wieviel Einheiten sie nun zum Gegenschlag zusammenziehen werden.
Weiter und weiter gehen sie. Ab und an kommt es zu Stockungen und unfreiwilligen Pausen.

Romowe. Der Verlag

Dennoch sind sie bereits weitergekommen, als jeder von ihnen für möglich gehalten hätte.
Nichts desto trotz steigt seit kurzer Zeit auch an den Flanken immer stärker werdender Gefechtslärm auf. Tomasi wendet sich an seinen Kameraden Salvo, doch noch ehe er ein Wort an diesen richten kann meint dieser „Ich höre es auch Danielo. Die Bolschewiken greifen die Flanken an!" Besorgt schaut er in die Richtung des stärksten Lärms und lädt seine russische PPSh durch und kontrolliert sie noch einmal. Seine Männer tun es ihm gleich, kaum einer der Italiener hat noch sein eigentliches Mannlicher- Carcano sondern Beutewaffen der Typen PPSh, PPS oder Mosin- Nagant. Beretta- Maschinenpistolen waren in der ganzen italienischen Armee Mangelware und nur die Offiziere hatten welche. Doch sind die russischen Waffen ohnehin zuverlässiger als die italienischen.

Sergente Tomasi, aufgewachsen in einem kleinen Bergdorf in Südtirol hat den ungemeinen Vorteil das er zweisprachig aufgewachsen ist. Er beherrscht sowohl das italienisch seines Vaters, als auch das deutsch seiner Mutter. So versteht er genau, was die aufgescheuchten deutschen Soldaten rund um ihm herum sagen. An seinen Zug gewandt, meint er auf akzentfreiem Italienisch „Männer, unsere deutschen Kameraden meinten gerade, dass die Russen einen starken Gegenangriff auf unsere Flanken unternehmen. Das ist der Grund für den Gefechtslärm. Wir sind als Reserve eingeteilt, wenn es hart auf hart kommt und unser Einsatz benötigt wird, müssen wir bereit sein!" Ohne weitere Befehle zu benötigen, machen sich seine Männer bereit. Dieser kleine Rest italienischer Truppen besteht

aus kampferprobten Veteranen, welche teilweise genau wie Sergente Danielo Tomasi selbst bereits an der afrikanischen Front gedient hatten und vorher ihre Feuertaufe im Jahr 1940 im Kampf gegen die Franzosen erlebten.
Als es jedoch hieß, dass die italienische Armee sich am Endkampf gegen den Bolschewismus beteiligen würde und der Duce Freiwillige für die Truppen suchte, meldete sich Tomasi, genauso wie viele andere für diese Truppe. Eine italienische Elite wollten sie sein, die neuen römischen Prätorianer des Duces und den Deutschen zeigen, wie Italiener kämpfen können.
Als der Melder des Kompanieführers den Zug zum Folgen befiehlt, steht dieser bereits kampfbereit zum Abmarsch bereit, kostbare Minuten werden gespart.
Die Männer eilen dem italienischen Unterfeldwebel hinterher. Es folgt eine kurze Befehlsausgabe beim Kompanieführer und die Züge eilen hinter den, bereits vorrückenden deutschen Soldaten hinterher.
Trotz der widerlichen Kälte schwitzen die vorwärts stürmenden Soldaten unter ihrer Uniform. Wie oft in seiner Zeit in Russlands Weite hat er sich die Wärme Afrikas oder wenigstens Italiens herbeigesehnt. Jetzt jedoch würde er sie als hinderlich empfinden. Die erbarmungslose Kälte verzeiht keine Unachtsamkeit und zwingt förmlich zu voller Aufmerksamkeit.

Schon bald kommt das Zeichen des Kompanieführers, dass sie sich auf den Boden legen sollen. Es wird sich nur noch kriechend nach vorn bewegt.

Die Männer fluchen leise und manchmal auch lauter vor sich hin. Bei stellenweise hüfthohem Schnee, ungesehen robbend an den Feind zu gelangen ist eine ungeheuer schwierige Aufgabe.
Sie sehen die deutschen Verbände der Flankensicherung immer deutlicher vor sich. Soweit sie nach links und rechts schauen, sehen sie Rotarmisten, welche im Kampf gegen die Flankendeckung stehen. Doch hier an diesem Punkt sieht es so aus, als ob sie den Durchbruch erzwingen können. Die Sowjetsoldaten setzen gerade zum letzten Ansturm an und wollen die deutsche Flanke nun endlich zerschlagen, als sich die deutschen und italienischen Reservetruppen erheben und sich schreiend und aus allen Waffen feuernd auf den völlig überraschten Feind stürzen. Auch Tomasi feuert aus seiner russischen Maschinenpistole auf vorwärts stürmende Russen. Mühsam stampfen sie gegen die verdutzen Feinde. Tomasi als antreibendes Beispiel für seine Männer seinem Zug voran.
Geschossgarben schlagen in seiner unmittelbaren Nähe ein. Doch kann der Sergente, diesen nur schwerlich ausweichen, da er gerade bis zu seinen Hüften im Schnee steckt. Dennoch versucht er weiter an die sowjetischen Soldaten heran zu kommen. Feuert immer wieder auf die Braun oder Weiß uniformierten Soldaten.
Unmittelbar neben ihm bricht ein junger italienischer Soldat zusammen, dem eine Maschinengewehr- Garbe die Brust zerrissen hat. Er fällt lautlos mit dem Gesicht voran in den weißen Schnee. Wenige Augenblicke später färbt sich der Schnee unter dem leblosen Körper rot. Tomasi zwingt sich seinen Blick von diesem Schauspiel abzuwenden. Endlich ist er aus der Schneeverwehung

Rex Germania I - Entstehung des Neuen Deutschen Reiches

heraus. Der Schnee recht ihm nun nur noch ungefähr bis zur Mitte seiner Waden. Wieder drückt er den Abzug seiner Waffe durch und streckt so einen gegnerischen Soldaten nieder. Aus dem Augenwinkel sieht er eine Gruppe Rotarmisten auf sich zu stürmen. Mit einem Ruck wendet er sich der neuen Gefahr zu und richtet seine MPi gegen die Russen, er drückt erneut den Abzug durch, es lösen sich einige Kugeln, doch dann klickt die Waffen nur metallisch. „Verdammt, das Magazin ist leer!" geht es Tomasi blitzschnell durch den Kopf. Er analysiert in gleicher Geschwindigkeit seine Chancen, das Magazin schneller zu wechseln, als die Feinde ihn niederstrecken können. Es ist ihm sofort klar, dass dies ein aussichtsloses Unterfangen ist.
Er findet sich schon beinahe mit dem unausweichlichen ab.
Plötzlich hört er ein sehr nahes Rattern, unmittelbar an seiner rechten Seite. Er sieht die feindliche Gruppe zusammensacken und schaut in das lächelnde, schweißüberströmte Gesicht von Caporale Antonio Dio, welcher augenblicklich weiter stürmt. Tomasi sackt für einen Moment in den kalten Schnee und atmet stoßweise schwer durch.
Doch lange bleibt ihm nicht um sich vom Schrecken des beinahe sicheren Todes zu erholen.
Schnell wechselt er den leeren Magazinteller und wendet sich wieder den angreifenden Russen zu.
Unweigerlich kommt es zum Nahkampf. Mit aller Härte wir er geführt. Tomasi sieht sich einem, wohl 2 Meter großen und breitschultrigem Rotarmisten mit asiatischem Aussehen gegenüber. Beim Zusammenstoß verliert Tomasi seine Waffe. Der aus Südtirol stammende italienische Unteroffizier ist mit seinen 1,82

Meter auch nicht klein, doch gegen diesen Hünen kommt er sich doch recht klein vor. Reflexartig versetzt Tomasi dem Sowjetsoldaten einen Fausthieb mit seiner Rechten, doch es zeigt bei seinem Gegenüber keinerlei Wirkung. Die riesenhafte Mongole zeigt nur ein Grinsen auf seinem breiten Gesicht. Mit seinen riesigen Pranken packt er den italienischen Soldaten und umschließt so seine Oberarme und den Rumpf, wird wie ein Kinderspielzeug in die Luft gehoben. Er kommt sich vor, wie in einem Schraubstock gespannt. Er brüllt und strampelt mit denn, in der Luft hängenden Beinen. Der Druck im seinen Oberkörper ist so stark, das die Luft förmlich aus seinen Lungen gepresst wird. Egal was er auch versucht, er kann sich dem Zugriff des Asiaten nicht entziehen. Dieser schickt sich gerade an, den Italienischen Soldaten von sich weg zu schleudern, um ihm den Rest zu geben. In diesem Augenblick holt der Sergente mit seinem rechten Fuß aus und versetzt dem Rotarmisten einen schmerzhaften Tritt in den Unterleib. Er brüllt auf, lässt seinen Gegner sofort los und sackt auf seine Knie. Tomasi rollt sich, durch den Schnee zur Seite, packt seine Waffe, holt aus und schlägt mit dem Kolben seiner MPi gegen den Stahlhelm seines Gegners. Mit einem lauten Krachen schlägt Holz auf Stahl. Durch die Wucht des Schlages zersplittert der Kolben seiner Waffe. Der hünenhafte Sowjet fällt mit einem stöhnen zur Seite um. Eine riesige Delle ist an seinem Helm, welcher durch die Wucht von seinem Kopf geschleudert wurde zu erkennen. Am Kopf des Bewusstlosen sieht man eine große blutende Wunde. Ohne zu zögern, zieht Tomasi sein Bajonett, packt den Kopf des Russen und zieht die Klinge am

Hals entlang. Rund um ihn herum tobt ebenfalls den
Kampf Mann gegen Mann.
Tomasi wirft sich in den Schnee. Trotz seiner Wattejacke spürt er, wie die Nässe des Schnees durch seine Kleidung sickert. Er liegt auf der Seite, seine MPi neben ihm im Schnee, schraubt die Kappe seiner Handgranate, welche er aus seinem Stiefelschaft gezogen hat, fühlt zwischen seinen Fingern die Schnur mit dem Porzellanknopf, während er ein kleine Gruppe Rotarmisten beobachtet, welche halbrechts vor ihm ein Maxim-MG in Stellung bringen wollen.
Sergente Tomasi reißt an der Schnur, springt hoch und wirft. Seine zweite und gleichzeitig letzte Handgranate gleich hinterher. In der Feindstellung brüllen die beiden, kurz hintereinander folgenden Detonationen auf. Durch den Schnee ist die Splitterwirkung zwar reduziert, doch trotzdem wird die MG- Bedienung, welch völlig überrascht wurde durch die Splitter niedergestreckt.
Danielo Tomasi hastet hinüber. Das MG wurde umgeworfen, die Bedienung liegt blutend und schwer verletzt am Boden.
Der italienische Unteroffizier überblickt kurz sein Umfeld. Kein Feind in seiner unmittelbaren Nähe. Er hebt das MG wieder auf die, montierten Kufen. Es wurde bereits geladen und ist schussbereit. Er zielt auf eine Gruppe Sowjets, welche sich gerade anschicken, auf eine Gruppe italienischer Soldaten zuzustürmen. Kurz durchgeladen und schon betätigt er den Abzug. Sofort ist das langsame gleich mäßige Tackern des Maxims zu vernehmen. Durch den, völlig überraschenden Beschuss aus einer unerwarteten Richtung, sind die Rot-

armisten für kurze Zeit verunsichert. Mehrere feindliche Soldaten werden getroffen. Das ebene Gelände bietet auch keinen großen Schutz, den der Schnee schütz zwar vor Sicht, aber nicht vor Kugeln und Granaten. Die restlichen Russen wenden sich nun dem Maxim und somit dem Sergente zu.
Kugeln peitschen Tomasi um die Ohren und einige Geschosse werden vom kleinen Schutzschild des Maschinengewehrs abgehalten.
Die Gruppe italienischer Soldaten, welche eigentlich von den Sowjets angegangen werden sollten, nutzen ihre Chance und stürmen schießend auf die verdutzten Rotarmisten zu. Wer nicht von Kugeln niedergestreckt wird, wird im Nahkampf niedergerungen. Gefangene werden nicht gemacht.
Ein italienischer Gefreiter der Gruppe läuft zu Tomasi hinüber und wirft sich hinter das MG, „Sergente kennen sie sich mit dem Ding aus?" fragt der Caporale auf Italienisch. Tomasi schüttelt den Kopf und erwidert kurz und bündig „No!". Der Gefreite klemmt sich mit einem kurzen Posso chiedere (Darf ich bitten) hinter das MG, Tomasi räumt, ohne zu zögern den Platz und kümmert sich um den Munitionsnachschub. Ein zweiter italienischer Soldat übernimmt die Funktion des Schützen 2 und kümmert sich um die Munitionszufuhr. Zielsicher streut der unbekannte Gefreite das Gelände ab, die restlichen Russischen Soldaten ziehen sich mehr und mehr zurück.
In den rückwärtigen Stellungen können die Italiener sehen, wie Kommissare und Offiziere versuchen, die zurückgehenden Soldaten aufzuhalten und werden Zeugen, wie die Zurückweichenden von den eigenen

Leuten beschossen werden. Nun sehen sich die unglücklichen Rotarmisten von zwei Seiten unter Beschuss, doch ist der für sie leichtere Widerstand bei den Stellungen ihrer Politkommissare und Offiziere und daher stürmen sie diese und schießen ihre eigenen Vorgesetzten nieder.
Kopfschüttelnd nimmt Tomasi diesen Wahnsinn wahr. Nach der gelungenen Abwehr des Angriffs ziehen sich die Deutschen und Italienischen Soldaten wieder ein Stück zurück. Das MG wird als willkommene Verstärkung mitgenommen, auch wenn es von den Soldaten gezogen werden muss.
Die Italienische Kompanie wird auf Befehl des Deutschen Obersten Adam der Flankensicherung zugeteilt, um diese zu verstärken. Tomasi kann nicht behaupten, dass er über diese Maßnahme sehr glücklich ist, doch kann er sie nicht ändern, also warum darüber aufregen. Wenigstens hat er seine beiden Kameraden Salva und Dio wiedergefunden, nachdem er sie im Kampfgetümmel aus den Augen verloren hat. Die italienische Kompanie im Ganzen hat jedoch einiges an Verlusten hinnehmen müssen.

22.Dezember 1942, Morgens, Spitze der Ausbruchsgruppe

Durch den massiven Angriff der Heinkel 177 des Kampfgeschwaders 40 konnte die Panzerspitze der 6. Armee die Verteidigungslinie der Sowjets durchbrechen. Schwerwiegend ist in dieser Hinsicht, außer den Ausfällen an Panzern und Sturmgeschützen, das stetige zur Neige gehen des Benzins und der immer gravierender werdende Mangel an Granaten und MG-Munition.

„Dieses Herumgegurke hier geht mir auf die Nerven, anscheinend haben wir endlich die letzte Verteidigungslinie durchbrochen und wir krauchen hier in Schritttempo herum! Ganz abgesehen vom Spritverbrauch bei dem Tempo!" beschwert sich der Fahrer Obergefreiter Hans Klein. „Das ist doch wohl klar Hans, wie sonst sollen den die Kameraden hinter uns nachkommen. Die sind meist zu Fuß und die bestimmen nun mal das Tempo!" gibt Unteroffizier Christmann aus dem Turm zurück. „Aber der Spritverbrauch ist dadurch auch nicht gerade wenig, ich muss ja ständig in den unteren Gängen fahren!" Christmann ist es vollkommen klar, das Klein Recht hat. Wenn es so weiter geht, müssen sie die letzten Kilometer zu Fuß zurücklegen, doch was soll man machen. Die Kameraden müssen ja Schritt halten können. „Endlich, die Sonne geht auf." unterbricht Breitfelder die Gedanken von Christmann. „Wenigstens können wir nun langsam ein bisschen mehr sehen. Vielleicht können wir ja auch schon die Entsatztruppen erkennen. „Franz, du vergisst anscheinend, dass die Russen dann aber auch mehr sehen können und ihre verdammte Luftwaffe wird dann Jagd auf uns machen!" bringt der Unteroffizier seinem Richtschützen wieder in Erinnerung. Höher und höher steigt die Sonne und bringt die weite Schneefläche zum Glitzern. Immer mehr Einzelheiten schälen sich aus dem Dunkel der Nacht.

„Paul, Oberleutnant Friedrich hat gerade den Befehl zum Stopp gegeben. Wir sollen uns in einer Linie aufstellen, Abstand von Panzer zu Panzer ungefähr 150

Meter, Kommandantentreffen bei Friedrichs Panzer in
Fünf Minuten." gibt der Funker der Gefreite Peter
Schneider seinem Kommandanten bekannt.
Sofort gehen die Panzer auf die befohlenen Positionen.
Als sie stehen meint Christmann zu seinen Männern
„Mal schauen, was der Oberleutnant von uns will. Ihr
schnappt euch die Spaten und baut einen Schneewall
als Sichtschutz vor unserer Bärbel, dann wird euch
nicht kalt, denn der Motor wird ausgestellt. Aber einer
bleibt immer hinter der Richtmaschine, falls der Russe
auftaucht, müssen wir schnell handeln können." Nun
öffnet das Turmluk und steigt aus dem Panzer. Sofort
greift die eisige Kälte nach ihm und unwillkürlich zieht
er seine Schultern vor Kälte nach oben. Mit geübten Bewegungen
klettert er vom Panzer, beim Weggehen
sieht er aus dem Augenwinkel, wie auch Klein, Krause
und Schneider aus dem Stahlklotz klettern und sich
mit Spaten und Schippen bewaffnen. Auch die anderen
Kommandanten der übrigen Panzer und Sturmgeschützen
laufen zum Panzer des Abteilungskommandeurs,
einige Besatzungen tun es Christmanns Männern
gleich und umgeben ihre Fahrzeuge mit Schneeaufschüttungen.
Nach wenigen Minuten gelangt Christmann zum Panzer
von Oberleutnant Friedrich. Dieser steht bereits mit
einigen Kommandanten hinter seinem Panzer. Seine
Besatzung ist ebenfalls beim Aufschütten eines Schneewalls
vor ihrem Panzer. „Na also, habe ich es mir doch
gedacht. Es wird als doch ein längerer Stop." denkt
sich Unteroffizier Christmann beim Betrachten der arbeitenden
Männer. Um Friedrich herum stehen schon
einige Panzerkommandanten und diskutieren angeregt
miteinander. Christmann gesellt sich zu ihnen und hört

den Gesprächen ein wenig zu. Lange dauert es nicht und schon ist auch der letzte Kommandant angekommen. Viele sind es nicht mehr.
„Nun ich befürchte, mehr werden es nicht mehr. Also fangen wir an" meint der Abteilungskommandeur.
„Wir haben und mit uns die gesamte Spitzengruppe der Armee haben den Befehl bekommen, hier zu warten und eine improvisierte Riegelstellung zu errichten, um sicherzustellen, dass die Armee aufschließen kann und niemand verloren geht. Die Armee soll also nicht zu weit auseinandergezogen werden, um einen effektiveren Flankenschutz gewährleisten zu können. Das wir so natürlich leicht aufgeklärt werden können, wir leichte Beute für die rote Luftwaffe sind und es den Sowjets damit ermöglicht wird, eine neue Abwehrfront aufzustellen habe ich natürlich bei Oberstleutnant Sieckenius eingeworfen, doch hat dieser mir versichert, dass wir mit massiver Luftwaffenunterstützung rechnen können. Weiss der Teufel woher die kommen, doch wir werden sehen. Nehmen sie sämtliche Tarnmaßnahmen vor, die möglich sind. Starten des Motors jede Stunde für 15 Minuten. Wir wollen nicht riskieren, dass die Motoren festfrieren. Sollten in der Zwischenzeit wichtige Meldungen für uns reinkommen, so werden sie durch Melder in Kenntnis gesetzt. Sollten Feindkräfte ausgemacht werden, so haben sie freie Feuererlaubnis auf erkannte Ziele. Ich danke ihnen meine Herren und nun begeben Sie sich zu ihren Männern zurück."
Die anwesenden Panzerkommandanten salutieren und begeben sich zu ihren Kampfwagen zurück. Vereinzelt werden noch Worte untereinander gewechselt, doch

im Großen und Ganzen haben die Männer kein Bedürfnis große Worte zu verlieren. Zu Kräfteaufzehrend waren die vergangenen Stunden. Planmäßig wird der Panzer der Besatzung Christmann angeworfen, sofort wird auch die interne Heizung auf höchste Stufe gestellt. Trotz der angezogenen Winterkleidung frieren die Männer im Inneren des Panzers erbärmlich. Auch das Funkgerät wird sofort angestellt und die Frequenz der Abteilung eingestellt, doch bleibt es vorerst ruhig. Ungeduldig warten die Männer, das endlich warme Luft aus der Heizung strömt und sie sich ein wenig aufwärmen können. Zwischenzeitlich ist es draußen vollkommen hell geworden, doch wärmer ist es dadurch nicht. „Paul, Friedrich auf Abteilungfrequenz er will kur was bekannt geben." Der Gefreite Schneider stellt das Funkgerät um, so das Christmann direkt mit dem Oberleutnant sprechen kann. „Oberleutnant Friedrich an alle Kommandanten! Es wird ein großer Transportverband, bestehend aus Ju 52, He 111 und Ju 88 erwartet, begleitet von einer großen Anzahl an Jagdfliegern. Sobald die Flieger in Sichtweite sind, Fliegersichttücher und Erkennungssignal Grün raus, Ende!" Schneider schaltet das Funkgerät ab, so soll es den Sowjets erschwert werden sie genau anpeilen zu können.

„Habt ihr alle mitgehört?" erkundigt sich Christmann bei seiner Besatzung. „Na klar!" kommt es wie aus einem Mund zurück. „Vielleicht bekommen wir Nachschub! Mal wieder was Richtiges zwischen die Zähne zu bekommen wäre nicht verkehrt!" meint da der Gefreite Krause, dem wieder einmal ein nagender Hunger zu schaffen macht. „Du nun wieder. Hast du dich nicht langsam an den Hunger gewöhnt?" gibt der Obergefreite Klein zurück. Krause verzieht das Gesicht und antwortet seinem Fahrer mit breitem Grinsen „He Hans, du weißt doch, ohne Mampf kein Kampf!" Gelächter erkling, ob dieser Landserweißheit. Von draußen dringt immer wieder lautes Gebrummel in den Kampfraum. „Hat jemand das Bedürfnis sich die Beine zu vertreten?" fragt Paul Christmann in die Runde. „Ich möchte mal schauen, ob ich erkennen kann, woher dieses Brummen und Gebrummel kommt." Hans Klein und auch Diether Krause melden sich. So klettern die drei aus den Panzerkampfwagen hinaus in den Kalten russischen Morgen. „Macht die Luken dicht ihr Banausen, ihr last die ganze Wärme raus!" ruft Franz Breitfelder den dreien nach, als die schneidende Kälte in den schon warmen Kampfraum drang. Mit betontem Schwung scheppern die drei ihre Luken zu, so dass es im Innern des Panzers knallt. Die Flüche die ihnen vom Richtschützen nachgeschickt werden hören die drei nicht, denn sie sind zu sehr mit Lachen beschäftigt. Als sie vom Panzer runter und auf dem verschneiten Boden stehen, strecken sich die drei Panzersoldaten erst einmal ausgiebig. Sie schauen sich ein wenig um und bemerken, dass bereits mehrere andere Truppen zur Spitzengruppe aufgeschlossen haben. Christmann nimmt sein Feldstecher zur Hand und beobachtet das Vorgelände, Klein und Krause blicken sich zu den anderen Panzern um. Hier und da können sie auch einige Männer außerhalb ihrer Fahrzeuge sehen. „Siehst du was Paul?" erkundigt sich Hans Klein bei seinem Kommandanten. „Bin mir nicht sicher." meint der Unteroffizier „Aber ich glaube da vorn ist gerade ein Luft-

kampf im Gange! Kann noch nichts genaueres erkennen, aber ich glaub sie kommen näher." Krause und Klein versuchen auch ohne Fernglas etwas zu erkenne, doch ist dies nicht sonderlich erfolgreich. Das einzige, was immer klarer zu vernehmen ist, ist das lauter werdende Brummen von vielen Motoren.
„Also gut, das ist definitiv ein Luftkampf im Gange. Aber da sind auch eine Menge anderer Flugzeuge, größer und die kommen direkt auf uns zu!" erklärt Christmann seinen Männern. Vereinzelt steigen bereits grüne Erkennungssignale nach oben. „Hans, schnapp dir Breitfelder und bring das Fliegersichttuch an. Und bring gleich die Signalpistole mit raus! Wollen wir hoffen, dass die dicken Brummer unsere sind, sonst haben wir ein mächtiges Problem!" Hans Klein eilt zum Panzer, entert auf und schlägt mit der Faust auf das Turmluk des Panzers. Die Luke geht auf und schlägt scheppernd zurück. Mit müden Augen schaut der Richtschütze Franz Breitfelder seinen Fahrer an „Was ist den los Hans? Was soll denn der Tumult?" Hans Klein schaut den Obergefreiten ungläubig an, schüttelt den Kopf und meint „Mensch, du Schlafmütze. Bekommst du gar nichts mit? Flieger kommen auf uns zu. Christmann will, dass wir das Fliegersichttuch anbringen. Bring die Signalpistole mit raus und vergiss die Patronen nicht. „Was, Flieger? Eigene oder Rote?" Franz Breithaupt ist mit einem Schlag hellwach. Er weiss, so gut wie alle anderen, was es bedeuten würde, wenn jetzt feindliche Flieger auftauchen würden. Schnell verschwindet er wieder im Inneren des Panzerkampfwagens. Genauso schnell wie er drin war, ist er wieder draußen. Er übergibt Klein das Tuch und hat in der

rechten Hand die Signalpistole. Mit geübten Bewegungen ist er aus dem Panzer heraus und ruft ins Innere „Peter, klemm dich auf meinen Platz und behalt das Vorfeld im Auge!" Schnell klettern die beiden vom Kampfpanzer hinunter und befestigen das Tuch an der Front des Panzers. Danach eilen sie zu Unteroffizier Christmann, der immer noch durch sein Zeiss- Glas schaut und das Geschehen am Himmel beobachtet. „Hier ist die Signalpistole und die Patronen Paul." sagt Franz Breithaupt zu Kommandanten. Dieser dreht sich um und nimmt die Pistole und die Patronen an sich. Während er eine der Patronen in die Signalpistole steckt meint er fast wie beiläufig „Das davor sind deutsche Flieger, man kann schon die verschiedenen Details erkennen. Die kleineren sind dann vermutlich Jäger und da sind wohl die unsrigen mit den Russen beschäftigt. Es sind bereits einige mit Rauchfahne abgestürzt." Gerade will sich Christmann seinem Richtschützen zuwenden, da meint er überrascht „Jetzt teilt sich der Verband! Einige drehen rechts oder links ab und ein paar fliegen weiter auf uns zu!" Immer deutlicher ist das Brummen der Motoren zu vernehmen. Man kann die Maschinen nun auch ohne Feldstecher gut sehen, jedenfalls jene die weiter auf die deutschen Ausbruchskräfte zukommen. Die Verbände, welche links und rechts ausgeschert sind, formieren sich nun scheinbar zum Angriff „Bei den zwei seitlichen Verbänden gehen Luken auf, man kann es genau sehen. Auch schwarze Wolken sind nun um die Maschinen zu sehen. Anscheinend hat die russische Flak nun endgültig mitbekommen, dass es keine eigenen Maschinen sind!" kommentiert Christmann das Geschehen für seine Kameraden. Weiter berichtet er „Nun fallen schwarze Punkte aus den Maschinen, sind bestimmt Bomben. Oh Mann, das sind aber einige. Wo die einschlagen, würde ich nicht liegen wollen!" Deutlich kann man, dort wo die Bomben runter gegangen sind hohe Schnee- und auch Rauchwolken hochsteigen sehen. Sofort nach dem Angriff drehen die Bomber ab, immer noch werden sie von vereinzeltem Flak- Feuer verfolgt, doch ist es bedeutend weniger geworden. Der übrige Verband, welcher weiter geradeaus geflogen ist, ist bereits fast über der deutschen Spitze. Immer wieder fliegen grüne Leuchtkugeln in den Himmel, auch Christmann feuert seine Signalpistole ab. Als der Verband genau über der Spitze der Ausbruchsgruppe ist, öffnen sich die Bombenschächte der He 111und Ju 88. Den Panzersoldaten und Grenadieren, welche bereits aufgeschlossen haben bleiben die Herzen stehen. Sollten sie tatsächlich von der eigenen Luftwaffe gebombt werden? Heraus fallen nun kleine und große schwarze Behälter mit und ohne Fallschirme. Erleichterung geht durch die Reihen der Soldaten, es sind keine Brand- oder Splitterbomben, sondern Versorgungsbomben- und Behälter. Schnell eilen die Soldaten durch den tiefen Schnee und bergen die Behälter. Oberleutnant Friedrich steht in Mitten seiner Männer und ruft mit möglichst lauter Stimme „Männer, hergehört! Die Behälter und deren Inhalt werden zentral beim Befehlsfahrzeug von Oberstleutnant Sieckenius gesammelt. Wir brauchen eine Bestandsaufnahme. Nichts, aber auch gar nichts wird vorher abgezweigt! Sollte ich jemanden beim „organisieren" erwischen, sollte dieser lieber zu den Russen überlaufen!" Diese Ankündigung hinterlässt bei den Männern tiefen Ein-

druck, den jeder weiss, wie es Gefangenen bei den Russen ergehen kann. Emsig werden, Nachschub und Proviant zum vorgegebenen Ort gezogen.
Nach kurzer Zeit steht fest, was die Kameraden der Luftwaffe ihnen gebracht haben. In den Behältern befindet sich Treibstoff, Munition für die Kampfwagenkanonen, Panzerabwehrkanonen und Bord- Maschinengewehre, Munition für Karabiner und MP, Handgranaten, Signalpatronen, aber auch Hartkekse, Kommisbrot, Tubenkäse, Hartwurst, Schoka-Kola und Sanitätsmaterialien. Die Spitzengruppe füllt ihre Fahrzeuge wieder auf und die Versorgungsmaterialien werden anteilsgemäß verteilt. Das übrige Material, welches nicht benötigt wird, wird nach hinten durchgereicht, sinnvollerweise bekommen die kämpfenden Verbände vorrangig die Munition und Verpflegung, die Nichtkämpfenden Teile, welche sich um die transportfähigen Verwundeten kümmern, bekommen natürlich auch ihren Versorgungsanteil, aber hauptsächlich erst einmal das Sanitätsmaterial.
Als die Versorgung der Panzerspitze abgeschlossen ist, geht es mit dem Vormarsch weiter, zwar ist die Versorgungslage bei weitem noch nicht zufriedenstellend, doch nicht mehr ganz so drückend, zumindest für die Stoßgruppe, die Nachhut und den Flankenschutz.
Wieder formieren sich die restlichen Panzer und Sturmgeschütze. Kaum sind sie ein paar Kilometer vorwärts marschiert, da sehen sie an ihren Flanken zerstörte Panzerabwehrgeschütze, Maschinengewehr-Stände, Bunker, Flugabwehrkanonen- Stellungen und gefallene Rotarmisten.
„Meine Güte." meint Breitfelder „Wenn wir hier reingefahren wären, dann wäre es aber aus gewesen, mit

Rex Germania I - Entstehung des Neuen Deutschen Reiches

der Herrlichkeit!" als er sich die zerschlagene Stellung durch seine Optik anschaut. Christmann, der es seinem Richtschützen gleich tut schluckt bei dem Anblick, der sich ihm bietet. Auch er weiss, dass es schlecht um sie gestellt gewesen wäre, wenn nicht die Luftwaffe hier massiv eingegriffen hätte.
Wieder sehen sie an ihren Flanken die kleinen Schwarzen Punkte, welche sich in akkurater Formation auf, für die Panzer unsichtbare Ziele zuschieben. Wieder sehen sie die noch kleineren schwarzen Wölkchen zwischen den Bombern, welche von der starken russischen Flak stammen. An ihrer linken Flanke können die Panzerbesatzungen beobachten, wie pfeilschnelle russische Jäger sich den deutschen Bomberverbänden nähern, doch wurden sie bereits von der deutschen Jagdsicherung entdeckt und diese stürzen sich auf die sowjetischen Jäger, um sie frühzeitig abzudrängen. Den Panzerbesatzungen bietet sich bei ihrem langsamen Vormarsch ein beeindruckender Luftkampf. Immer wieder gehen Flugzeuge mit langen schwarzen Rauchfahnen zu Boden oder explodieren in der Luft. Zu erkennen, welcher Seite die Jäger angehören, ist nicht möglich. Vielleicht sind es Deutsche, vielleicht sind es Russische. Auch unter den Bombern gibt es immer wieder Verluste, doch der größte Teil kommt über dem neuen Ziel an und lädt die Tod und Vernichtung bringende Fracht ab. Trotz des hohen Schnees werden wieder Geschütze, Stellungen und Menschen zerfetzt und zerrissen.
Immer wieder fliegen die Maschinen der Luftwaffe, um erkannte Ziele und Feindansammlungen zu zerschlagen. Egal ob Artillerie- Stellungen, oder Pak- Riegel. Auch Panzerbereitstellungen werden größtenteils

zerschlagen. Während dessen liefern sich die deutschen Jagdmaschinen heftige Luftgefechte mit den russischen roten Falken. Beide Seiten erleiden starke Verluste. Ohne die Verstärkungen von den anderen Fronten, welche teilweise schon Wochen vor dem Machtwechsel verlegt wurden, wäre solch eine Kraftanstrengung der Luftwaffe nicht möglich gewesen. Jagdflieger wie Horst Ademeit, Gerhard Barkhorn, Hans Hahn, Hermann Graf und Erich Hartmann erzielten mehrere Abschüsse.
Die STUKA- und Kampfflieger Hans- Ulrich Rudel, Friedrich Lang und Heinrich Wulff erzielten beachtliche Erfolge in der Bekämpfung von Stellungen und Geschützen.

22. Dezember, später Abend, Kampfraum der Armeegruppe Hollidt

Der Transport der Kampfgruppe des Majors Beck nähert sich nun endlich seinem Endziel, dem Kampfraum der Armeegruppe Hollidt. Es trennt die Männer nur noch wenige Kilometer vom improvisierten Bahnhof. Danach soll es auf LKW bis kurz vor die eigentliche Hauptkampflinie gehen. Welch ein Luxus, denkt sich so mancher einfache Landser. Am Ausladepunkt soll ein Leutnant aus dem Stab General Hollidts warten, um weitere Einzelheiten, wie zum Beispiel das momentane Unterstellungsverhältnis, Ankunft der weiteren Truppenteile und genaue Einweisung in die Angriffsräume zu klären.

Rex Germania I - Entstehung des Neuen Deutschen Reiches

Als Ausladebahnhof selbst wurde ein kleines Dörfchen, unmittelbar an den Gleisen gewählt und entsprechend hergerichtet. Das Dörfchen an sich ist eigentlich nur eine Ansammlung kleiner erbärmlicher Holz- oder Steinkaten. Die früheren Bewohner haben sie schon lange verlassen.
Als das erlösende Quietschen der Bremsen verstummt und der Transportzug mit einem letzten Ruck zum Stehen kommt, werden die Waggontüren aufgerissen und die Männer springen ins Freie. Sofort schallen, ungeachtet der Kälte und Witterung Kommandos zum Entladen der Ausrüstung. Major Beck, sein Ia und Leutnant Wilhelmi, von den Panzerjägern begeben sich zum fremden Stabsoffizier um die Einzelheiten zu besprechen. Die Infanteristen schnappen sich ihre Sachen. Material und Ausrüstung wird auf die wartenden, schneebedeckten LKWs verladen. Die Panzerjäger dirigieren ihre Pak und Zugkraftwagen über improvisierte Verladerampen vom Transportwaggon.
Nach einer kurzen, formlosen Begrüßung fängt der junge Offizier an zu erklären „Ihre ihnen momentan zur Verfügung stehende Kompanie und der schwere Pak- Zug wurde zur Kampfgruppe Beck zusammengefasst. In den nächsten Tagen sollen noch eine Batterie des Artillerieregiments, die restlichen Einheiten ihres Bataillons, die 2./ Panzerjäger Abteilung 8 und eine Kompanie der Flak Abteilung 96 ihrer Felddivision hier eintreffen. Leider können, nach momentaner Lage weder diese Einheiten, noch die Division an sich geschlossen eingesetzt werden, sondern müssen auf verschiedene Truppen, an Angriffsschwerpunkten aufgeteilt werden. Näheres wird hierzu die nähere Zukunft zeigen.

Ihre Kampfgruppe, Herr Major untersteht ab sofort der 294. Infanteriedivision." Major Beck stellt gerade noch einige Fragen, sein Ia notiert alle wichtigen Informationen, die einzelnen Soldaten sind mit Be- und Entladen beschäftigt. Plötzlich hämmert die Flak, welche sich auf dem Begleitwaggon befindet los. Niemand hat den kleinen Doppeldecker am Himmel bemerkt. Die einzelne, zum Schutz des Bahnhofs abgestellte 3,7 cm Flak stimmt in das Konzert der leichten Flugabwehrgeschütze mit ein. Durch diesen plötzlichen Feuerzauber abgelenkt, bemerkt auch niemand, der in diesen Dingen ungewohnten Luftwaffensoldaten das leise, aber sehr schnell anschwellende Rumoren am Horizont. Mit einem Schlag wird die Erde rund um die völlig überraschten Männer aufgerissen. Verzweifelt suchen sie nach Deckungsmöglichkeiten, doch noch ehe sie das schaffen, werden viele von ihnen von den Granaten der gefürchteten russischen 15,2 cm Fernartillerie zerrissen.
Die Gruppe Konrad sucht geschlossen Deckung unter ihrem Waggon. Die Männer wähnen sich schon in Sicherheit, doch eine ganze Salve schlägt in und rund um den Waggon ein und hinterlässt nur noch Trümmer. Das einzige was man später von der Gruppe finden wird, sind einige blutige Stoff- und Fleischfetzen.
Eine Zugmaschine, mit bereits angehängter Pak versucht in schneller Fahrt aus dem direkten Gefahrenbereich zu entkommen. Kurz vor einer einigermaßen schützenden Häuserwand schlägt eine Granate vor dem SdKfz. 10 ein. Fahrer und Beifahrer werden von Splittern zersiebt, das tonnenschwere Fahrzeug fährt führerlos, mit zerschlagener Achse in die Wand und wird von dieser begraben.

Rex Germania I - Entstehung des Neuen Deutschen Reiches

Die Bedienung der 3,7 cm Flak rettet sich in ihren Splitterschutzgraben, die des 2 cm Flak Vierling sprintet hinter eine circa einen Meter hohe Steinmauer, welche wohl einmal als Grundstücksbegrenzung gedient hat. Ein Waggon nach dem anderen wird direkt getroffen oder durch Nahtreffer durchlöchert. Männer werden zerrissen, kostbares Material in den Boden gestampft. Die furchtbare Kanonade wird nach einer halben Stunde endlich schwächer, die Einschläge weniger. Paul Oberländer hat sich in einen großen Granattrichter gerettet und schaut nun ungläubig zum Himmel. Seine arg strapazierten, schmerzenden Ohren vernehmen ein altbekanntes Geräusch, das monotone Brummen von Flugzeugmotoren.

Er riskiert einen kurzen Blick über den Trichterrand und sieht aus dem Dunst aus Nebel und Qualm der Brände und Granatexplosionen, Schwärme von einmotorigen Flugzeugen auf sie zukommen. „Schlächter, Schlächter!" hört er es links von sich rufen und sieht, wie die Bedienung der 3,7 cm Flak trotz der noch vereinzelten Granateinschläge zu ihrem Geschütz eilt. Die Schlachtflugzeuge drehen, völlig unbeeindruckt von der Flak eine Runde und suchen nach sich lohnenden Zielen. Zwei stürzen sich nun auf die Lok. Ihre Granaten zersägen den, immer noch unter Druck stehenden Kessel, der nun weißen Dampf ausstößt. Die im Sturz abgeworfenen Bomben geben ihr den Rest. Übrig bleibt nur ein Haufen Altmetall. Zwei weitere stürzen sich nun auf je eine der pausenlos aus allen Rohren feuernden Flak, den auch die 2 cm hat das Inferno überstanden und nun den Feuerkampf aufgenommen. Sie holt das auf sie zustürzende Flugzeug

vom Himmel. Eine sehr gutsitzende Garbe sägt ihr förmlich die linke Tragfläche ab. Diese beginnt sich nach rechts zu überschlagen und vergeht in einen Flammenball. Der Flugzeugführer hat keine Chance aus seiner tödlich getroffenen Maschine heraus zu kommen.
Die Männer der 3,7 cm Flugabwehrkanone haben weniger Glück. Der Schlächter feuert aus allen Rohren, die 2,3 cm Granaten durchschlagen das Schutzschild und zerfetzen die dahinter Schutz suchende Bedienung. Das Geschütz ist nur noch Schrott wert.
Einige MG- Schützen versuchen die Il- 2 mit ihren MGs zu bekämpfen. Sie setzen ihre Maschinengewehre auf die Schultern ihres Schützen 2, dieser hält das Zweibein in seinen Händen und dient so als lebende MG-Lafette.
Als der junge Leutnant dies sieht, macht er Major Beck entsetzt auf die Unsinnigkeit dieses Unterfangens aufmerksam „Herr Major!" schreit er durch den Lärm „Wir müssen sofort die MG- Schützen zurück in Deckung pfeifen. Die 34 iger Spritzen sind viel zu schwach gegen die Panzerung der Schlächter!" Dieser, der mit den anderen Offizieren in einem Splitterschutzgraben liegt, reagiert sofort. „Ziegler, Schoenemann, Lange, Kurt, Schmidt, Wilhelmi! Sofort die Männer zurückpfeifen!"
Die Offiziere springen sofort hoch und sprinten los. „Deckung, Deckung!" brüllen sie gegen den Gefechtslärm der ratternden MG, explodierenden Granaten und detonierenden Bomben. Leider können sie nicht verhindern, dass drei MG- Mannschaften von den roten Kampffliegern aufgefasst und durch ihre Garben zerrissen werden. Auch Oberleutnant Schoenemann wird

von einer, in seiner unmittelbaren Nähe explodierenden Bombe zerfetzt, das gleiche Schicksal ereilt dem Leutnant Schmidt, dem Zugführer des 3. Zuges. Oberleutnant Lange wird von mehreren MG- Projektilen in den Beinen und im Rücken getroffen und bleibt blutend liegen.
Oberländer sieht ihn fallen. Ohne auf die Gefahr zu achten, springt er über den Rand seines Granattrichters. Es sind vielleicht 50 Meter bis zu seinem Kompanieführer. Von Trichter zu Trichter arbeitet er sich vor. Seine Lungen brennen von dem eingeatmeten Rauch und der schneidend kalten Luft. Endlich ist er bei dem Verwundeten, packt ihm an den Armen und zerrt ihn in den erstbesten Trichter. Zu seiner Überraschung liegt dort bereits jemand. Ein junger Soldat aus Oberländers Zug. Er kennt ihn aber nicht persönlich. Dieser schaut den Obergefreiten mit panischen Augen an. Oberländer achtet nicht darauf. „Ein Glück, er atmet noch." denkt er sich bei genauerer Untersuchung Langes. Er legt den Oberleutnant so behutsam wie möglich, auf den Bauch um die Wunden zu sehen. „Scheiße!" denkt er sich. „Die 6 Verbandspäckchen die ich habe reichen nie. Gib mir deine Verbandspäckchen!" sagt er zu dem jungen Soldaten. „Verbandspäckchen her!" schreit er den Luftwaffensoldaten nun an, als dieser nicht reagiert. „Und deinen Mantel aus!" fordert er ihn zusätzlich auf. Zögernd kommt dieser den Befehl nach. Nun kann Oberländer alle Wunden notdürftig verbinden. Er legt seinen Mantel unter die Beine seines Vorgesetzen und deckt ihn mit dem anderen Mantel zu.
In der Zwischenzeit, nachdem noch zwei Il- 2 als glühende Feuerbälle auf der Erde zerbarsten haben die

restlichen russischen Kampfflieger ihren letzten gefährlichen Feind erkannt. Gleich drei Schlachtflugzeuge nehmen die einzelne Flak, samt ihres Waggons aufs Korn. Nach drei Bombentreffern bleibt kaum noch etwas von Waggon, Geschütz und Bedienung übrig.
Nun können die sowjetischen Schlächter in aller Seelenruhe ihr Vernichtungswerk vollenden.

Nach weiteren, wie die Unendlichkeit erscheinenden 10 Minuten drehen die Schlachtflieger ab. Die Dunkelheit deckt das Szenario des Schreckens wie ein schwarzes Leichentuch zu. Nur unterbrochen von den lodernden Flammen der Brände.
Das Artilleriefeuer hat auch aufgehört und es kann eine Bilanz dieses schrecklichen Angriffs gezogen werden.
Der Ia des Kommandeurs gefallen.
Drei von fünf Zugführern gefallen oder durch Verwundung ausgefallen.
Der schwere Panzerjägerzug so gut wie zerschlagen, nur noch eine 7,5 cm Pak 40, eine 5 cm Pak 38 und ein Zugkraftwagen einsatzbereit.
Von anfangs 263 Offizieren, Unteroffizieren und Mannschaften sind 56 gefallen, 61 schwer- oder mittelschwer verletzt, so dass sie ausfallen und 43 leicht Verletzt und können bei der Truppe bleiben.
Das bedeutet, dass die Kampfgruppe des Majors Beck bereits vor dem eigentlich ersten Bodengefecht fast die Hälfte an Mannschaftsstärke eingebüßt hat.
In den nächsten Tagen wird sich zeigen, dass es den anderen Einheiten der 8. Luftwaffenfelddivision nicht anders ergeht. Sie werden bereits beim Entladen mit schwerem Feuer belegt. Die Division gilt bereits da als

weitestgehend zerschlagen und kann nicht geschlossen eingesetzt werden. Die verbleibenden Restverbände werden auf verschiedene Divisionen, Kampfgruppen und Alarmeinheiten der Armeeabteilung Hollidt aufgeteilt.

22. Dezember 1942, später Abend, Spitze der Ausbruchsgruppe

Die Kameraden der Luftwaffe hatten den Bodenstreitkräften den Weg, so gut wie möglich frei gekämpft. Nun jedoch ist es wieder tiefe Nacht und gezielte Einsätze zur Unterstützung sind schwieriger.
Die Ausbruchsgruppe hat sich wieder mehrere Kilometer weiter nach vorn gekämpft. Sie hatten es nur noch mit vereinzelten Widerstand zu tun. Die übrige Armee, jedoch hatte wohl zunehmend stark mit dem russischen Artilleriefeuer zu tun. Es war schwirig, diese Geschützstellungen auszuschalten. Auch die Möglichkeiten der Luftwaffe waren begrenzt.
„Aufpassen auf Leuchtsignale! Die Spitze der Gruppe Hoth kann nicht mehr weit sein!" gibt der Gefreite Schneider gerade durch. Dieser Funkspruch kam direkt von Oberleutnant Friedrich.
„Mensch, das ist ja klasse. Wenn das schon durchgegeben wird, dann können die Kameraden nicht mehr weit sein!" antwortet der Obergefreite Klein. Freude macht sich im Panzer breit. Die Kameraden sind ganz nahe, das bedeutet Rettung und endlich raus aus dem verdammten Kessel!
Schon kurz nach dem Funkspruch sehen sie grüne und weiße Leuchtkugel vor sich hochsteigen. Vielleicht

noch drei Kilometer entfernt. Die Besatzungen antworten ihrerseits mit grünen und weißen Signalen, um den Kameraden zu zeigen, wo sie stehen.
Einigen Kommandanten, welche aus den Turmluken schauen, bemerken jedoch an beiden Flanken auch rote Leuchtsignale. Noch können sie sich keinen richtigen Reim daraus machen.
Christmann gibt zu Schneider durch „Peter, versuch Friedrich zu erreichen und frag an, was die roten Signale an den Flanken sollen. Wenn ich mich nicht irre, erkenne ich da auch Mündungsfeuer und kann Gefechtslärm hören!"
Die Funker jedoch kommt nicht mehr dazu den Spruch abzugeben, da kommt bereits die Meldung von Oberleutnant Friedrich „Starker Panzerangriff auf die Flanken der Armee. Sofortiger Gegenstoß notwendig! Gruppe Friedrich stößt dem Gegner auf der rechten Flanke entgegen! Auf feindliche Schlachtflieger achten!" Schneider gibt den Spruch weiter.
Durch das Scherenfernrohr sieht Christmann, wie die Panzer der Gruppe einen Schwenk nach rechts unternehmen, auch der Unteroffizier lässt nun nach rechts schwenken. Wieder nehmen die Kampwagen ihre Positionen ein, wie es ihnen von ihrem Vorgesetzten befohlen wird.
Alles in allem sind es vielleicht noch 19 Panzerkampfwagen und Sturmgeschütze der Gruppe Friedrich, welche sich dem Gegenangriff der Sowjets an der rechten Flanke entgegenwerfen. An der linken Flanke sieht es nicht besser aus, auch dort sind es keine 20 Kampfwagen mehr, welche sich dem Feind stellen.
Immer näher kommen die Panzer, unter Oberleutnant Friedrich, dem Feind.

Sie fahren vorbei an erschöpften und abgerissenen Männern, welche teilweise nicht einmal mehr Waffen tragen.
Als Christmann und seine Männer das so sehen, wird ihnen klar, dass wenn sie die Sowjets nicht stoppen können die Armee immer noch zerschlagen werden kann.
Sie kommen dem Kampflärm immer näher, immer stärker leuchten die Mündungsfeuer und Leuchtsignale. Als sie eine kleine Erhebung genommen haben, sehen die Panzersoldaten das ganze Ausmaß des Gegenangriffs vor sich. Auf weiter Ebene sehen sie mindestens 100 Panzer der Typen T-34, KW-1 und T-60. Auch einige Panzer vom Typ KW-2 und Su-5 sind zu erkennen und Leih- und Pacht- Fahrzeuge der Typen M3, M4 und Matilda MK.II.
Wieder zeigt es sich, dass die Lieferungen der Westalliierten eine nicht zu unterschätzende Verstärkung darstellen. Auch, noch einzelnen Punkte kann der Kommandant am Himmel erkennen „Verdammt, tatsächlich feindlich Schlachtflieger. Hoffentlich kommen die Kameraden der Luft und kümmern sich um die Roten Schlächter." Denkt sich Christmann.
Schlagartig wird den Männern im Panzer III klar, dass sie hier eigentlich keine Chance haben, doch ein Rückzug ist keine Option.
Wieder kommt ein Funkspruch von Oberleutnant Friedrich „Friedrich an alle!" kommt es aus den Kopfhörern der deutschen Panzermänner „Feindpanzer voraus, Feuer nach eigenem Ermessen. Wir sehen uns in Walhalla!". So nahe wie möglich fahren die Panzer der Gruppe Friedrich an die Feindpanzer heran. Diese ha-

ben die Gefahr in ihrer Flanke noch nicht wahrgenommen. Die sowjetischen Tanks sind noch damit beschäftigt die schwache deutsche Infanteriesicherung und die wenigen noch vorhandenen Pak- Geschütze und Panzerjäger niederzukämpfen. Eine Frage der Zeit, bis dies geschafft worden wäre.
Fast gleichzeitig bleiben die deutschen Panzerkampfwagen circa 250 Meter von den feindlichen Kampfwagen entfernt und eröffnen das Feuer. Bei dieser Entfernung ist auch bei der herrschenden Dunkelheit ein Fehlschuss unmöglich. Die 7,5 cm Geschütze der wenigen Panzer IV und der Sturmgeschütze zeigen sofort Wirkung. Mehreren T-34 und KW-1 wird der Turm weggeschossen, andere platzen förmlich auseinander. Bei den wenigen KW- 2 ist es selbst aus dieser Nähe schwer und die 7,5 cm Granaten der Stummel- Kanonen prallen dennoch ab. Dort haben allein die 7,5 cm Langrohrgeschütze Wirkung, diese Bewaffnung besitzen jedoch nur eine Handvoll Panzer IV. Die 5 cm Kampfwagenkanonen haben es bei den T-34 selbst jetzt schwer, doch die anvisierten M3 und Mk.II werden außer Gefecht gesetzt.
Nun haben die sowjetischen Panzer ihre Feinde jedoch auch ausgemacht und nehmen das Gefecht an. Ein massiger KW-2 schwenkt seinen gewaltigen Turm auf einen der Panzer III. Das mächtige Geschütz schleudert seine 152 mm Granate in Richtig des deutschen Panzers. Dieser wird frontal getroffen und die Granate zerfetzt den Kampfwagen förmlich. Außer einigen glühenden Stahltrümmern bleibt von diesem Panzerkampfwagen nichts übrig. Auch einigen anderen deutschen Panzern ergeht es nicht anders.

Rex Germania I - Entstehung des Neuen Deutschen Reiches

Die Männer im Panzer des Unteroffiziers Christmann schwitzen im Angesicht der Anforderungen des Gefechts. Sie versuchen in Deckung zu fahren, benutzen dazu abgeschossene Kampfwagen oder kleine Hügel und Büsche um aus dem Sichtfeld der Feinde zu gelangen. Sie nähern sich feindlichen Kampffahrzeugen und feuern auf das Heck oder in die Fahrwerke der Feinde. Ihre Abschusszahlen steigen, schon bald hat die Besatzung Chrtistmann den 6. sowjetischen Kampfpanzer abgeschossen, doch sehen sie im Gelände auch mehr und mehr deutsche Panzer aufbrennen und explodieren.
Das Gefecht dauern nun bereits fast eine halbe Stunde und es sind nur noch eine Handvoll deutscher Panzer gefechtsklar. Sie haben zwar fast 50 gegnerische Tanks ausgeschaltet, hauptsächlich weil die Russischen Besatzungen überrascht werden konnten und die größere Reichweite ihrer Geschütze nicht zum Tragen bringen konnten, doch nun nähert sich das Gefecht dem unvermeidlichen Ende.
Christmann gibt gerade den Befehl, welcher zum Abschuss ihres 7. Feindpanzers führt. Niemand von ihnen bemerkt, das sie ihrerseits gerade im Fadenkreuz eines T-34 wandern. Die Obergefreite Hans Klein sieht durch das Kinonglas des Fahrerstandes noch denn Mündungsblitz der 7,62 cm Kanone, doch reicht die Reaktionszeit nicht mehr aus, um den Panzer aus der Gefahrenzone zu bringen. Es reicht nur noch für eine leichte Drehung und die Granate schlägt mit ungeheurer Wucht in die linke Seite des Turms ein. Ein feuriger Blitz durchfährt den Innenraum des Panzers und dennoch wird es um den Gefreiten dunkel. Eine unreale

Leichtigkeit breitet sich im Körper des Gefreiten Klein aus.
Unteroffizier Tomasi und seine Kameraden haben sich, ohne große Schwierigkeiten in die Flankensicherung der 6. Armee eingereiht. Es bleibt ungewöhnlich lange ruhig. „Sollen die Sowjets es wirklich aufgegeben haben, den Ausbruch der 6. Armee zu zerschlagen?" geht es dem Sergente durch den Kopf als er mit seinen beiden besten Kameraden durch den Schnee stopft. Er merkt wie sich Müdigkeit und Erschöpfung in seinem Körper breit machen will, da wird er von Caporalmaggiore Luigi Salva angestoßen "He, Danielo irgendwas ist im Busch, die Deutschen werden nervös." Fragt er seinen Vorgesetzten auf Italienisch. Dieser schreckt aus seinen Gedanken und beobachtet seine deutschen Kameraden. „Danielo, du verstehst doch die Brüder. Was sagen sie?" erkundigt er sich weiter. Tomasi lauscht gespannt auf die rund um sie herumlaufenden Deutschen. Hört auf die Kommandos der Deutschen Offiziere und meint „Die Russen starten einen weiteren Angriff. Anscheinend sehr stark, mit Panzerunterstützung und Schlachtflieger sollen auch unterwegs sein. Wir sollten besser nach einer geeigneten Stellung Ausschau halten." Noch kommen keine Befehle für die Italienische Kompanie, doch Tomasi befiehlt seinen Männern sich bereit zu machen. Dieser Befehl ist allerdings beinahe überflüssig, denn seine Männer sind bereits voll kampfbereit.
Kaum ist der Befehl gegeben, da kommt auch schon der Adjutant des italienischen Kompanieführers „Sergente, ich soll den Befehl überbringen, dass sie mit ihren Männern sofort in Stellung gehen sollen. Es wurde gemeldet, das starke russische Kampfverbände auf

dem Weg zu uns sind, mit Panzerunterstützung. Wir sollen Panzerunterstützung bekommen, bis dahin muss die Stellung hier gehalten werden.
Tomasi verteilt seine Männer schnell im Gelände, auch das erbeutete Maxim- MG wird in Stellung gebracht.
„Errichtet Schneewälle, als Sichtschutz!" befiehlt der italienische Unteroffizier seinen Männern. Schnell wird mit den Spaten geschaufelt, wenn noch welche vorhanden sind. Wenn nicht, müssen die bloßen Hände ran. Der Schnee schützt zwar nicht vor Splittern, Granaten und Kugeln, doch erschwert er dem Gegner das Erkennen der eigenen Stellung. In den tief gefrorenen Boden kommen die Landser auch mit den besten Spaten nicht. Kaum haben die Männer wenigstens eine provisorische Deckung gebaut, da
trommelt auch schon die russische Artillerie auf die erkannten oder auch vermuteten Stellungen der Armee, sowie mitten in die marschierenden Truppen hinein.
„Ich dachte die Kampfflieger haben die Ari- Stellungen zerschlagen!" schreit Dio seinem Kameraden Tomasi durch den Lärm zu. Dieser hat den Kopf tief an den kalten Schnee gepresst und nimmt kaum Notiz vom rufen seines Kameraden.
Gerade als Tomasi einen kurzen Blick über seine Deckung riskiert, sieht er, wie von der rechten Seite ein Soldat angelaufen kommt. Sprungweise arbeitet er sich durch das Deckungslose Gelände vor. „Verrückt."
Denkt sich der Unteroffizier bei diesem Anblick und erkennt, dass der fremde Soldat mehrere Taschen umgehängt hat. Bei jedem Deckungsloch kramt er irgendwelche Gegenstände aus den Taschen und sprintet weiter. Immer wieder muss er sich in Deckung werfen,

denn die Einschläge der Artillerie liegen immer dichter. Dennoch schafft er es bis zum Deckungsloch von Danielo Tomasi.
Nun kann er auch erkennen, was der, noch sehr junge Soldat mit sich herumschleppt. Die Umhängetaschen sind vollgepackt mit Stiel- und Eierhandgranaten. Ohne ein Wort zu verlieren, greift der junge deutsche Landser in seine Beutel und legt dem Sergante 6 Stielhandgranaten und 3 Eierhandgranaten hin. Gerade als er wieder weiterwill, hält der Italiener den jungen Deutschen am Ärmel seines Mantels fest und meint, gegen den Lärm anschreiend „Wie sieht es aus, Kamerad? Hast du Informationen für mich?" verdutzt schaut der fremde Soldat den Italiener an und erwidert „Sie können Deutsch?". Ohne groß darauf einzugehen fragt Tomasi wieder „Weißt du, wo die russischen Panzer stehen, wie stark ist die Infanterie?". Der junge Soldat meint nun „Die Russenpanzer müssten jeden Augenblick hier sein. Genauso wie die Schlachtflieger. Panzerabwehr haben wir hier nicht mehr, die steht bei der Nachhut im Kamp. Soviel wie ich mitbekommen habe, greift auch da der Russe an. Genauso wie an der linken Flanke, es brennt an allen Ecken und Enden!". In diesem Augenblick donnern mindestens 20 Schlachtflieger über die Stellungen und werfen ihre Bomben ab. Gezielt schlagen diese in die marschierenden Teile der 6. Armee ein und vergrößern das, sowieso schon vorhandene Chaos, welche die Artillerie ausgelöst hat. Beim Abdrehen feuern, einige noch vorhandene Flugabwehrgeschütze hinter die Schlachtflieger hinterher. Der junge Soldat rennt nun wieder weiter zum nächsten Deckungsloch und verteilt auch dort den Inhalt seiner Umhängetaschen. Hinter den Schlachtfliegern des

Typs Il- 2, kommen nun auch noch sowjetische Bomber des Typs SB- 2 in Sicht. Sie fliegen hoch an, als sie über den deutschen Stellungen sind, kann man erkennen, wie sich schwarze Punkte lösen und hernieder taumeln. Glücklicherweise fallen die Teufelseier größtenteils vor den Stellungen ein, so dass wenigstens durch diese Bomben keine Verluste entstehen. Diese hochfliegenden Feinde können vollkommen unbehelligt wieder abfliegen, den die Handvoll 8,8 cm- Geschütze welche noch vorhanden sind, sind bereits mit der Panzerabwehr am Ende der kilometerlangen Kette der Ausbrechenden beschäftigt. Direkt von den Protzen, noch an den Zugmaschinen angehängt feuern sie eine Granate nach der anderen und vernichten eine große Anzahl von T- 34 und KW- 1 oder KW- 2 Panzern.
Anscheinend haben die Sowjets nur auf den richtigen Moment gewartet, um ihre geballten Kräfte zur Zerschlagung der 6. Armee anzusetzen.
Tomasi nutzt die ihn verbliebene Zeit bis zum erwarteten Panzerangriff, um aus den Stielhandgranaten schnell behelfsmäßig geballte Ladungen anzufertigen, denn Panzerabwehrwaffen sind hier kaum vorhanden. Diese wurden schwerpunktmäßig meist zur Nachhut abgegeben. Kaum ist er mit der Herstellung seiner provisorischen Panzerbekämpfungsmittel fertig, da hört er auch schon das altbekannte grummeln der schweren Dieselmotoren und das entnervende quietschen der Panzerketten.
Sekunden später schieben sich schon die ersten Tanks aus dem aufkommenden Dunst. Wie schemenhafte Geister erscheinen die weiß- gestrichenen Stahlungetüme. Schon steigen einige rote Leuchtkugel in den Himmel, als Zeichen für „Panzeralarm!" Alle Augen

richten sich nun auf die weißen Stahlkolosse und so nimmt in diesem Augenblick niemand Notiz davon, dass die russischen Schlachtflieger auch wieder einen neuen Anflug unternehmen. Diesmal teilen sie sich in zwei Gruppen auf. Die erste Gruppe nimmt sich der wenigen feuernden 2 cm und 3,7 cm Flak- Geschütze an und die zweite Gruppe feuert mit ihren 7,62 mm Maschinengewehren und den 2,3cm Maschinenkanonen in die dahinziehenden Kolonnen hinein. Unter den deutschen und verbündeten Soldaten, welche in den Kolonnen ja zumeist aus Verwundeten, Stäben oder Rückwärtigen Diensten besteht droht Panik aufzukommen. Vereinzelt versuchen Soldaten die russischen Schlächter mit Karabinern und Maschinengewehren zu bekämpfen, doch wegen der starken Panzerung der Iljuschin ist dies von vornherein ein zweckloses unterfangen. Es dauert nicht lange, da haben die russischen Schlachtflieger die wenigen deutschen Flugabwehrgeschütze niedergekämpft und so können die restlichen Schlächter, den zwei der gefürchteten Gegner wurden abgeschossen in aller Ruhe ihrem Zerstörungswerk nachgehen.
Nun sind auch die Panzer in Schussreichweite und feuern in Fahren in die dicht aufgeschlossenen Reihen der Soldaten. Kein Pak- Feuer behindert sie, da einfach keine Panzerabwehrwaffen an dieser Stelle verfügbar sind. Offiziere rennen nun die endlosen Reihen entlang und trommeln die letzten, noch kampffähigen Soldaten zusammen. Bäcker, Fleischer, Schreibkräfte, Frisöre werden zu Kampfgruppen zusammengefasst, notdürftig bewaffnet und sollen die stählerne Flut aufhalten. Noch haben die russischen Panzer- und Infanterie-

kräfte die vordersten deutschen Stellungen nicht erreicht. Tomasi und seine Männer sehen nun ganz deutlich, das auf vielen Panzern auch Begleitinfanterie aufgesessen ist. Dies erschwert den bevorstehenden Kampf natürlich noch zusätzlich. Die Panzer allein wären schon schlimm genug, doch diese haben nur ein begrenztes Sichtfeld und es ist durchaus möglich, sich an eines dieser Stahlungetüme heran zu pirschen und mit Nahkampfmitteln zu knacken. Doch Infanterie, welche die Panzer vor Nahkämpfern sichert, verschlimmern die, ohnehin schon schlechte Lage der Männer noch zusätzlich. Tomasi wartet angespannt darauf, dass die sowjetischen Tanks so nahekommen, dass sie wirksam bekämpft werden können. Weißer Qual steht vor seinem Gesicht und er merkt, dass sich die grausame Kälte immer weiter in seinen Körper frisst. Langsam und vorsichtig tasten sich die T-34 und KW- Panzer nun immer näher durch den weißen Schnee. Teilweise sind die Panzer bis zu den Kettenabdeckungen verschwunden, wenn sie durch eine Schneewehe oder eine Senke fahren. Immer näher kommen die Tanks und schon fährt eines dieser tonnenschweren Fahrzeuge kaum 3 Meter an Tomasis Deckungsloch vorbei. Kein Schuss hat sich bisher aus den vorderen Stellungen gelöst. Die Panzer feuern noch immer in die Reihen der Deutschen Kräfte. Die aufgesessene Infanterie duckt sich hinter die Panzertürme. Danielo Tomasi wartet noch einen kurzen Augenblick, atmet noch einmal tief durch. Die schneidende Kälte schmerzt in der Lunge. Nun beginnt der Höllentanz um Sein oder Nichtsein von neuem. Mit einem Ruck dreht er sich auf den Rücken, reist seine MPi hoch und feuert auf die Begleitinfanterie des, eben an ihm vorbei

gefahrenen KW-1. Diese wird gnadenlos heruntergemäht. Sie sind entweder
gleich tot oder zumindest schwer verletzt, Gegenwehr kann keiner mehr leisten. Der Beschuss kam für die Rotarmisten vollkommen unvorbereitet. Im Panzer selbst hat man anscheinend noch gar keine Notiz von der neuen Situation genommen. Tomasi steht auf und läuft hinter den Panzer her. Glücklicherweise beginnt nun der Kampf gegen die Panzer allgemein und so nimmt keiner der nachfolgenden Tanks keine Notiz von dem einzelnen Soldaten in weißer Tarnkleidung. Der junge italienische Unteroffizier greift ein locker herabhängendes Stahlseil, welches die Begleitinfanterie wohl benutzt hat, um sich auf dem Panzer irgendwie festzuhalten, zieht sich daran hoch, greift einer der beiden Geballten Ladungen und klemmt sie, nachdem er die kleine Schnur mit der Porzellankugel gezogen hat unter den Turmdrehkranz. Glücklicherweise verkeilt sie sich auch gleich und Tomasi lässt sich einfach vom Panzer fallen. Der weiche Schnee polstert seinen Sturz weich ab. Ein kurzer Kontrollblick, ob er nicht in der Fahrbahn eines nachfolgenden Russentanks liegt und schon presst er seinen Kopf in den Schnee. Wenige Sekunden später explodiert die Ladung und einige Augenblicke danach folgt eine noch stärkere Detonation und setzt den Panzer vollends außer Gefecht. Der Panzer rollt noch eine kurze Strecke und bleibt dann brennend liegen. Kein Mann der Besatzung bootet aus. Auf der gleichen Weise wie Tomasi waren noch 5 andere Soldaten erfolgreich. Insgesamt stehen 6 brennende Fackeln in der näheren Umgebung des jungen Italieners.

Rex Germania I - Entstehung des Neuen Deutschen Reiches

Nun jedoch ist das Überraschungsmoment vorbei und die russischen Truppen haben vollends erkannt, dass sie bereits mitten in deutschen Flankenstellung sind.

Es entbrennt ein gnadenloser Nahkampf.

Da die sowjetischen Panzer sich nun auch auf die Soldaten in ihrer Nähe beschäftigen müssen, lässt das Feuer auf die schnell zusammengestellten

Kampfgruppen nach und so haben diese die Möglichkeit zum Kampfgeschehen aufzuschließen. Doch nichts desto trotz kann die schwache Flankensicherung diesen Angriff nicht mehr lange aufhalten. Es werden zwar immer wieder einzelne russische Panzer durch beherzte Nahkämpfer gesprengt, doch es fallen auch mehr und mehr Soldaten des Flankenschutzes im gegnerischen Feuer.
Wieder und wieder jagen auch die feindlichen Schlachtflieger über die Kolonnen und sähen mit Ihren Maschinengewehren und Bordkanonen Tod und Verderben in die Reihen der ausbrechenden Soldaten.
Wieder und wieder gehen auch die letzten Fahrzeuge in Flammen auf.
Immer weiter müssen die Männer zurückweichen. Die sowjetischen Truppen sind sich ihres Sieges sicher und lassen sich Zeit, den Widerstand niederzukämpfen. Einige Panzer gehen nun sogar dazu über einzelne Soldaten zu jagen, um sie dann in den Schnee zu walzen, zu überrollen oder durch drehen auf der Stelle einzugraben und zu zerquetschen. Tomasi und seine Män-

ner müssen sich immer neue Deckungen suchen, immer wieder feindlichen Soldaten im Nahkampf nieder zu kämpfen.
Die geballten Ladungen sind schon lange aufgebraucht, die letzte Eierhandgranate wurde geworfen. Auch die Munition der Mpi und MG geht langsam zur Neige.
Tomasi und seine beiden Kameraden Dio und Salva liegen nun gemeinsam in einer schmalen Kuhle. Alle drei liegen sie auf dem Rücken, starren in den Himmel, während rund im Ihnen die gnadenlose Schlacht tobt. Sie atmen noch einmal tief durch „Das soll nun also das Ende sein?" fragt Tomasi mehr zu sich selbst, als zu den anderen. Dio lacht kurz auf und gibt zurück „Ha, na da wollen wir unser Fell aber mal so teuer wie möglich verkaufen!". Wie zur Bestätigung lädt Salva seine Beretta Maschinenpistole Modell 1942 durch und gibt ein entschlossenes „Al poi val!" (Na dann los!) zurück.
Die drei erheben sich und stürmen, feuernd nach vor auf eine größere Gruppe Rotarmisten zu. Diese sind vollkommen überrumpelt und können keine große Gegenwehr leisten. Dennoch geben sich die drei Kameraden keinerlei Illusionen hin, dass sie hier heil heraus kommen. Schon nach kurzer Zeit finden sie sich hinter einem zerstörten Russenpanzer wider und werden von Sowjetsoldaten umzingelt. Ihre Munition ist schon beinahe am Ende. Tomas hat noch ungefähr ein halbes Magazin, also zirka 30 Schuss, Salva hat noch 10 Schuss für seine Beretta und Dio hat noch ein volles Magazin, welches er nun eingelegt hat. Kurz diskutieren sie die Option einer Gefangenschaft, doch wird dies auch von allen dreien abgelehnt. Gerade als sie

zum letzten Sprung ansetzen wollen, hören sie mehrere Abschüsse aus Kampfwagenkanonen und beinahe gleichzeitig geraten mindestens 5 T-34 in Brand. Verwundert sehen sie sich an, bis ihnen klar wird, das anscheinend mehrere deutsche Panzer in den Kampf eingreifen. Vorsichtig schauen sie um das abgeschossene Wrack herum und erkennen in der Tat eine große Anzahl von deutschen Panzern der Typen III und IV, einige Sturmgeschütze des Typs III mit und ohne Langrohr. Es dauert eine ganze Zeit, bis die russischen Panzerbesatzungen den neuen Gegner ausmachen. Nachdem weitere 3 Panzer des Typs T-34 und 3 KW- 1 und auch ein KW- 2 wenden sie sich nun dem erkannten Todfeind zu. Dadurch lässt natürlich der Druck auf die Infanterie nach und auch Tomasi und seine beiden Kameraden bekommen wieder ein bisschen Luft. Sie fassen den Entschluss zu versuchen zu der entgegenkommenden Panzerkampfgruppe durchzubrechen. Doch nach kurzer Zeit müssen sie erkennen, dass Kampfgruppe keineswegs so stark ist, wie sie anfangs dachten und das ein Durchbruch zu den eigenen Panzern unmöglich ist, da es überall von sowjetischen Soldaten wimmelt. Eine klare Frontlinie zwischen Deutschen und Russischen Infanteriekräften gibt es einfach nicht mehr. Die verfeindeten Soldaten sind schlicht und ergreifend ineinander verzahnt.
Ein Glücklicher Umstand, der genau dieser Tatsache geschuldet ist, ist das die feindliche Artillerie nun nicht mehr so stark eingreifen kann, sie verlagert ihr Feuer weiter in die Haupt- Ausbruchssäule. Auch die feindlichen Schlachtflieger haben es schwerer, doch diese nehmen sich nun der erkannten Panzer an.

Tomasi, Salva und Dio geben auch dieses Vorhaben wegen Aussichtslosigkeit auf. Es zeichnet sich mehr und mehr ab, dass, wenn sie nicht bald Verstärkung bekommen, die Sowjets die Ausbruchskräfte der 6. Armee zerschlagen werden, denn die feindliche Panzerstreitmacht ist einfach zu groß, um von den vielleicht 30 Panzern und Sturmgeschützen der angekommenen Panzerkräfte gestoppt zu werden.
Toasi und seine beiden Kameraden sehen, wie die deutschen Panzer Abschuss auf Abschuss erzielen. Sie rochieren und nehem Deckung, und doch werden auch die Deutschen Kampfwagen nach und nach abgeschossen. „Accidenti!" (Verdammt!") kommt es Tomasi über die Lippen, als sie, unter einem ausgeschalteten sowjetischen KW- 1 Panzer liegend das Kampfgeschehen beobachten und mit ansehen müssen, wie einer der Tapferen Kampfpanzer nach dem anderen aufbrennt oder von den Überschweren Geschützen der mächtigen, aber auch schwerfälligen KW- 2 Panzer sofort in Stücke gerissen wird. „Fine, Passato!" (Schluss, Vorbei) lässt es sich Salva vernehmen und führt weiter in italienisch aus „Das war es wohl Kameraden. Hier und jetzt ist der Ausbruch gescheitert." Wie zur Untermauerung seiner Aussage wird wieder ein deutscher Panzer getroffen und steht als mahnende Fackel auf dem Schlachtfeld. Wie unwirklich gegen das Gemetzel der Stahlkolosse wirkt die Tatsache, dass der infanteristische Kampf auf beiden Seiten abflaut oder sogar im Moment ganz ruht, so als ob auch die Rotarmisten den Kampf der Giganten beobachten und erst einmal dessen Ende abwarten wollen. Mit der Entscheidung in diesem Kampf steht und fällt der Ausbruch der 6. Armee. Wenn die russischen Panzer an dieser Stelle nicht

aufgehalten und zurückgedrängt werden können, werden die wenigen noch vorhandenen Infanteristen sie nicht mehr aufhalten können und die sowjetischen Tanks können an dieser Stelle die Ausbruchstruppen aufrollen. Mittlerweile ist es völlig Dunkel geworden. Erhellt wird die Umgebung nur durch den, alles überdeckenden Schnee und die zu Brandfackeln gewordenen Panzer und Fahrzeuge. Glücklicherweise können nun die Schlachtflieger nicht mehr eingreifen.

Nach kurzer Beratung haben die drei Kameraden den Entschluss gefasst, wenn der Ausbruch misslingen sollte und die Verbände, nach aller Wahrscheinlichkeit hier doch zerschlagen werden, dass sie hier unter dem Panzer, vielleicht auch im Panzer ausharren wollen. Wenigstens so lang, bis das unmittelbare Kampfgeschehen vorüber währe. Danach wollen sie versuchen sich zu dritt zu der deutschen Linie durchzuschlagen. Doch dafür müssen sie erst einmal unentdeckt bleiben und auch der empfindlich werdenden Kälte trotzen. Gerade sind sie dabei, an der Front und dem Heck des Panzers unten am Boden kleine Schneewälle als Sicht- und Windschutz zu bauen. Nur einige kleine Sichtlöcher sollen noch frei bleiben, als sie wiederrum immer stärker werdenden Kampflärm vernehmen. Auch zahlreiche Mündungsfeuer können sie erkennen, genau dort, wo bis vor kurzem nur noch die wenigen Kampfpanzer im Gefecht standen, sieht und hört man nun eine immer größer werdende Anzahl von deutschen Panzern. Schuss um Schuss sieht man am Horizont aufblitzen. Ein Russenpanzer nach dem anderen wird abgeschossen, doch auch diese leisten erbitterten Wi-

derstand und feuern pausenlos zurück. Dennoch verlagert sich das Kräfteverhältnis immer mehr zu Gunsten der Deutschen. Nach einiger Zeit ist eine Rückwärtsbewegung der sowjetischen Tanks zu erkennen. Feuernd ziehen sie sich immer weiter zurück, doch auch in dieser Absetzbewegung werden immer wieder Panzer zerstört. Unwiderstehlich geht die Deutsche Kampfgruppe gegen die, sich zurückziehenden Sowjets vor. Auch die sowjetische Infanterie wird nun von der Rückzugsbewegung angesteckt. Kaum einem Sowjetpanzer gelingt es sich abzusetzen.
Nun preschen auch noch Schützenpanzer, SdKfz 251 aus eingebauten MG 42 feuernd in den Rückzug der Rotarmisten. Auch Deutsche Grenadiere springen aus den Schützenpanzern und drängen die, nun völlig verstörten Sowjetsoldaten zurück oder nehmen sie gefangen.
Tomasi, Dio und Salva feuern ebenfalls aus ihrer Deckung auf die zurückweichenden Russen.
Als nun endlich kaum noch Gefahr droht, robben die drei Italiener unter ihrem Versteck vor, mit Tränen in den Augen ruft Tomasi den Grenadieren auf Deutsch zu „Kameraden, Kameraden, nicht schießen. Wir sind Italiener. Wir danken euch vielmals!"
Die Freude zwischen den Soldaten ist nicht zu beschreiben, endlich sind die Kräfte der Gruppe Hoth heran. Doch lange könne die Soldaten von Hoth sich aufhalten, den es brennt ja an der gesamten Länge der kilometerlangen Ausbruchssäule der 6. Armee.

Den Feindpanzern und Sturmtruppen gelingt ein tiefer Einbruch in die Flanken der Armee. Auch die Nachhut erleidet massive Verluste und wird fast vollständig aufgerieben. Gerade als es um sein oder nicht sein geht, kommt Unterstützung durch die Kampfgruppe Hoth. Auch diese hat durch die voran gegangenen Kämpfe starke Verluste erlitten, doch kann die Kampfgruppen der Divisionen der ehemaligen SS, sowie eine Kampfgruppe aus Kampfpanzern der 7. und 26. Panzerdivision die feindlichen Panzerkräfte zurückdrängen und fast vollständig aufreiben.

Die Kampfgruppe Sieckenius wird vollständig vernichtet, Oberstleutnant Sieckenius selbst ist schwer verwundet und wird so schnell wie möglich abtransportiert. Oberleutnant Friedrich wird beim Abschuss seines Panzers getötet, genauso wie Unteroffizier Christmann. Dieser wird durch die eindringende Granate getötet, sein halber Unterleib ist abgetrennt und er verblutet innerhalb weniger Augenblicke. Der Gefreite Diether Krause ist schwer verwundet und kann nicht mehr aus dem brennenden Panzer ausbooten. Glücklicherweise ist er bereits ohnmächtig und kommt so wohl nicht mit, wie er in seinem Panzer verbrennt. Sein Kamerad der Obergefreite Franz Breitfelder erleidet einige mehr- oder weniger schwere Verbrennungen, kann jedoch ausbooten. Trotz seiner Verwundungen versucht er noch Krause herauszuholen, schafft es aber leider nicht.

Der Gefreite Peter Schneider kommt unverletzt aus dem Panzer heraus, bemerkte, das Klein nicht nachkommt und sieht, dass dieser bewusstlos ist und zieht ihn im letzten Moment aus dem lichterloh brennenden und jedem Moment explodierenden Panzer.

Die drei Überlebenden ziehen sich mit letzter Kraft zu den entgegenstoßenden Truppen der 7. Panzerdivision zurück. Klein wird mehr getragen, als das er selbst laufen kann. Er stieß sich beim Einschlag der Granate schwer den Kopf, zog sich eine stark blutende Platzwunde und eine schwere Gehirnerschütterung zu. Dadurch fällt er von einer Ohnmacht in die nächste. Ohne seine beiden Kameraden würde er es nicht schaffen und würde im besten Fall in Gefangenschaft geraten. Zusammen befinden sich die drei ebenfalls auf den Weg zurück zu einem Hauptverbandsplatz.

Unter den Verlusten und Gefallenen sind auch Generaloberst Paulus zu verzeichnen, der mitsamt seinem Stab von den durchgebrochenen Sowjetpanzern zusammengeschossen und überrollt wird. General Seydlitz-Kurzbach wird beim Gegenangriff seiner Stoßtruppe an der Spitze seiner Männer getötet. Mit ihm fällt gut die Hälfte seines Stabes. Der Rest stand kurz davor gefangengenommen zu werden, doch wurden sie im letzten Moment von den Truppen der 26. Panzerdivision rausgehauen. Generalleutnant Zorn fällt gemeinsam mit seinen Männern Seite an Seite. Die Nachhut hat fast 100 Prozent Verluste zu verzeichnen, kann aber den Feind so lange aufhalten, bis dort Kräfte der Leibstandarte die Lage klären können. Jedoch wird Generalleutnant Zorn und sein Adjutant, schwer verwundet gefangen genommen und kurz bevor die deutschen Entsatzkräfte ankommen, werden sie von den, sich zurückziehenden Kräfte der Roten Armee erschossen.
Oberst Wilhelm Adam hält mit seiner, ihm verbliebenen Kompanie die sowjetischen Panzer so lange wie

möglich auf und hatte großen Anteil daran, dass die deutschen Panzer der Spitzengruppe noch rechtzeitig in die Flanke der russischen Panzer stoßen und diese wiederum so lange aufhalten können, bis die Gruppe Hoth herangestoßen konnte. Seine Kompanie wird vernichtet, Adam selbst gerät schwer verwundet in russische Gefangenschaft.

Generalmajor Arthur Schmidt fällt an der Spitze der, von ihm gebildeten Reserve, als sie die Nachhut verstärken und unterstützen. Er wird im Nahkampf mit einer Übermacht an Rotarmisten von mehreren Kugeln getroffen und letztendlich durch Bajonettstiche getötet. Er teilt sein Schicksal mit dem Großteil seiner Männer, als diese zusammen mit der Nachhut überwältigt werden.

Alles in allem erleidet die 6. Armee, welche zu Beginn des Ausbruchsunternehmens noch circa 130 Panzer und ungefähr 30 Sturmgeschütze und Jagdpanzer mobilisieren konnte, starke Verluste. Etwas mehr als 150.000 deutsche Soldaten können von den Soldaten der Armeegruppe Hoth aufgenommen werden, dazu noch circa 20.000 Soldaten der Verbündeten und russische Hilfswillige. Der größte Teil der 57.000 Soldaten, welche die erste und zweite Welle der infanteristischen Ausbruchskräfte bildeten, sind gefallen oder wurden verwundet. Kaum einer dieser Kämpfer ist nicht zumindest leicht verletzt. An Material beträgt der Verlust der 6. Armee fast 100 Prozent. Kein einziger Panzer, kein Sturmgeschütz oder Jagdpanzer haben den Ausbruch überstanden. Die letzten wurden beim Gegenangriff der sowjetischen Panzer, welche eine Stärke eines kompletten sowjetischen Panzerkorps hatte vernichtet.

Auch Panzerabwehrgeschütze und schwere Flugabwehrgeschütze sind nicht mehr vorhanden, diese werden bei der Abwehrschlacht der deutschen Nachhut zerstört. Artilleriegeschütze wurden, soweit noch vorhanden bereits zu Beginn des Ausbruchs von den Bedienungen gesprengt. Viele Soldaten haben nicht einmal mehr Handfeuerwaffen und schleppen sich mit letzter Kraft zu den deutschen Entsatzkräften. Die wochenlange mangelhafte Verpflegung fordert letztendlich ihren Tribut.

Die Verwundeten werden so schnell wie möglich ins Hinterland gebracht, die noch kampffähigen Soldaten werden zur Verstärkung der, nun im Rückmarsch befindlichen Kräfte eingesetzt und sollen später den endgültigen Rückmarsch antreten. Doch viele sind es nicht mehr, welche tatsächlich kampffähig sind. Der Rest marschiert geordnet zurück. Alles in allem ist die 6. Armee, oder viel mehr die Reste von dieser nicht mehr als effektiver Kampfverband anzusehen. Von den Überlebenden sind fast alle mehr oder weniger verwundet, oder körperlich am Ende ihrer Kräfte.

Die Kampfgruppe Hoth dient nun als Deckungsgruppe für den Rückmarsch nach Rostow und der dort befindlichen Auffanglinie, der „Ostland- Linie" welche unbedingt gehalten werden soll.

Wenige Tage nach dem Ende der Schlacht um Stalingrad werden große Teile der erbeuteten Gerätschaften nach Moskau geschafft und auf dem Roten Platz ausgestellt. Ebenso wie einige hundert Kriegsgefangene

Rex Germania I - Entstehung des Neuen Deutschen Reiches

Deutsche Landser, Italiener, Rumänen und Ungarn aller Dienstränge, welche in einer Art Käfig gepfercht werden und dort dem Hohn und Spott der Masse preisgegeben sind. Der Rest der Gefangenen wird bereits zur Zwangsarbeit und zum Wiederaufbau eingesetzt.

Das Oberkommando der Wehrmacht gibt bekannt:

... nach teilweise heftigsten Kämpfen ist es der Panzergruppe des Generalobersten Hermann Hoth gelungen eine Verbindung zur entgegenstoßenden 6. Armee aus dem Raum Stalingrad herzustellen, die Kräfte der 6. Armee aufzunehmen und ins Hinterland zu überführen.
Den sowjetischen Truppen konnten während dieser Operation schwerste Verluste, sowohl zu Lande, als auch in der Luft zugeführt werden.
Sowohl die Verbände der Roten Armee im Raum Stalingrad, als auch der Raum Stalingrad selbst sind auf langer Sicht sowohl als strategischer, taktischer, als auch als wirtschaftlicher Faktor ausgeschalten.
Das Reichsgebiet wurde auch diese Nacht wieder von britischen Terrorfliegern attackiert. Betroffen waren diesmal hauptsächlich Städte im Süddeutschen Raum. Es wurden mehrere Terrorbomber abgeschossen. Allein drei Abschüsse gingen auf das Konto von Major Helmut Lent.
In der Schlacht um den Atlantik ist im Moment eine Schlacht um einen Geleitzug im Gange, mehrere Rudel stehen am Feind.
Durch Hilfskreuzer wurden im Pazifik feindliche Handelsschiffe versenkt.

Romowe. Der Verlag

23. Dezember 1942, später Nachmittag, Kampfraum der Armeegruppe Hollidt, Krassnokutskaja

Die, nun offiziell als Kampfgruppe Beck bezeichnete Einheit gliedert sich nunmehr in zwei annähernd gleichstarke Züge unter Leutnant Ziegler und dem ehemaligen Zugführer der Panzerjäger Leutnant Wilhelmi. Dieser übernimmt einen Jägerzug, da sein schwerer Panzerjägerzug aufgelöst wurde und die als Kompanietruppe fungierenden 2 Pak samt Zgfahrzeug, der Panzerbüchsentrupp, zwei 5 cm Granatwerfer, Melder, Sanitätsunteroffizier und Funker unter direktem Befehl des Majors.
Die Kampfgruppe ist nun der 294. Infanteriedivision unterstellt und wird beim Infanterieregiment 514 eingesetzt. Diese befindet sich im Raum Krassnokutskaja und hält dort Stellung gegen vorfühlende und immer wieder zum Gegenstoß antretende Sowjetverbände.

Die Gruppe des Hauptgefreiten Stüwe liegt in einem schmalen Graben mitten im nirgendwo. Als sie die Stellung von Männern des Infanterieregiments 514 übernahmen, welche die Offensivkräfte verstärken sollten fanden sie glücklicherweise einen recht ordentlichen Graben und einen stabilen kleinen Erdbunker vor.
Auch Stüwe und seine Männer mussten schmerzliche Verluste hinnehmen, als sie zur Offensive antraten und fast sofort durch einen Gegenangriff der Russen gestoppt wurden.
Dem Gefreiten Kunze, der mithelfen wollte hier im Osten den Endsieg zu erringen hat, eine Bombe beide Beine abgerissen. Er war innerhalb weniger Minuten

verblutet. Dem kleinen Gefreiten Meyer hat eine MG-Garbe das Rückgrat zerschlagen, er war wohl sofort tot.
Beide wurde, genau wie die vielen anderen in die, als provisorische Gräber genutzten Bomben- und Granattrichter gebettet und ruhen in fremder südrussischer Erde.
Die Überlebenden des Angriffs liegen nun hier und müssen sich dem immer öfter, stärker und aggressiver vorfühlenden und angreifenden Feind erwehren. Die Köpfe können sie kaum herausstrecken, den im Vorgelände wimmelt es von feindlichen Scharfschützen und Artilleriebeobachtern. Einige schmerzliche Verluste gingen am Vormittag auf das Konto eben dieser Scharfschützen und zu allem Überfluss war der Essenholer in einen Artillerieüberfall geraten. Ihm war nichts passiert, doch ein faustgroßer Splitter riss den Essenkanister auf seinen Rücken auf und die ganze gute Graupensuppe lief über seinen Rücken aus. Daher gab es gestern und heute nur kalte Verpflegung.
Paul Oberländer steht gerade im Graben auf Wache, als ein Melder sich nähert, „Hallo Paul, sollst nachher mal zum Ziegler kommen. Er hat wohl ´nen Sonderauftrag für dich." meint der Melder in freundschaftlichem Ton. „Was den nun wieder? Reicht doch wohl, dass man sich hier den Arsch abfriert. Da kann ich auf Extraeinlagen wirklich verzichten." mault dieser. Der Melder zuckt die Schulter und macht sich weiter.
Der frisch gebackene Obergefreite zieht seinen Handschuh etwas nach unten, blickt auf seine Uhr und denkt sich „Naja noch ´ne halbe Stunde. Die Ablösung muss ja auch bald da sein."

Romowe. Der Verlag

Fünf Minuten vor Wachende kommt die Ablösung in Gestalt des Gefreiten Kersten. Schnell wird der improvisierte Schneetarnumhang übergeben und Oberländer verabschiedet sich mit einem freundlichem „Ich wünsch dir ruhige zwei Stunden Hans." von seinem Kameraden. Danach geht er zu seinem Zugführer. Ziegler hat seinen Gefechtsstand ebenfalls in einen kleinen Erdbunker. Ein paar leere Handgranatenkisten dienen als Tisch und Stühle. Ein, aus einem alten Blechfass gefertigtem Ofen und drei Strohsäcke vervollständigen das Mobiliar. Der Obergefreite betritt den Bunker, es herrscht eine finstere Atmosphäre. Ein paar Hindenburglichter erhellen diese Szenerie. Die Luft ist abgestanden und stickig. In der Ecke, vor zwei übereinander gestellten, als Tisch dienende Kisten sitzt der Leutnant. „Ach Oberländer, kommen sie ruhig her." wird Paul Oberländer begrüßt. Beim näher treten erkennt er, das eine Karte ihres Frontabschnittes auf dem Tisch liegt. Er will gerade Meldung machen, als Ziegler abwinkt und meint „Lassen sie das mal und schauen sie mal her." der Offizier zeigt dabei auf die Karte und spricht weiter „ Also wie sie sehen, ist dies unser Frontabschnitt. Wir haben die Information erhalten, das im Morgengrauen ein weiterer starker sowjetischer Angriff auf uns zukommt. So zu sagen als Einleitung sollen unsere beiden Horchposten in dieser Nacht ausgehoben werden. Gut, gegen den Angriff können wir soweit nichts weiter unternehmen. Aber das mit unseren Horchposten können wir ihnen versalzen." Der Leutnant schaut zu Oberländer hoch und meint „Sie nehmen sich noch zwei Mann ihrer Wahl, jeder eine Tellermine und eine geballte Ladung und werden dem Iwan eine kleine Überraschung in Form einer Sprengfalle in die Horchposten legen. Die Posten selbst werden dann von ihnen mit zurückkommen. Start ist in einer dreiviertel Stunde, dann ist es schon etwas dunkler und der Russe bekommt dann wohl nichts davon mit. Noch Fragen?" Oberländer schüttelt den Kopf. „Gut" sagt Leutnant Ziegler „Die Minen, fertigen Ladungen und was sie sonst noch brauchen wird ihnen in ihren Mannschaftsbunker gebracht. Wenn nehmen sie mit?" Paul Oberländer überlegt kurz, dann sagt er „Den Gefreiten Kunze und den Obergefreiten Melchert." „Alles klar Oberländer. Ich wünsche ihnen Hals- und Bein. Nachdem sie zurück sind, Meldung bei mir." sagt der Zugführer abschließend.

23. Dezember 1942, kurz vor Mitternacht, Raum Krassnokutskaja

Das Unternehmen verlief ohne Zwischenfälle. Oberländer macht ordnungsgemäß Meldung bei Ziegler. Circa 2 Stunden nachdem sie wieder zurück waren, gab es zwei gewaltige Detonationen. „Das waren wohl die Stoßtrupps, die unsere Horchposten ausheben sollten." stellt Stüwe fest.
Nun stehen sie alle auf ihre Posten und warten auf den angekündigten russischen Angriff.
Eigentlich wurde nur erhöhte Bereitschaft befohlen, doch bei der drohenden Gewissheit eines unmittelbar bevorstehenden Großangriff der Sowjets hält es niemanden mehr im Bunker.

Die Zeit verrinnt zäh wie Kaugummi. Paul Oberländer hat schon zum X-ten Mal seinen Karabiner auf einwandfreie Funktion überprüft, die Handgranaten liegen vorbereitet in Griffweite, Tellerminen sind gestapelt und warten auf ihren Einsatz. Man kann die Anspannung der Männer sehen, sie ist förmlich greifbar.
„Wenn nur wieder dieser verdammte Nebel nicht wäre." denkt sich Paul Oberländer. „Besondere Wachsamkeit Männer, dieser verfluchte Dunst wird immer dichter!" sagt kurz danach Stüwe.
Plötzlich ist es ihm, als ob er im Vorfeld etwas gesehen hat. Doch sicher ist er sich nicht, der Nebel spielt einem schon mal Streiche, da sieht man Schatten und Bewegungen wo gar keine sind.
„Verdammte Scheiße, da bewegt sich doch was!" sagt er zum Gefreiten Kersten. „Hans, streu mal mit deiner Knifte das Gelände ab." meint er dann zu ihrem MG-Schützen gewandt.
Dieser nimmt die Lappen, welche das Einfrieren des MG's verhindern sollen ab und setzt es auf das Dreibein. Er lädt durch und drückt ab. Das Vorgelände wird einmal von rechts nach links geschwenkt. Plötzlich erklingt im Gelände lautes Schreie und Gewimmer. Dann lautes Uräää- Gebrüll.
„Alarm!" klingt es nun im deutschen Grabensystem. Leuchtpatronen werden abgefeuert und tauchen das ganze Geschehen in ein gespenstisches Weiß.
Die MG's rattern, die Karabiner knallen. Aus dem Hintergrund kann man das ploppen eines Granatwerfers hören. Doch ist seine, ohnehin schon beschränkte Geschosswirkung durch den hohen Schnee noch weiter eingeschränkt. Der Feind steht bereits gefährlich nahe vor ihrem Graben. Er hat sich im Schutz des Nebels,

ohne Artillerievorbereitung herangeschlichen. Nun liegt es an ihnen, das Vorhaben der Russen zu vereiteln. Pausenlos ist der Gefechtslärm zu hören, pausenlos werden die Geschosse zum Feind herübergeschickt. Einen unheimlichen Blutzoll müssen die Sowjets wieder entrichten und dennoch kommen sie immer näher. Doch auch die Soldaten der Luftwaffe haben Verluste. Neben Oberländer wirft ein Kamerad die Arme hoch, Blut spritzt im aus dem Hals, er kippt nach hinten weg, liegt auf dem, mit Schneematsch bedeckten Boden und drückt beide Hände gegen seinen Hals. Sein Blut sickert jedoch immer mehr durch seine langsam immer kraftloser werdenden Hände. Noch ehe Paul Oberländer etwas für den Kameraden tun kann, blickt dieser mit gebrochenen Augen anklagend zum bewölkten russischen Himmel. „Wieder einer." denkt sich der Obergefreite, schnappt sich zwei Handgranaten, die Verschlüsse am Ende des Stiels hatte er bereits abgeschraubt, so muss er nur noch die Schnüre ziehen und wirft sie kurz hintereinander gegen den Feind.

Nach einer guten Stunde des Anrennens geben die sowjetischen Sturmtruppen vorerst auf. Sie sind bis gut 20 Meter vor ihren Graben gekommen, teilweise waren es auch nur noch weniger als 10 Meter.

Kaum sind die Angreifer zurückgeschlagen, steigt Jubel ob des Abwehrerfolgs im deutschen Graben auf. Drei kurze, trockene Abschüsse knallen im Vorgelände und drei deutsche Soldaten brechen mitten im Jubel zusammen. Sofort liegt alles in voller Deckung. „Achtung, Scharfschützen! Köpfe runter!" wird nun durch die Reihen gegeben. Dies Überrascht die Landser, den bei dieser Dunkelheit hat niemand mit Scharfschützen gerechnet. Diese müssen irgendwo in unmittelbarer

Nähe liegen, doch trotz größter Anstrengungen können sie nicht ausgemacht werden.
Die Wachen ziehen planmäßig, doch sehr vorsichtig und gedeckt auf. Die wachfreien Mannschaften gehen in die Mannschaftsbunker. Die Zugführer werden zur Meldung zum Major befohlen, die Toten und Verwundeten nach hinten zum Verbandsplatz des Bataillons gebracht.

Beck wendet sich an seine Untergebenen „Meine Herren wie hoch sind unsere Verluste?"
Leutnant Ziegler beginnt „Herr Major, mein Zug muss den Ausfall von 5 Gefallenen und 8, zum Teil schwer Verwundeten hinnehmen."
Wilhelmi ergänzt „Ich habe den Verlust von 7 Gefallenen und 4, ebenfalls zum Teil schwer Verletzten zu beklagen." Beck hält beiden wortlos eine Schachtel Zigaretten hin und fast, nachdem sich beide bedient haben zusammen „Also hat meine Kampfgruppe Ausfälle in Höhe von 24 Mann." Ein kurzes bedrücktes Schweigen herrscht im Gefechtsstand. Dann beginnt der Major von neuem „Also Gut. Meine Herren, dieser Angriff heute Morgen war nur ein kleiner Vorgeschmack. Darüber sind sich sowohl das Regiment, als auch die Division einig und sie rechnen damit, dass die Russen genau bei uns durchbrechen wollen. Leider haben beide wohl keinerlei Reserven mehr, da sich alle Einheiten im Angriff befinden, oder bei eben diesen schweren Verlust erlitten haben. Ich werde die 7,5 cm Pak ihnen unterstellen, Herr Wilhelmi, dazu noch einen der beiden 5 cm Granatwerfer. Herr Ziegler, sie bekommen die 5 cm Pak, den Panzerbüchsentrupp und den zweiten Granatwerfer.

Somit habe ich alles, außer meine beiden Melder und die Funker eingesetzt." Die beiden Leutnante nicken, Ziegler nimmt einen tiefen Zug und inhaliert den Rauch der Zigarette tief in seine Lungen, atmet aus und meint „Herr Major, nichts für ungut aber wenn noch einige Angriffe in Stärke von heute Abend oder den letzten Tagen kommen, dann ist für uns bald der Ofen aus." Der Major räuspert sich und eröffnet den beiden Offizieren „Die Sowjets haben vor zwei Tagen eine große Gegenoffensive gegen die Reste 8. Armee der Italiener gestartet. Gestern wurde deren Front abermals durchbrochen und sie sind bis zu 25 Kilometer vorgestoßen. Die Italiener Flüchten Hals- über Kopf ins Hinterland. Dadurch ist die komplette linke Flanke der Gruppe Hollidt ungedeckt. Es werden nun Einheiten dorthin umgruppiert. Diese fehlen natürlich für die befohlene Offensive oder zur Abwehr der sowjetischen Gegenangriffe und jetzt beginnen die Russen auch hier bei uns mit massierten Angriffen und wir stehen mit herunter gelassenen Hosen da."
Leutnant Wilhelmi fasst sich nach einem kurzen Moment des Schocks „Und was heißt das jetzt für uns?" Beck antwortet „Nun meine Herren. Das heißt für uns, Widerstand leisten und wenn es gar nicht mehr anders geht, geordneter Rückzug, für Offensivhandlungen sehe ich keine Möglichkeiten mehr. Sammelpunkt ist dann erst einmal hier. Danach wird das Bataillon weiter entscheiden. Noch Fragen?" Einiges Grundlegendes wird noch erläutert, dann sind beide entlassen und gehen wieder zu ihren Einheiten zurück. Die zugeteilten Einheiten werden nachgeführt."

Romowe. Der Verlag

Das Oberkommando der Wehrmacht gibt bekannt:

... Im Süden der Ostfront stoßen die Truppen der Armeegruppe Hollidt auf immer fanatischeren Widerstand der Roten Armee, teilweise gingen die bolschewistischen Verbände zum Gegenangriff über und versuchen so unsere Truppen zurück zu drängen.
Nach der Aufnahme der 6. Armee ziehen sich die Truppen der Panzergruppe Hoth planmäßig auf die Ostland- Linie im Raum Rostow zurück. Dabei werden sie von dicht von den Resten der im Raum Stalingrad zerschlagenen Sowjet- Einheiten verfolgt.
Im Mittelatlantik tobt noch immer eine große Geleitzugschlacht, zum Schutz unserer tapferen U-Boot Fahrer wird später darüber informiert.
Am gestrigen Tag flogen die amerikanischen Terrorpiloten einen massiven Angriff auf das Rhein- Ruhr- Industriegebiet. Die Flak- Waffe und Tagjäger konnten 10 Bomber des Typs B-17 vernichten.
In der vergangenen Nacht flogen vereinzelte Bomber der Briten Störangriffe auf die Städte Köln, Dortmund, Bochum und Duisburg.

24. Dezember 1942, Vormittags, Reichsluftfahrtministerium, Berlin

Am monumentalen Gebäude des Reichsluftfahrtsministeriums herrscht, auch heute am „Heiligen Abend" rege Betriebsamkeit.
Der Krieg kennt keine Besinnlichkeit und keinen Frieden.
Im weiträumigen Arbeitszimmer des Reichsluftfahrtsministers und Oberbefehlshabers der Luftwaffe haben sich die führenden Köpfe der deutschen Luftrüstung zusammengefunden.
Anwesend im, kunstvoll mit mehreren großen Gemälden und Skulpturen geschmückten Büro sind der Generalluftzeugmeister Generalfeldmarschall Erhard Milch, die führenden Professoren und Ingenieure der 4 wichtigsten Flugzeughersteller Großdeutschlands Wilhelm Messerschmitt, Ernst Heinkel, Siegfried Günther, Kurt Tank, Heinrich Koppenberg, Ernst Zindel und natürlich der Oberbefehlshaber der Luftwaffe Robert Ritter von Greim.
Dieser steht, mit verschränkten Armen vor einem monumentalem, mit Goldrahmen verziertem Gemälde des Reichsmarschalls Hermann Göring. Was er in diesem Moment denkt, bleibt im Großen und Ganzen für immer sein Geheimniss. Doch zu einem nicht geringen Teil kreisen seine Gedanken wieder um das von ihm geplante Unternehmen „Hermann". Doch dazu hat er später auch noch Zeit.
Da die Ausschaltung Görings durch die Verschwörer rund um den Kaiser Louis Ferdinand von Preußen, Generalfeldmarschall Erich von Manstein, Generalfeldmarschall Erwin von Witzleben, Großadmiral Erich

Reader und Admiral Wilhelm Canaris ja offiziell als unglücklichen Jagdunfall gilt, wird auch ein gewisser Personenkult um ihn herum beibehalten. Dieser bekommt natürlich, zusammen mit Generalfeldmarschall Keitel und Generaloberst Jodl ein Staatsbegräbnis sobald die Weihnachtsfeiertage vorbei sind. Die Familie Bormann wünschte eine eher persönlichere Bestattung. Die Führer selbst wird sein Staatsbegräbnis am Silvesterabend erhalten. Die Beisetzung soll in Königsberg stattfinden. Dereinst soll dort ein Monument als Symbol des Bollwerkes gegen den Bolschewismus entstehen und dem Leichnam des Führers als Kryptha dienen. Doch dieses Bauwerk, welches in seinen Ausmaßen das Tannenberg- Denkmal des Generalfeldmarschalls von Hindenburg in den Schatten stellen soll ist erst nach dem Kriege geplant. Wegen der angespannten Rohstofflage, wie es offiziell heißt, doch ob es überhaupt dazu kommt ist eine andere Frage, denn es soll nach der Beendigung des Krieges eine Kampagne einsetzen um dem Volk nach und nach die Verbrechen der Regierenden rund um Hitler aufzuzeigen. Um die innere Ordnung zu wahren kann dies jedoch erst nach dem Sieg beginnen.
Doch von all diesen Vorgängen weiß der neue Oberbefehlshaber der Luftwaffe nichts, auch dies sind Gedankenspiele des Verschwörerkreises, noch ist auch er vom Personenkult um Hitler gefangen.
Aber selbst dies ist im Moment nebensächlich.
Gerade vernimmt er die Verlustzahlen seiner Luftwaffe bei der Ausbruchsschlacht der 6. Armee aus dem Stalingrader Kessel.

Gerade die Jägerverluste sind hoch. Die Jagdwaffe hatte, durch Witterung und bloße Anzahl der Feindjäger einen schweren Stand. Die rote Luftwaffe war in einer, vorher nie gesehenen Stärke präsent. Auch die Flugzeugtypen LaGG-3, La- 5, MiG- 3 und die Spitfires aus dem Leih- und Pacht- Abkommen waren keine leichten Gegner, wie es noch die alten I-15 und I-16 aus dem Anfangstagen der Operation Barbarossa waren. Zwar konnte die deutsche Luftwaffe letztendlich die Lufthoheit erringen und die Wege für die Kampf- Sturzkampf- und Transportflieger freikämpfen, doch diese erlitten ihrerseits starke Verluste durch den massiven Flak- Sperrriegel rund um den Kessel von Stalingrad. Auch wenn die Materialverluste letztendlich viel höher sind, als die personellen Verluste, so wird es dennoch schwer werden diesen hohen Blutzoll an erfahrenen Flugzeugführern wieder auszugleichen.
Auch die Lage an der Westfront und in Afrika wird erläutert. Die Luftstreitkräfte des „Fliegerführer Afrika" sind in einer hoffnungslosen Lage. Diese sind einem qualitativ gleichwertigen Gegner quantitativ weit unterlegen. Als wäre dies nicht schon genug, sind die wenigen Flugzeuge durch Treibstoffmangel oftmals an den Boden gefesselt.
An der Westfront sieht es nicht viel besser aus. Durch die Stalingrader Operation wurden starke Jagdverbände aus dem Westen abgezogen und diese fehlen nun zur Abwehr der alliierten Terrorbomber.
Die verbliebenen Jagdverbände sehen einer immer größer werdenden Anzahl von feindlichen Jägern und Bombern gegenüber und stehen eigentlich auf verlorenem Posten.

Als Milch mit seinem Vortrag endet herrscht eisiges Schweigen. Von Greim dreht sich langsam um und geht einige Schritte vom Bildnis des Reichsmarschalls weg „Ich danke ihnen Milch. Meine Herren, wie sie hören haben wir einige Probleme. Eine Rückverlegung der Jagdverbände wird schwierig, da der Russe mit Sicherheit mit seinen freiwerdenden Kräften versuchen wird die Südfront durch die Wegnahme von Rostow zu zertrümmern. Dennoch können wir die Heimat nicht schutzlos den Terrorbombern der Angloamerikaner überlassen.
Auf jedem Fall brauchen wir wieder eine qualitative Überlegenheit gegenüber dem Gegner, hier ganz besonders gegenüber dem Westgegner!"
Wieder eine kurze Pause. Auch die Anwesenden schweigen. Erneut ergreift der Generalfeldmarschall mit dem typisch bayerischen Akzent das Wort „Herr Heinkel und Herr Günther, in der kurzen Zeit die ich bis dato hatte, habe ich versucht einiges Aufzuarbeiten, was bei meinem Vorgänger unerklärlicherweise liegengeblieben ist. Dabei bin ich auf ihre Heinkel 280 gestoßen. Die mir vorliegenden Daten sehen recht beeindruckend aus. Wie ist der Stand der Entwicklung?"
Die beiden angesprochenen schauen den Generalfeldmarschall verwundert an. Heinkel selbst ergreift das Wort „Herr Generalfeldmarschall, das Projekt Heinkel 280 ist eigentlich im Endstadium der Entwicklung, wird von uns jedoch nicht mehr vorrangig bearbeitet, dass das Reichsluftfahrtministerium durchblicken ließ, das die 280 keine Zukunft haben wird!" Mit einer kurzen Handbewegung unterbricht von Greim Heinkel „Wann könnte die Serienfertigung beginnen?" Unsi-

cher blickt Heinkel zu seinem Chefkonstrukteur Siegfried Günther. Dieser Antwortet „Herr Generalfeldmarschall, wenn die Probleme mit den Turbinen behoben sind, könnte eine Serienreife bis Mitte oder Ende März möglich sein." Durchdringend sieht Ritter von Greim Günther an „Welche Probleme gibt es in diesem Bereich?" Die Erwiderung folgt prompt „Leider sind unsere eigenen Turbinen noch nicht zuverlässig genug und die BMW- Turbinen passen einfach noch nicht und es sind einige Anpassungen von Nöten." Greim dreht sich zu Milch um „Milch, veranlassen sie, dass Heinkel jegliche Unterstützung bekommt, um so schnell wie möglich in Serie gehen zu können!"
Nun jedoch meldet sich unvermittelt Professor Wilhelm Messerschmitt zu Wort „Herr Generalfeldmarschall, das Modell von Heinkel ist doch kein Konkurrent für meine 262! Diese ist aerodynamisch moderner, schneller und leichter zu fliegen!" Herausfordernd sieht Greim nun Messerschmitt an und genauso fragt er den Professor „Und wann ist sie Serienreif?" Verunsichert gibt dieser zurück „Voraussichtlich März oder April 44." Sofort gibt der Oberbefehlshaber der Luftwaffe gereizt zurück „Da fliegt die Heinkel schon ein Jahr in unseren Verbänden!" Schockiert blickt Messerschmitt Ritter von Greim an. Dieser schaut, ohne eine Mine zu verziehen zurück. Man könnte eine Nadel auf den Boden fallen hören. Nach einer gefühlten Ewigkeit kommt Feldmarschall von Greim seinem Gegenüber wieder entgegen „Mein lieber Messerschmitt, diese Maßnahme soll keine Herabsetzung ihres Flugzeuges sein! Sie sollen weiterhin Zielführend an dem Modell weiterarbeiten und es möglichst schnell, aber auch Frontreif zur Serienreife bringen." Nach dieser kleinen

Auseinandersetzung wendet sich Greim Professor Tank zu „Professor, was können sie uns zur möglichen Weiterentwicklung der 190 sagen?" Tank, ein zielstrebiger, aber in der Entwicklung recht konservativ eingestellter Ingenieur strafft sich und antwortet „Herr Generalfeldmarschall, momentan setzen wir den Fokus auf eine Möglichkeit die 190 höhenflugtauglich zu machen, da es sich vor allem im Kampf gegen die Anglo-Amerikaner zeigt, das sich die Kämpfe mehr und mehr in Höhen jenseits der 6000 Meter abspielen. Möglichkeiten sind da der Einbau von aufgeladenen BMW 801, DB 603 oder Jumo 213 Motoren. Alle drei Varianten sind im Test. Auch wird es strukturelle Veränderungen nach sich ziehen, aber alles in allem gehen wir davon aus, dass wir Mitte nächsten Jahres eine höhenflugtaugliche Ausführung zur Verfügung haben werden." Die Oberbefehlshaber der Luftwaffe scheinen mit den Ausführungen seiner Konstrukteure und Techniker halbwegs zufrieden zu sein. Nach einer kurzen Pause nimmt er das Gespräch wieder auf „Meine Herren, dies alle betrifft aber nur die Jäger. Wie sieht es mit den Kampffliegern aus?" Als erstes ergreift Erhard Milch das Wort „Feldmarschall von Greim, wenn ich etwas dazu sagen dürfte." Von Greim nickt dem Generalluftzeugmeister kurz zu, Milch führt weiter aus „Die Heinkel 111 ist, gelinde ausgedrückt, obsolet. Sie ist teilweise noch an der Ostfront Fronttauglich, doch im Westen ist es schon ein Himmelfahrtskommando, die Heinkel 177 ist ebenfalls noch nicht so zufriedenstellend, wie wir und der Frontverband dies gern hätten, die Junkers 88 gehört ebenfalls bereits zum alten Eisen, die Nachfolgemodelle befriedigen ebenfalls noch nicht gänzlich. Die Junkers 87 muss zwingen ausgemustert

und gegen geeignete Modelle ausgetauscht werden, ich favorisiere für die Schlachtfliegerverbände in diesem Fall die Hs 129. Die Focke- Wulf 200 ist für den Zweck als See- Fernaufklärer noch immer sehr gut geeignet, doch die Marine liegt uns ständig in den Ohren, dass sie mehr Maschinen benötigen und am besten noch unter ihrem Kommando. Bei den Nachtjägern haben wir eigentlich nur Nachrüstungen und Notlösungen, so gut diese zurzeit auch sind. Doch es sind keinesfalls Modelle für die Zukunft. Die Messerschmitt 110 ist eigentlich nur noch in der Ausführung für Nachtjäger verwendbar, als schwerer Jäger ist sie nicht mehr einzusetzen und in der Nachtjagd sind ihre Tage auch gezählt, mit den wenigen Do 215 und den Do 217 in der Nachtjagd sieht es nicht anders aus und ich würde die Do 217 lieber als Kampfflugzeug sehen, da sie moderner und ausbaufähiger als die Heinkel 111 oder verschiedenen Modellen der Junkers 88 ist. Wir setzen in diesem Bereich große Hoffnungen in die Heinkel 219.".
Lange Zeit waren solch offene und klare Worte innerhalb der Luftwaffe tabu und es wurde einiges verschwiegen oder schöngeredet, doch auch diese Zeiten sind mit dem politischen Wechsel vorbei.
Als erstes ergreift Ernst Heinkel das Wort „Die Heinkel ist ohne Zweifel am Ende der Fahnenstange angelangt, doch die Kritik an der 177 weise ich entschieden zurück. Die Unausgereiftheit der Motoren wurde von uns bereits mehrfach beanstandet, die ununterbrochenen Änderungswünsche seitens des Oberkommandos, in der Entwicklungsphase waren eine Zumutung und die Forderung nach einer Sturzflugtauglichkeit setzte dem Ganzen die Krone auf!" hörbar atmet der Chef der

Heinkel- Werke durch. Es tat gut, seinen Gefühlen endlich Luft machen zu können. Nun kommt Siegfried Günther zu Wort „Was die 219 anbelangt, so sind wir mit dem V 1- Modell bereits in intensive Tests, die V 2 startet Mitte Januar zu den Tests. Wir sind guter Dinge, das die Nullserie im Juli, spätestens August zur Truppe gelangen kann." Als nächstes wird Kurt Tank gebeten etwas zu der Ausführung von Generalfeldmarschall Milch zu sagen „Meine Herren, die Entwicklung der FW 200 geht weiter und wird, den immer schwerer werdenden Anforderungen angepasst, doch kann sie ihre Herkunft als Zivilflugzeug nicht verleugnen, daher sind auch dort Grenzen gesetzt. Als Nachtjäger haben wir ein Projekt welches voraussichtlich Anfang Juli erprobt werden kann." Nun werden die Vertreter der Junkers- Werke gebeten eine Stellungnahme abzugeben, es kommt Heinrich Koppenberg zu Wort" Herrschaften, das die Junkers 87 ein alter Hut ist, sollte jedem bekannt sein, doch ist sie in der momentanen Verwendung, bei Luftüberlegenheit oder mit genügend Jagdschutz nicht zu übertreffen und es steht noch kein adäquater Ersatz bereit. Was die Ju 88 anbelangt, so wird die Produktionszahl herabgesenkt, um sie mehr und mehr durch die Ju 188 und dem Nachfolgemodell Ju 288, welche dann auch als Nachtjäger geplant ist." Als letztes soll nun Willy Messerschmitt zu Wort kommen „Meine Herren, unsere Erprobung der Me 264 läuft äußerst Zufriedenstellend, mit diesem Flugzeug würde die Marine ihr See- Fernaufklärer haben und die Luftwaffe ein Kampfflugzeug mit erheblicher Reichweite unsere erarbeitete Me 329 ist demnächst als Holzattrappe zu besichtigen, wir haben, je nach Motorenausstattung eine Geschwindigkeit von

Rex Germania I - Entstehung des Neuen Deutschen Reiches

bis zu 790 Kilometer pro Stunde berechnet und es ist universell als Mehrzweckkampfflugzeug einsetzbar. Mit dem Leistungsspektrum der Me 110 sind wir in der Rolle als Nachtjäger recht zufrieden, die Me 210 ist im Einsatz, doch nicht wirklich befriedigend, das Nachfolgemodell Me 410 ist ebenfalls in mehreren Rollen einsetzbar und würde einen sehr guten Nachtjäger abgeben."
Nachdem nun alle eine Einschätzung der Lage ihrer Entwicklungen gegeben haben, hat der Oberbefehlshaber das letzte Wort „Meine Herren, ich danke für ihre offenen Worte. Es ist niemandem geholfen, wenn wir uns gegenseitig Honig ums Maul schmieren, daher möchte ich diese Offenheit beibehalten! Als nächstes möchte ich sie bitten, mir detailliert die Modellentwicklungsstände und auftretenden Probleme aufzuzeigen. Ebenso wie eventuelle Lösungen für eben jene Probleme. Feldmarschall Milch und auch ich haben uns unsere Notizen gemacht und sie können versichert sein, das wir auf jedem einzelnen von ihnen zukommen werden, denn es gilt die Luftwaffe wieder zu dem zu machen was sie zum Anfang des Krieges war!
Was ich an Aufzeichnungen und an Zusammenarbeit von ihnen erwarte, wird in den nächsten Tagen schriftlich bei ihnen vorliegen, ihre ausgefertigten Dokumente erwarte ich bis spätestens 20. Januar bei mir. Ich danke ihnen."
Mit diesen Worten sind die Herren der deutschen Luftrüstung und auch der Generalluftzeugmeister vorerst entlassen, ein jeder von ihnen hängt bereits jetzt seinen eigenen Gedanken nach. Auch Generalfeldmarschall Robert Ritter von Greim hat sich bereits seine Gedan-

ken gemacht, auch über die Schilderung der Industriellen, was die bisherige Zusammenarbeit anbelangte. Es sieht ihm alles sehr nach Vernachlässigung, Bevorteilung der einen und Benachteiligung der anderen aus und dies alles nicht zum Vorteil der Luftwaffe, seiner Soldaten und damit des Reiches selbst. Auch hier bedarf es eines klärenden Gespräches mit bestimmten Personen und auch des Kaisers selbst, denn was in den letzten Jahren in der Luftwaffe schiefgelaufen ist, rächt sich nun bitterlich und dafür muss es Konsequenzen geben, welche für die schuldigen spürbar sein müssen, doch dies hat der Kaiser zu veranlassen. Doch auch dies muss jetzt warten.

Er ruft seinen Adjutanten ins Büro und fragt ihm „Sind die Herren Generale Galland und Kammhuber bereits eingetroffen?" Die zackigen jungen Hauptleute schlägt die Hacken zusammen und meint streng militärisch „Jawohl Herr Generalfeldmarschall. Die Herren Generale sind vor 10 Minuten eingetroffen und warten im Vorzimmer." Von Greim zeigt ein zufriedenes Lächeln und befiehlt dem Hauptmann beide hereinzugleiten. Dieser macht zackig auf der Stelle kehrt und geht aus dem Büro hinaus.

Keine 5 Minuten später kommt der Hauptmann, zusammen mit den beiden hohen Offizieren wieder in das Büro des Feldmarschalls. Ebenso zackig wie zuvor meldet er nun „Herr Generalfeldmarschall, die Herren Generale Galland und Kammhuber.". Wieder lächelt von Greim zufrieden „Ich danke ihnen, sie können wegtreten." Der Hauptmann salutiert, dreht wieder auf den Absätzen seiner Stiefel und verlässt das große, geräumige Büro.

Nun wendet sich Ritter von Greim seinen beiden Gästen zu „Meine Herren, darf ich ihnen etwas anbieten? Eine gute Zigarre und einen guten Tropfen aus der Sammlung des Reichsmarschalls?" Beide nehmen eine der angebotenen Zigarren, während der Feldmarschall beiden einen guten Schluck Gognac in die bereitgestellten Gläser gießt. Galland nimmt einen kräftigen Zug von der Zigarre, der würzige Geschmack sagt diesem sehr zu. Genüsslich bläst er den Rauch aus und fragt den vor ihm sitzenden Oberbefehlshaber der Luftwaffe „Herr Feldmarschall, sie haben uns doch sich nicht zum Rauchen und verkosten der privaten Köstlichkeiten des Reichsmarschalls eingeladen?"
Ein gewinnendes Lächeln umspielt die markanten Gesichtszüge des Befehlshabers, er hat von Galland nichts anderes erwartet. Seine ehrliche, offene Art sagt dem Feldmarschall sehr zu. Mit einem Blick zur Seite sieht er, dass General Kammhuber genauso fragend dreinblickt.
Er nimmt einen Schluck des, goldgelb schimmernden Gognacs, das scharfe, doch aromatisch schmeckende Getränk läuft seine Kehle hinunter, er merkt, wie es in seinem Magen ankommt. Mit aufgestützten Armen und gefalteten Händen schaut er die vor ihnen sitzenden Männer an „Meine Herren, ich habe sie herbestellt um gewisse Maßnahmen zum Schutz unserer Heimat zu besprechen.
Gegen die Tagesangriffe der amerikanischen Terrorbomber können wir zur Zeit einfach nicht viel unternehmen. Jedenfalls so lange nicht, wie die Masse unserer Tagjäger im Osten gebunden sind.". Beipflichtendes Nicken ist von Galland und Kammhuber zu sehen.

„Die Flak- Waffe ist einfach nicht mehr in der Lage die immer größer werdenden Massen der Angloamerikaner zu stoppen!". Wieder ist das beipflichtende Nicken der beiden Generäle zu sehen. Von Greim schlägt mit der geballten Faust auf den massiven Eichentisch vor sich und meint mit erhobener Stimme „Aber ich werde es nicht einfach so hinnehmen, dass diese Verbrecher Tag und Nacht unsere Stadte und damit unsere Liebsten heimsuchen!"
Kammhuber schaut von Greim verunsichert an und meint „Aber wie sollen wir die Amerikaner und Briten stoppen? Wir können wohl schlecht unsere Nachtjäger zusätzlich gegen die Amerikaner am Tage einsetzen. Diese sind den P-38 Begleitjägern der Amerikaner, oder den Typhoons und Spitefires der Briten keinesfalls gewachsen!"
Robert Ritter von Greim beginnt zu lächeln und er erwidert trocken „Nein, aber die wenigen Tagjäger könnten auch nachts fliegen!"
Die beiden Generäle schauen sich verunsichert an. Galland macht seiner Verunsicherung zuerst Luft „Wie meinen sie das Herr Feldmarschall? Soll die Tagjagd nun auch nachts fliegen? Da fehlen unseren Flugzeugführern sämtliche Erfahrungen, ganz abgesehen von der Bodenleitung, wie sollen die Besatzungen den die Ziele finden?"
Von Greim erhebt sich und geht langsam und bedächtig zum riesigen Gemälde des Reichsmarschalls hinüber „Meine Herren, ich möchte, dass wir ein Unternehmen ausarbeiten, welches zumindest den Briten bei ihren verfluchten Nachtangriffen einen vernichtenden Schlag versetzt.

Rex Germania I - Entstehung des Neuen Deutschen Reiches

Wir werden in einer einzigen Nacht, sämtliche Jagdmaschinen einsetzen die zur Verfügung stehen. Ganz gleich ob es Tag- oder Nachtjäger sind! Auch die Zerstörer-Waffe wird, soweit sie sich noch im Westen befindet ohne Rücksicht eingesetzt. Darüber hinaus werden die Nachtjäger, welche dazu geeignet sind, zur Fernnachtjagd angesetzt. Diese haben die britischen Bomber bereits bei der Versammlung über ihren Einsatzflughäfen abzufangen und so weit wie möglich zu vernichten. Dasselbe gilt für die Rückkehr der Bomber von den Einsätzen. Die Nachtjäger, welche nicht für die Fern-nachtjagd in Frage kommen, werden zusammen mit den Tagjägern eingesetzt! Stütze dieser Gruppe ist die Kammhuber- Linie. Detaillierte Aufstellungen und Einsatzplanungen erwarte ich von ihnen spätestens in Zwei Tagen!"
Galland und Kammhuber schauen ihrem Oberbefehlshaber ungläubig nach.
Ohne sich umzudrehen und weiterhin auf das Gemälde blickend, steht von Greim ungerührt mit, auf dem Rücken verschränkten Armen da. Ruhig und bestimmend fragt dieser den General der Jagdflieger „Herr Galland, was meinen sie, wie lange ihre Flugzeugführer benötigen, um einen Nachtjagdeinsatz erfolgreich durchzuführen? Sie kennen ihre Jungs am besten und haben mit Sicherheit noch die besten Kontakte zu den Kommandeuren!" Galland wiegt seinen Kopf hin und her und streicht sich mit den Fingern der rechten Hand über seinen eleganten, gepflegten Schnauzbart als er überlegt. Schließlich meint er „Nun Herr Feldmarschall bei den erfahrenen Flugzeugführern wird es wohl ein bis zwei Wochen dauern, bis sie

in der Lage sind, nach Anweisungen durch das Bodenpersonal an Ziele herangeführt zu werden und dann noch erfolgreich zu sein. Bei den Jungspunten und Quexen wird es ungleich länger dauern, die müssen ja erstmal in der Tagjagd sicher werden."
Mit einem Ruck dreht sich von Greim um und meint gerade heraus „Ihre Männer haben bis zum Abend des 28. Zeit! An genau diesem Abend wird das Unternehmen „Herrmann" stattfinden!" Ungläubig blickt Galland den Generalfeldmarschall an. Stockend gibt er zurück „Herr Generalfeldmarschall, das sind gerade einmal vier Nächte in denen die Flugzeugführer üben können, diese haben keinerlei Erfahrungen in dieser Art des Luftkampfes, das ist zu wenig Zeit!"
Unwirsch winkt Ritter von Greim ab „Ach Galland, sie verstehen nicht. Am Abend des 28. sind die großen Festivitäten zu Ehren des Reichsmarschalls, Generalfeldmarschall Keitels und des Generalobersten Jodl! Die Briten werden nicht widerstehen können, diese Gelegenheit zu nutzen um vielleicht die gesamte neue Führung des Reiches zu vernichten und genau das werden wir ausnutzen!"

24. Dezember 1942, Morgens, Kampfraum der Armeeabteilung Hollidt

Ein höllisches Artilleriefeuer geht auf die gesamte Stellung der Kampfgruppe Beck nieder.
Von den Nachbarn wird nur sporadisches Feuer gemeldet. Doch bei den Luftwaffensoldaten kommt es

knüppeldick. Graben werden eingeebnet, MG- Stellungen zerschlagen und Soldaten in Unterständen verschüttet.
Dennoch hocken sie wieder in den Stellungen, warten auf das Ende des Feuerorkans und hoffen, dass sie von einem direkten Treffer verschont bleiben. Nicht für jeden geht dieser Wunsch in Erfüllung und die Kampfgruppe hat wieder herbe Verluste.
Nach einer Stunde bricht das Feuer abrupt ab. Die nun herrschende Stille kommt den Soldaten fast unwirklich vor. Langsam dringt ein leises, doch stetig ansteigendes Quietschen und Rattern an die Ohren der Männer. Oberländer erkennt sie als erstes, „Panzeralarm!" schreit er durch den Graben. Immer mehr der Stahlungetüme schälen sich aus dem leichten Dunst. Bald kann man auch schon ganz deutlich die aufgesessene Infanterie erkennen.
Die Zugführer Ziegler und Wilhelmi laufen zu den, ihnen zugeteilten Panzerabwehrkanonen. Sie schärfen den Geschützführern und Bedienungen nochmals ein, nicht zu früh zu feuern. „Ran kommen lassen. Jeder Schuss muss sitzen!" sagen sie. Danach eilen sie zu den noch vorhandenen MG- Nestern. Auch dort heißt es „Lasst sie rankommen und dann auf das Leuchtsignal achten, dann geballtes Abwehrfeuer!"
Oberländer beobachtet die Russenpanzer vom Grabenrand aus. Das ganze Grabenvorfeld hat sich verändert. Es gibt keine geschlossene Schneedecke mehr. Überall klaffen nun schmutzig- graue Granattrichter.
Die weiß bemalten Ungetüme kommen näher und näher. 500 Meter, 300 Meter, 250 Meter. Bei ungefähr 200 Metern gibt der Geschützführer der 7,5 cm Pak 40 den Feuerbefehl.

Abschuß und Einschlag verschmelzen fast. Der Richtschütze hat gut gezielt. Die Granate bohrt sich direkt unter den Turm in den Drehkranz. Der Turm wird abgesprengt und landet neben den sofort schwarz qualmenden Panzer. Die aufgesessene Infanterie wird heruntergeschleudert, fast alle bleiben, von Splittern durchsiebt im sich langsam rot färbenden Schnee liegen.
Gleichzeitig steigt eine grüne Leuchtkugel hoch, das Zeichen für die restlichen Soldaten zur Feuereröffnung. Die 5 cm Pak hat es schon schwerer die Panzerung der Sowjetpanzer zu durchschlagen, doch gelingt es dank des Überraschungsmoments einem Tank mit zwei gut gezielten Schüssen in den Drehkranz, den Turm zu blockieren. Der dritte Schuss sitzt im Laufwerk und sprengt die Kette ab. Der Stahlkoloss dreht sich nur noch hilflos im Kreis. Nach kurzer Zeit versucht die Besatzung auszubooten, wird aber von einigen Schützen aufgefasst und bleibt neben ihrem weidwundenem Fahrzeug liegen.
Der plötzliche Feuerschlag hat eine verheerende Wirkung auf die erste Welle der russischen Begleitinfanterie. Massenweise werden sie niedergestreckt, doch unglaubliche Massen rücken nach.
Die 7,5 cm Pak kann die Überraschung des Gegners weiterhin nutzen und schießt, noch ehe die Sowjets die Feuerstellung genau ausmachen können 3 weitere sowjetische Panzer ab. Doch nun ist ihre Stellung entdeckt worden. Gleich fünf Panzer nehmen sie ins Visier und bereiten der Geschützbedienung ein schnelles Ende.
Die 5cm Pak bekommt es nun mit einem besonders gut geschützten Gegner zu tun.

Rex Germania I - Entstehung des Neuen Deutschen Reiches

Ein schwerer Panzer des Typ's KW- 1 rollt schier unaufhaltsam auf das Geschütz zu. Die Pak- Mannschaft jagt Schuss um Schuss aus dem Rohr, doch die Granaten prallen scheinbar wirkungslos von der Panzerung ab. Im letzten Moment erkennt die Bedienung die Sinnlosigkeit ihres Handelns und springt nach links und rechts weg. Das Stahlungetüm walzt über die Pak, bleibt darauf stehen und dreht sich einmal um die eigene Achse.
Diesen Moment der relativen Unachtsamkeit nutzt der Panzerbüchsentrupp. Ihre schwere Panzerbüchse 41 wird blitzschnell ausgerichtet und der KW bekommt Treffer ins Laufwerk und in sein Heck. Aus nächster Nähe abgefeuert zeigen diese Treffer auch gleich Wirkung. Der schwere Panzer bleibt mit einem Ruck stehen, schwarzer, ölig- fettiger Rauch steigt aus dem Heck, welches kurz danach auch gleich in Flammen steht. Die Luken des Russentanks werden aufgestoßen und die Panzermänner wollen aus ihrem brennenden Fahrzeug flüchten. Der Panzerbüchsentrupp- Führer Unteroffizier Jansen und die Bedienung der niedergewalzten Pak mähen sie mit ihren Handfeuerwaffen nieder.
Trotz der Erfolge bei der Bekämpfung der feindlichen Panzer, rücken immer mehr der stählernen Festungen an. Die meisten stoßen einfach durch die deutschen Linien weiter ins Hinterland. Der Panzerbüchsentrupp kann noch einen T- 34 auf ähnlicher Weise wie zuvor den KW- 1 abschießen.
Einige Panzer bleiben jedoch vor, oder sogar in der deutschen Hauptkampflinie um der sowjetischen Infanterie das vor- und eindringen zu erleichtern.

Unteroffizier Jansen schnappt sich kurzerhand eine, neben einem gefallenen deutschen Schützen liegende geballte Ladung, springt einen, unmittelbar vor seinem Grabenstück stehenden T-34 an, wirft die Ladung auf die Motorabdeckung und sprengt somit diesen Panzer. Der Obergefreite Paul Oberländer indes muss mit unbändiger Wut mit ansehen, wie ein KW-1 aus sicherer Entfernung die Stellung ihres MG-Schützen Hans Kersten umpflügt. Er hat noch eine Tellermine neben sich liegen, doch „Wie setzt ich sie ein?" denkt er sich. Der feindliche Panzer rückt in diesem Augenblick wieder an. Scheinbar ist der Kommandant der Ansicht, dass man das deutsche MG ausgeschaltet hat. Der Obergefreite nutzt die Gelegenheit, packt die Mine, schwingt sich über den Grabenrand, schleudert dem Tank die Mine genau vor die linke Kette und lässt sich in einen Trichter fallen. Noch ehe der russische Fahrer reagieren kann, rollt das tonnenschwere Fahrzeug auf die Mine und dessen Front wird völlig zerrissen. Oberländer kommt am Boden des Trichters zum Liegen. Er öffnet die Augen und erstarrt. Vor ihm hockt eine Gestallt in erdbraunem Mantel. Entsetzt überkommt ihm der Gedanke, dass sein Karabiner noch im Graben liegt, er also unbewaffnet ist.
Doch der Russe bewegt sich nicht. „Hat er mich nicht mitbekommen? Denkt er ich sei tot?" überlegt Oberländer und versucht langsam und vorsichtig seinen Helm zu lösen. Als er seinen Kinnriemen aufhat, atmet er noch einmal tief durch, reißt seinen Helm mit einem Ruck von seinem Kopf und schleudert ihn dem Sowjet gegen seinen Kopf. Der kippt lautlos zur Seite um. Der Obergefreite nähert sich ihm und er erkennt nun, dass

dieser bereits tot ist. Oberländer setzt seinen Helm wieder auf und sieht bei dem toten Soldaten eine russische Maschinenpistole mit großem runden Magazin liegen. Er durchsucht den Russen nach weiteren Magazinen, findet noch zwei und nimmt sie an sich. Er lugt über den Rand des Granattrichters und sieht den von ihm zerstörten Russenpanzer mit zerrissenem linken Laufwerk 5 Meter vom Trichter. Der sowjetische Angriff läuft noch. Es drücken mehr und mehr Panzer, begleitet von Infanteriewellen gegen die bereits auf breiter Front zerschlagene HKL.
Hinter Oberländer kommt eine Gruppe Sowjets angestürmt und vor ihm, zwischen seinem Trichter und dem deutschen Graben liegen auch mehrere feindliche Soldaten in Deckung und feuern.
Glücklicherweise hatte der Tote, neben verschiedenen anderen Sachen auch noch eine russische Stielhandgranate bei sich. Größer und schwerer als ihr deutsches Gegenstück, doch mit mehr Sprengkraft und größerer Splitterwirkung.
Er schleudert sie zu den in Deckung liegenden Soldaten und feuert sein ganzes Magazin in Richtung der heranstürmenden Infanteriegruppe, zwingt sie somit erst einmal in Deckung. Die Russen vor sich werden durch die Handgranate außer Gefecht gesetzt und er gelangt unbehelligt in den deutschen Graben. Dort muss er erkennen, dass der Widerstand wohl vollends zusammengebrochen ist. Außer den toten Kameraden ist niemand mehr hier. Keiner leistet mehr Widerstand.
Er beschließt, sich in Richtung des Zugführer- Unterstandes abzusetzen und läuft geduckt durch den Graben, feuert auf russische Soldaten oder schleudert noch herumliegende Handgranaten in deren Richtung. Die

Russen halten sich nun nicht mehr mit den wohl nur noch wenigen überlebenden deutschen Soldaten auf, sondern strömen ununterbrochen ins deutsche Hinterland.
Nach einer Biegung reißt er die Waffe in den Anschlag und will gerade abdrücken, als er sieht, dass der vor ihm am Boden kniende Soldat, sein Gruppenführer Stüwe ist, der ebenfalls seine MPi angelegt hat. Dieser ruft nun freudestrahlend „Mensch Paul. Ich dachte schon dich hat es auch erwischt!" Oberländer sagt, ebenfalls erfreut „Max du lebst? Schöne Scheiße hier. Mensch was baust du hier? Pack zusammen, nach mir kommt nur noch der Russe.". Der antwortet „Genau deshalb baue ich ihm hier ein kleines Willkommensgeschenk. Diese zwei Minen werden den Iwan gebührend empfangen. Gib mir Deckung, bin gleich fertig." So baut der Hauptgefreite eine Sprengfalle, während der Obergefreite Oberländer ihm Feuerschutz gibt. „So fertig, also ab hier." „Ja die Russen stoßen jetzt zwar alle nach hinten durch, doch irgendwann werden sie trotzdem hier aufräumen und da sollten wir nicht mehr hier sein." meint Oberländer während sie sich absetzen.
Die zwei Männer bewegen sich langsam und vorsichtig in Richtung ihres Zugführers, da sie vermuten, das sich dort noch einige Kameraden sammeln.
Mehrmals müssen sie kurze Zeit abwarten, oder Feindgruppen umgehen, den auf langwierige Gefechte können und wollen sie sich momentan nicht einlassen.
Alles an Munition für ihre Waffen und Handgranaten die sie unterwegs finden, wird mitgenommen. Nach circa 15 Minuten nähern sie sich dem Ziel. Langsam pirschen sich die beiden näher ran, den dort scheint ein

Gefecht im Gange zu sein. „Mensch Paul, schau dir das an. Die Ruskis wollen scheinbar den Gefechtsstand ausheben." flüstert Stüwe. „Pass auf, wenn die angreifen, stoßen wir ihnen mit viel Tam Tam in den Rücken. Vielleicht lassen sie sich überrumpeln" raunt Oberländer zurück. Sie machen Handgranaten bereit, laden ihre MPi durch und warten auf den endgültigen Angriff der Russen. Lange müssen sie auch nicht warten. Plötzlich ertönt bei den Russen ihr typisches Urääää-Gebrüll und der Gefechtslärm schwillt an. Das ist das Zeichen für Oberländer und Stüwe mit ihrem Angriff zu beginnen und den Feind hoffentlich zu täuschen und zum Ausweichen zu zwingen.

Mit Hurra und aus allen Knopflöchern feuernd, stürmen die beiden dem Feind in den Rücken. Schnell in Deckung geworfen, Handgranaten abgezogen, geworfen und wieder weiter stürmen.

Oberländer hat mit seiner russischen MPi und dem viel größeren Magazin natürlich Vorteile, den er muss nicht so oft, wie Stüwe mit seiner MP 40 nachladen. Die Täuschung scheint zu funktionieren, die Russen scheinen tatsächlich überrumpelt und verunsichert. Sie stellen ihre Angriffsbewegungen ein. Als die deutschen Verteidiger ihrerseits die Verwirrung der Sowjets nutzen und nun mit lautem Hurra- Gebrüll einen Gegenangriff starten, Oberländer und Stüwe ihrerseits ebenfalls feuernd nachsetzten, ist es um den Kampfgeist der Rotarmisten geschehen und sie flüchten in Richtung russischer Linie.

Der Hauptgefreite und der Obergefreite bleiben in einer Mulde liegen um nicht versehentlich von den eigenen Kameraden beschossen zu werden. „Hier sind zwei deutsche Soldaten." ruft Stüwe während Oberländer seinen Stahlhelm abnimmt und mit diesem zu den Kameraden herüberwinkt.

„Identifiziert euch!" ertönt eine, ihnen bekannte Stimme. „Hauptgefreiter Stüwe und der Obergefreite Oberländer von ihrem Zug Her Leutnant." schreit Stüwe hinüber.

„Gut, langsam aufstehen und die Waffen hinter eure Köpfe. Dann herkommen." ertönt nun eine andere Person.

Die beiden tun wie ihnen geheißen und gehen zu den anderen hinüber.

Auf halben Wege ruft es von den Kameraden „Alles klar ihr zwei. Kommt schnell her.". Sie spurten nun rüber, da sie nicht noch von russischen Schützen aufgefasst werden wollen. Drüben angekommen werden sie mit großem „Hallo." begrüßt.

„Ihr wart das also, die dem Iwan in den Rücken gefallen sind." sagt Leutnant Ziegler anerkennend und klopft den beiden dabei auf die Schultern.

„Jawohl Herr Leutnant, wir hielten es für die beste Lösung." gibt Stüwe zurück. „Sehr gut Männer." gibt Ziegler zurück. „Also gut." beginnt er kurz darauf. „Schaut schnell was ihr bei den Gefallenen an Munition, Waffen und Ausrüstung findet und wir gebrauchen könnten. Aber Beeilung in 5 Minuten stoßen wir dem Major entgegen. Der sollte eigentlich schon fast hier sein." Stüwe und Oberländer schauen den Leutnant fragend an. Dieser deutet den Blick seiner Untergebenen richtig und meint erklärend „Ich habe durch Melder erfahren, dass unsere komplette Front zerschlagen wurde. Major Beck stößt zu uns durch, Wir werden ihm etwas entgegenkommen und schlagen uns

dann gemeinsam zum I./ Infanterieregiment 514 durch."
Beide nicken und antworten synchron „Jawohl Herr Leutnant." Weiter gibt es nichts zu sagen.

Das Zusammentreffen mit der Gruppe von Major Beck klappt ohne Probleme, auch das anschließende durchstoßen zum I. Bataillon des Infanterieregiments 514 gelingt gut.
Nach einer kurzen Bestandsaufnahme umfasst die Kampfgruppe Beck nunmehr nur noch 53 Mann. Major Beck und Leutnant Ziegler sind die einzigen noch verbleibenden Offiziere. Leutnant Wilhelmi fällt bei der Bekämpfung eines feindlichen Panzers als er, nachdem dieser hervorragende Offizier eine geballte Ladung anbrachte und gerade abspringen wollte vom Bord- MG eines weiteren Tanks erfasst wurde. Beide, Panzer und Offizier werden vernichtet.
Sämtliche schwere Waffen wurden zerstört, die Kampfgruppe besitzt nur noch Infanteriewaffen. Zur Auffrischung werden der Kampfgruppe andere, ebenfalls größtenteils zerschlagene Einheiten der 8. Luftwaffenfelddivision unterstellt, so dass die Kampfgruppe wieder eine Stärke von 152 Mann aufweist.
Wieder gliedert Beck seine Kampfgruppe in zwei Züge. Den ersten führt Leutnant Ziegler, den zweiten ein Feldwebel namens Rausch welcher von den Ersatzeinheiten kommt.
Der Major selbst behält sich drei Melder und einen, ebenfalls vom Ersatz stammenden Feldwebel namens Zeuner zur persönlichen Verfügung.

Romowe. Der Verlag

Das Oberkommando der Wehrmacht gibt bekannt:

... Im Süden der Ostfront geht der Rückmarsch der deutschen Truppen aus dem Kaukasus und dem Stalingrader Raum planmäßig weiter. Russische Truppen folgen den Deutschen Verbänden auf dem Fuße und es kommt zu teils verlustreichen Nachhutgefechten.
Die Offensive der Armeegruppe Hollidt wird, da als Entlastungsangriff für den Entsatzangriff auf Stalingrad angesetzt wie geplant eingestellt.
Die deutsch- italienische Panzerarmee Afrika setzt sich weiterhin in voller
Im Mittelatlantik ist die große Geleitzugschlacht zu Ende gegangen. Es wurden 11 Schiffe mit insgesamt über 100.000 Bruttoregistertonnen feindlichem Handelsschiffsraums versenkt.
Ein deutscher Hilfskreuzer versenkte ein weiteres britisches Handelsschiff mit 7.500 Bruttoregistertonnen im Südpazifik.
Die feindliche Luftwaffe verhielt sich erfreulicherweise ruhig. Es waren nur vereinzelte Aktivitäten feindlicher Aufklärer zu festzustellen, welche jedoch keinerlei Bomben warfen.

Rex Germania I - Entstehung des Neuen Deutschen Reiches

25.Dezember.1942, Vormittags, Fliegerhorst Comiso, Sizilien

Über die sandige Piste des Fliegerhorstes auf der eigentlich sonnenverwöhnten Mittelmeerinsel läuft eine jugendlich wirkende Person, gekleidet in einem leichten, khakifarbenen Hemd mit dazu passender Hose. Das Wetter hat es an diesem Tag wieder einmal gut gemeint mit den deutschen Fliegern welche auf diesem Horst stationiert sind und versuchen den Briten und Amerikanern über dem Mittelmeer und auf dem afrikanischen Kontinent das Leben schwer zu machen. Leider wird dies immer schwieriger, doch noch können sie den einen oder anderen Abschuss für sich verbuchen. Vor Wind und Wetter geschützt stehen die Junkers Ju 88C in den Hangars und werden gerade vom Bodenpersonal überprüft und wenn nötig repariert. Auch in der vorherigen Nacht waren die Besatzungen wieder auf der Jagd, einige Abschüsse wurden erzielt, doch kamen auch ein paar Flugzeuge mit Beschuss- Schäden zurück. Diese werden jetzt von den Mechanikern behoben. Dies sieht die flinke Gestalt, welche gerade in Richtung der Besatzungsunterkünfte läuft nur aus dem Augenwinkel. Als er diese erreicht hat, reißt er die Tür des ersten flachen Gebäudes auf, bewegt sich zielsicher zu den Fenstern des kleinen Schlafraumes und zieht mit einem kräftigen Ruck die schwarzen Vorhänge von den Fenstern. „Raus aus den Betten!" ruft er lautstark in den Raum. Murrend erheben sich die ersten beiden Personen, „Fred, hast du jetzt vollkommen den Verstand verloren! Verschwinde und lass uns pennen!" schallt es Fred Schneider gereizt entgegen. Der Gefreite, welcher der Bordschütze der Besatzung Schwarz ist lässt jedoch nicht locker „Mensch raus aus der Molle. Es geht zurück in die Heimat!" platzt es aus dem jungen Flieger heraus. Sofort ist auch der dritte Mann der Besatzung, der Funker-Obergefreite Eberhard Leder welcher bis jetzt weiter geschlafen hatte hellwach „Was sagst du da?" will er jetzt vom jungen Gefreiten wissen. Dieser wiederholt noch einmal „Es geht in die Heimat. Ich hab´ es vom kleinen Loschwitz gehört und der weiss es ganz sicher, hat es direkt vom Alten!". Unteroffizier Helmut Schwarz lässt sich wieder auf sein Kissen fallen „Ach der Loschwitz. Ja der sagt viel, wenn der Tag lang ist. Alles Latrinenparolen! Wir haben hier alle Hände voll zu tun." Trotz des Desinteresses seines Flugzeugführers lässt der Bordschütze nicht locker „Werdet es schon sehen, gleich kommt die Durchsage, ich wollte euch nur schon mal vorwarnen.". Nun winkt auch der Funker Leder ab und legt sich wieder in sein Bett „Ach Humbug, leg dich lieber auch auf Ohr, das wird dir guttun. Heute Abend kommt mit Sicherheit wieder ein Einsatz.". Kaum ausgesprochen ertönt die Durchsage durch die Lautsprecher auf dem Platzgelände, das sich alle Flugzeugführer und die leitenden Warte des Bodenpersonals im Stabsgebäude einzufinden haben, merkwürdig blechern und verzerrt hört sich die Stimme des Gruppenkommandeurs an. Triumphierend schaut der Gefreite in die Gesichter seiner Kameraden „Na, was hab´ ich euch gesagt. Von wegen Latrinenparolen!" Unteroffizier Helmut Schwarz erhebt sich schwerfällig aus seinem Bett und zieht sich schnell an. Bei vorbeigehen meint er nur zu seinen Besatzungsmitgliedern „Naja, abwarten. Erst mal sehen, was der Alte will." Als Schwarz aus der Tür tritt, sieht er bereits die anderen Flugzeugführer der 4. Und 5. Staffel der 2. Gruppe des Nachtjagdgeschwaders 2 in Richtung Stabsgebäude laufen. Die Warte mit ihren Öl- und Dreckverschmierten Arbeitskleidern kommen aus den Boxen und Unterständen der abgestellten Maschinen und nehmen ebenfalls Kurs auf das Stabsquartier. Alle wirken recht angespannt, der letzte Einsatz war lang und hart, der wohlverdiente Schlaf dadurch umso kürzer. Im Stabsgebäude herrscht dichtes Gedränge. Hauptmann Dr. Horst Patuschka der Gruppenkommandeur steht vor seinen Männern, wartet bis auch der letzte von ihnen einen Platz im engen Raum gefunden hat und beginnt mit ruhiger, betonter Stimme „Meine Herren, ich danke ihnen, dass sie trotz der kurzen Ruhezeit so schnell hergefunden haben.". Ein leises schmunzeln geht durch die Runde. Der Hauptmann fährt fort „Vor wenigen Minuten kam für uns die endgültige Bestätigung, dass wir so schnell wie möglich verlegen werden! Die Verlegung wird uns zu unseren Kameraden nach Gilze Rijen führen. Packen sie ihre privaten Sachen so schnell wie möglich zusammen, diese können sie in ihren Maschinen mitnehmen, alles andere wird wie üblich mit Transportmaschinen befördert. Der Platz ist einigen von uns nicht neu und auf jedem Fall bereits in Betrieb und auf unsere Ankunft vorbereitet. Was es mit der Verlegung auf sich hat, kann ich ihnen nicht sagen, ich weiß es selbst nicht. In spätestens einer Stunde erwarte ich von den Staffelführern die Vollzugsmeldung, ebenso wie von dem leitendem Wartungspersonal. Wenn keine weiteren Fragen sind, bitte wegtreten und informieren sie ihre Besatzungen. Ich danke ihnen." Damit endet die, wie immer kurz und knapp gehaltene Ansprache von Hauptmann Patuschka. Er ist kein Freund der großen Worte. Schwarz geht wieder zu seiner Unterkunft. Einige der Luftwaffensoldaten unterhalten sich angeregt, man versucht diese Maßnahme zu ergründen. Schwarz indes hat kein Verlangen danach, diesen Befehl zu analysieren, ändern kann er ihn ja doch nicht. „Vielleicht gibt es ja wenigstens Heimaturlaub, schon eine gefühlte Ewigkeit nicht mehr Daheim gewesen." denkt sich der Unteroffizier. Sein Sohn ist nun schon fast zwei Jahre alt und er hat ihn erst einmal, kurz nach der Geburt für 14 Tage gesehen. Schnell versucht er wieder auf andere Gedanken zu kommen. Die Gedanken an seine Heimat, das Oberschlesische Industriegebiet rund um Königshütte und seine junge Frau mit dem kleinen Stammhalter machen ihn nur trübsinnig und das ist gefährlich in diesen fordernden Tagen. Schwarz steht, schon nach kurzem Marsch wieder vor der Tür des niederigen Gebäudes der Unterkunft. Bereits von draußen hört er die Stimmen seiner 3 Kameraden, welche mit ihm zusammen die Besatzung der Junkers 88 C bilden, die sie liebevoll Lucie tauften, benannt nach der kleinen Tochter des Gefreiten Fred Schneider. Als er die Tür öffnet ist sofort jedes Gespräch verstummt und alle Aufmerksamkeit bei ihm. Ruhig sagt er „Alles zusammenpacken, persönliche Sachen verstauen wir in unsere Lucie."

Rex Germania I - Entstehung des Neuen Deutschen Reiches

Das Oberkommando der Wehrmacht gibt bekannt:

... im Süden der Ostfront im Raum des großen Donbogens zieht sich die Armeegruppe Hollidt, wie geplant auf die vorbereitete Riegelstellung zurück, um die, teils unkoordinierten Angriffe der Sowjets abzuwehren.
Im Raum Stalingrad geht der planmäßige Rückmarsch auf die Ostland- Linie ohne große Schwierigkeiten weiter. Die Rote Armee versucht nach wie vor mit, teils massiven Angriffen den Rückmarsch zu stören, wird jedoch immer wieder von den Nachhut- Einheiten der Panzergruppe Hoth abgewiesen.
Die 1. Panzerarmee, sowie die 17. Armee der Heeresgruppe A steht, trotz stärksten Widerstand der Roten Armee im Kaukasus und ist mit der strategischen Zerstörung der wirtschaftlichen Einrichtungen und Infrastruktur des Kaukasusgebiets beschäftigt um auch dieses Gebiet als wirtschaftlichen Faktor auszuschalten.
In Afrika stehen die Einheiten des Afrikakorps kurz vor der „Buerat- Stellung". Die feindlichen Kräfte der 8. Britischen Armee stoßen nur zögernd nach und werden von den Nachhuteinheiten der 90. Leichten Division auf Abstand gehalten.
In der Schlacht um den Atlantik kam es erneut zu schweren Gefechten mit Geleitzugsicherungen, wobei mehrere Sicherungsfahrzeuge versenkt werden konnten.
Auch in der vergangenen Nacht kam es zu keinen nennenswerten Luftaktivitäten über dem Reichsgebiet und den besetzten Gebieten.

Romowe. Der Verlag

26. Dezember 1942, Mittags, Raum Petropalowka

„Meine Herren, haben sie alles verstanden?" erklingt die Stimme von Major Beck im engen und stickigen Keller des kleinen Bauernhauses. „Jawoll!" ertönen die Stimmen der Zugführer zurück. Feldwebel Zeuner fasst noch einmal in kürze Zusammen „Ausweichen des IR 514 decken. Feind mindestens 12 Stunden binden. Dazu das Dorf als Widerstandsnest nutzen. Alle gegebenen Mittel einsetzen. Keine Rücksicht auf Gebäude oder ähnliches. Massierter Einsatz von Sprengfallen, da Sprengmittel und T- Minen ausreichend vorhanden sind. Die Pioniere des Oberfeldwebels Schölzel bereiten die ersten beiden Häuser zur Sprengung vor, verlegen im Dorfein- und ausgang eine Sprengfalle und setzen sich dann zur Kolchose ab um diese zu präparieren. Wird der Feinddruck hier zu groß, ebenfalls absetzen zur Kolchose. Die Hauptstraße wird ebenfalls massiv mit T- Minen gespickt. Der Feind kann mit seinen Panzern nur diese nutzen." Zustimmendes Gebrumme ist zu vernehmen. „Gut meine Herren, instruieren sie ihre Männer." schließt Major Beck die Besprechung. Leutnant Ziegler geht zu seinen Männern. In seinem Gefechtsstand haben sich bereits seine Gruppenführer versammelt. „Hauptgefreiter Stüwe, sie werden mit ihrer Gruppe das dritte Haus links besetzen. Konrad, sie und ihre Gruppe, das vierte links. Sie Unteroffizier Jansen, sie werden zuerst die Straße ab dem dritten Haus mit Tellerminen voll pflastern und dann das fünfte Haus besetzen. Nun zu ihnen Peters. Sie und ihre Männer verlegen T- Minen am Ende der Hauptstraße. Danach gehen sie ungefähr zwischen Dorfrand und Kolchose in Stellung und verlegen dort ebenfalls T- Minen, doch dort werden auch die wenigen uns zur

Verfügung stehenden S- Minen verwendet. Alles klar soweit? Also los." entlässt Ziegler seine Männer. Der Hauptgefreite Stüwe geht nun zu seiner Gruppe und teilt seine Leute ein. „Paul, du und Karl ihr werdet schon mal in das dritte Haus auf der linken Dorfseite gehen und auf dem Dachboden schauen in wie weit wir da das MG in Stellung bringen können. Der Rest verlegt Tellerminen auf der Straße. Seit nicht sparsam, sollen wohl genug da sein. Ich begebe mich ins erste Haus, zur Beobachtung. Paul, du kommst nach, wenn du fertig bist. Der Rest besetzt nach der Verminung das Haus in dem unser MG ist und einer geht mit zu Karl hoch." befiehlt er und macht sich los.
Kurze Zeit später stehen der Hauptgefreite Stüwe und der Obergefreite Paul Oberländer auf dem Dachboden des ersten Hauses im Dorf. Von hier aus haben sie eine hervorragende Sicht und können mit dem Feldstecher des Hauptgefreiten weit in das russische Land schauen. Da es zwar sehr kalt, aber auch klar ist, sehen sie die russische Panzerspitze schon von weitem.
„Paul schau dir das an." sagt Stüwe und reicht dem Angesprochenem das Fernglas. „Hm mindestens 20 Panzer, bestimmt T- 34 und dazwischen auch einige Dicke Bellos. LKW's kann ich auch erkennen. Also bekommen wir Infanteriebesuch. Aber dazwischen krebsen auch noch kleinere Dinger rum. Scheinen SU- 76 zu sein. Also haben sie Arie- Unterstützung dabei." meint Oberländer und gibt den Feldstecher zurück an Stüwe. Dieser schaut durch und sagt „Ja ich sehe T-34, KW's und SU- 76. Dann noch ein paar LKW. Mach dich zu Ziegler und melde mindestens 30 Panzer, darunter schwere Typen und Selbstfahrlafetten. Dazu Infanterie in Kompaniestärke."

Oberländer hastet darauf hin los um die Nachricht zu überbringen und muss sich, trotz der Eile vorsehen, dass er nicht auf der total verschneiten Straße ausrutscht. Stüwe selbst bleibt noch als Beobachtungsposten vor Ort.

Eine viertel Stunde später sind alle Männer der Kampfgruppe Beck auf Posten. Sie lauern auf den Feind.
Die russische Kampfgruppe steht ein paar Minuten, scheinbar unschlüssig vor dem Dorf und beobachten anscheinend das Gelände. Doch plötzlich stoßen sie weiter vor. Die Dorfstraße ist breit genug, um zwei Panzern neben einander Platz zu bieten. So rollen also vier T-34 vorweg, gefolgt von zwei Lastkraftwagen. Mit Spannung erwarten die Luftwaffensoldaten die Detonation der Minen.
Plötzlich, fast zeitgleich wird die Front der beiden Spitzen-panzer ein Stück emporgehoben und die tonnenschweren Stahlkolosse bleiben ruckartig stehen. Zwei gewaltige Donnerschläge zerreißen die Stille. Die Fahrer der nach-folgenden Tanks können nicht schnell genug reagieren und fahren auf. Die Fahrer der nachfolgenden LKW's reagieren besser und können einen Zusammenstoß vermeiden.
Alles spielt sich in Sekundenschnelle ab. Noch ehe die Detonation der vergrabenen T-Minen richtig verklungen ist, explodieren die beiden Sprengfallen in den ersten Häusern links und rechts. Genau dort stehen die beiden LKW's und werden nun von Schutt begraben. Wer von den Schützen noch lebt, wird von den Kugeln der deutschen Soldaten durchlöchert, den die Planen der Lastkraftwagen bieten zwar gegen Schnee und

Wind Schutz, jedoch nicht vor den Kugeln der deutschen Waffen und den Splittern der zerberstenden Mauern.
Noch ehe der Rauch und Qualm der Detonationen und der Dunst der berstenden Mauern sich verziehen, nutzen zwei Soldaten die Gunst der Stunde und knacken die zwei eingeschlossenen Sowjetpanzer mit T- Minen. Die MG- Schützen haben sofort nach der ersten Detonation von den Dachböden aus das Feuer auf die anderen Lastwagen eröffnet und zerfetzen ebenfalls Planen und Menschenleiber. Teilweise fangen zerschossene Motoren nun auch Feuer und verdunkeln nun zusätzlich die Szenerie. Die restlichen Sowjetpanzer setzen zurück und drücken, ohne Rücksicht zwei Lastkraftwagen, die nicht schnell genug ausweichen konnten von der Straße. Innerhalb von ein paar Minuten wurden vier russische Panzer, sieben LKW's und dutzende Rotarmisten zerstört, in Brand geschossen und getötet. Doch nun eröffnen die Sowjets ihrerseits das Feuer aus Panzerkanonen und den Geschützen der Selbstfahrlafetten. In deren Schutz gehen die übrigen Rotarmisten gegen das Dorf vor. Stück um Stück werden die vorderen Häuser, soweit noch vorhanden mit Granaten und Kugeln eingedeckt. Auch die Sowjets nehmen keine Rücksicht auf die Gebäude und eventuell noch vorhandene Bewohner. Für die MG- Schützen, auf den Dachböden werden die Stellungen unhaltbar und sie müssen diese räumen.
Vereinzelt fangen die Häuser auch zu brennen an, oder das Mauerwerk bricht, durch den massiven Beschuss endgültig zusammen, so dass sie von den Landsern aufgegeben werden müssen. Die Straße verwandelt sich von Schneeweiß in schwarz oder Schmutzig-grau.

Die brennenden Häuser strahlen ungewohnte, doch umso angenehmere Wärme ab, doch haben die Männer keine Zeit, diese zu genießen.
Die Deutschen Landser müssen sich weiter in Richtung Dorfmitte zurückziehen. Die Rotarmisten rücken unbarmherzig Meter um Meter nach. Eine Gruppe sowjetischer Infanteristen will sich gerade an die brennenden Panzer vorbei, nach vorn bewegen, als sie von der sich gerade zurückziehenden Gruppe Stüwe überrascht und zusammengeschossen wird. Diese geht nun in das nächstgelegene Haus in Stellung, welches vom Beschuss noch nicht so arg in Mitleidenschaft gezogen wurde. Auch der Dachboden ist noch begehbar. Überall im Dorf sind Explosionen und Kampfgeräusche zu vernehmen.
Sie warten, bis sich zwei weitere Gruppen von Russen auf beiden Seiten der Straße in Höhe ihres Hauses befinden. Die Gruppe der Rotarmisten, welche sich an ihrer Häuserfront vorarbeitet, wird von einem Hagel aus Handgranaten vernichtet, die Gruppe der gegenüberliegenden Seite wird von MG, MPi und Karabinerfeuer zerschlagen. Es entwickelt sich ein Häuserkampf in all seiner Grausamkeit, ein Kampf auf engstem Raum.

Trotz der schweren Verluste der Russen, werden die Deutschen stückweise, Haus um Haus zurückgedrängt. Bedingt durch eine Straßenbiegung können sie nun kein gezieltes Feuer mehr auf den Ortseingang abgeben. Diesen Umstand nutzen die Russen nun und machen sich an die Räumung der Straße. In der Zwischenzeit versuchen zwei Panzer der Sowjets, trotz des hohen Schnees, welcher durch Schneeverwehungen teilweise mehr als meterhoch ist links und rechts des

Dorfes vorbei zu stoßen, um die Verteidiger damit zu umgehen und von hinten zu packen.
Zum Glück für die Deutschen wird dieser Versuch rechtzeitig erkannt und so machen sich Paul Oberländer rechts und ein Kamerad der Gruppe Konrad links vom Dorf daran diese beiden Stahlungetüme anzugehen.
Trotz des hohen Schnees, können sie sich recht gut in eine günstige Hinterhaltposition begeben und werden außerdem durch den Schnee zusätzlich gedeckt. Die Panzer können nicht sehr weit vom Dorfrand entfernt vorbei stoßen, da im freien Gelände der Schnee noch wesentlich höher ist, das wissen die beiden Landser und wählen ihre Position entsprechend. Die Tanks fahren daher im Schritttempo unmittelbar an den beiden Soldaten vorbei, der Landser der Gruppe Konrad entscheidet sich dafür seine geballte Ladung auf die Motorabdeckung zu werfen. Sie explodiert und steckt den Motor in Brand, welcher dann kurz danach ebenfalls in die Luft fliegt.

Oberländer entert auf den dicht neben ihm vorbei schleichenden Panzer auf, will seine Ladung gerade zwischen Turm und Wanne einklemmen, versucht jedoch, wie durch eine Eingebung das Turmluk zu öffnen. Es öffnet sich tatsächlich und er wirft die scharfe Ladung in das Innere des Stahlkolosses. Er ist kaum im Schnee in Deckung gegangen, als es einen dumpfen Knall gibt, dicht gefolgt von einer erschütternden Detonation und der russische Panzer wird förmlich zerrissen.
Wahrscheinlich war die Bereitschaftsmunition explodiert.

Nach fast drei Stunden scheinen die Sowjets die Straße behelfsmäßig frei bekommen zu haben. Erneut versuchen sie, nun bereits in der anbrechenden Dunkelheit einen Durchbruch auf der Dorfstraße.
Die Häuser sind nun durch die Kampfhandlungen teilweise stark beschädigt und die Luftwaffensoldaten haben sich, bis auf die Wachen in die vereinzelt vorhandenen Keller zurückgezogen.

Nun jedoch ertönt der Ruf „Panzeralarm!" erneut von Haus zu Haus, von Keller zu Keller und die doch bereits erheblich ermatteten Soldaten rennen auf ihre Posten.
Wieder wollen zwei Panzer brachial Durchbrechen. Sie rasen mit hoher Geschwindigkeit die Straße entlang und feuern dabei aus ihren Kanonen und Bord- MG ungezielt in die Häuser. Auch diese Stahlungetüme werden kurz hintereinander durch vergrabene Tellerminen vernichtet.
Da mit Panzern anscheinend kein Durchkommen zu erzielen ist, wird nun massiv Infanterie eingesetzt.
„Wie kann man seine Soldaten nur so verheizen?" ruft Oberländer in Richtung von Leutnant Ziegler. „ich fürchte wir haben es hier mit einer Strafeinheit zu tun. Die haben nur die Möglichkeit anzugreifen und zu hoffen, dass sie Über-leben." gibt der Offizier zurück, lädt nach und feuert auf eine Gruppe von Rotarmisten.
„Schauen sie sich dieses völlig kopflose Vorgehen an und die mangelhafte Ausrüstung. Die regulären Einheiten werden erstspäte3r folgen!" setzt Ziegler nach.

Trotz des hartnäckigen Widerstandes werden die Deutschen von der schieren Masse von Soldaten regelrecht erstickt. „Das gibt es doch gar nicht." schreit Oberländer zwischen einer Garbe „Der Iwan muss Verstärkung bekommen haben. Das ist doch mindestens ein Bataillon!"

Die Russen nehmen Haus um Haus. Keller werden ausgeräuchert, die Deutschen Verluste steigen mehr und mehr. Keine Seite will freiwillig weichen, Pardon wird nicht gegeben.
Nach einer Stunde des härtesten Ringens gibt Major Beck den Befehl zum Absetzen.
Die Züge lösen sich vom Feind, doch dieser setzt hart nach. Zu allem Überfluss wird der Dorfausgang nun auch noch mit starkem Artilleriefeuer der SU-76 belegt. Der Rückzug gerät vor dieser Feuerwand ins Stocken, die russische Infanterie rückt wieder auf und es kommt zu schweren Nahkämpfen. Doch wieder wechselt das Schlachtenglück auf die deutsche Seite. Das Artilleriefeuer wird plötzlich eingestellt und die Züge können sich, unter Feuerschutz der Gruppe Peters von den Russen lösen.
Jedoch lauert noch eine böse Überraschung auf die, trotz des sehr gut gezielten Feuers der Deckungsgruppe nachdrängenden Sowjets.

Als die letzten Deutschen das Dorf unter Feuerschutz endgültig verlassen haben, zünden Leutnant Ziegler und Feldwebel Rausch aus der Deckung vom Oberjäger Peters die Sprengfallen am Dorfausgang.
Wieder werden dutzende Rotarmisten, welche in den Häusern Schutz suchten verschüttet oder erschlagen.

Die Reste der Kampfgruppe Beck ziehen sich in die, von den Pionieren vorbereitete Kolchose zurück, um dort weiter Widerstand zu leisten. Doch nach mehreren Detonationsgeräuschen aus Richtung der ehemaligen Stellung der Gruppe Peters, vergeht den Russen wohl vorerst das ungestüme Nachdrängen.

Daher haben die Luftwaffensoldaten ein wenig Luft bekommen. Die Kampfgruppe ist nunmehr nur noch 78 einsatzfähige Mann stark. Dazu kommt noch die, ebenfalls arg zusammengeschrumpfte Pioniergruppe. Sprengmittel sind, nach der Präparation der Kolchose nun nicht mehr vorhanden.
Nach weiteren zwei Stunden fahren schwere Panzer vor und eröffnen das Feuer aus, für sie sicherer Entfernung und gedeckt durch die Dunkelheit. Auch die Selbstfahrlafetten mischen mit und belegen Kolchose und umliegendes Gelände.
Nach zwanzig Minuten sieht Beck die Sinnlosigkeit des weiteren Ausharrens ein und er befiehlt das Abrücken in Richtung Petropalowka.
Die Absetzbewegung gelingt ohne weitere Probleme und neue Verluste, auch können die bisherigen Verwundeten alle mitgeführt werden und die Kampfgruppe bekommt wieder Anschluss an das Infanterieregiment 514.

Rex Germania I - Entstehung des Neuen Deutschen Reiches

Das Oberkommando der Wehrmacht gibt bekannt:

… Im Raum Petropalowka leisten die Einheiten der Armeegruppe Hollidt stärksten Widerstand gegen immer stärker nachrückende Feindkräfte der Roten Armee. In diesen Kämpfen zeichnet sich besonders eine Kampfgruppe der 8. Luftwaffenfelddivision unter Führung des Majors Alfred Beck aus. Trotz schwerer Verluste gelang es dieser Kampfgruppe dem nachdrängenden Feind immer wieder entscheidende Stunden aufzuhalten und somit den restlichen Verbänden der Armeegruppe Hollidt den Abzug auf vorbereitete Stellungen zu ermöglichen.

Im Raum Rostow wird weiterhin unermüdlich am Ausbau der Ostland- Linie gearbeitet, um den weiterhin planmäßig heranrückenden Einheiten der Panzergruppe Hoth und der, dieser nun unterstellten Resteinheiten der &. Armee, sowie Teilen der 4. Panzerarmee einen mächtigen Rückhalt zu bieten

Auf dem Afrikanischen Kriegsschauplatz haben die Einheiten des deutschen Afrikakorps, sowie die 15. Und 21. Panzerdivision die Buerat- Stellung erreicht und verstärken somit die, bereits dort in Stellung gegangenen italienischen Kampfverbände.

Die 5. Panzerarmee unter Generaloberst Hans- Jürgen von Arnim leistet den anglo-amerikanischen Streitkräften weiterhin stärksten Widerstand. Unterstützt werden sie dabei von, Marschall Petain loyalen französischen Einheiten, welche dem Feind schwere Verluste zufügen.

Der Anglo-amerikanische Feind kommt dadurch nur schrittweise voran.

Im Atlantik und im Nordmeer gelang es deutschen und italienischen Unterseebooten erneut dem Feind Verluste an Handelstonnage zuzufügen. …

Romowe. Der Verlag

27.Dezember 1942, Nachmittags, Luftforschungsanstalt Hermann Göring, Braunschweig

Generalfeldmarschall Robert Ritter von Greim geht zusammen mit Professor Doktor Hermann Blenk, dem Leiter der Anstalt mit langsamen Schritten durch das Institut für Aerodynamik. Vorher besichtigten sie bereits die Institute für Gasdynamik, Festigkeit, Motorenforschung und Kinematik. Den beiden folgt eine ganze Traube von Wissenschaftlern und technischen Mitarbeitern der Luftforschungsanstalt, welche jedoch von 4 Soldaten der Luftwaffe, welche zum von Greims persönlichem Schutz stets unmittelbar an seiner Seite sind auf sicherem Abstand gehalten. Kampferprobte Soldaten der Division „Hermann Göring". Von Greim zeigt sich sehr beeindruckt von der Einrichtung, als das Gespräch zwischen den beiden auf die Außenstelle der Luftforschungsanstalt in Trauen kommt, wo die Raketenforschung betrieben wird meint der Generalfeldmarschall „Herr Professor Blenk, was die Raketenforschung betrifft so möchte ich ihnen mitteilen, das ich vor habe mit den Verantwortlichen Herren im OKW und dem OKH zu sprechen, um zu erreichen, das die deutsche Raketenentwicklung hier ihre Zentrale Stelle haben wird. Meiner Meinung nach bringt es nichts, wenn jeder Wehrmachtsteil eigene Forschung betreibt, anstatt die Kompetenzen zu bündeln und ich denke, der Kaiser sieht dies genauso. Ich war im Gespräch mit den Firmen Henschel, Blohm und Voss, AEG, Ruhrstahl, Rheinmetall- Borsig, Fieseler und Messerschmitt, um mich über deren Fortschritte auf dem Gebiet der Raketentechnik zu erkundigen. Nach längerem Überlegen bin ich zur Überzeugung gekommen, deren wich-

tigsten und vielversprechendsten Projekte hierher verlagern zu lassen, zusammen mit den Entwicklungsteams. Namentlich sind dies vorerst die Herren Herbert Wagner, Max Kramer, Hans Kammler, Robert Lusser, Hermann Wurster und Fritz Gosslau. Wenn es so klappt, wie ich mir das wünsche, werden sie hier dann bald Besuch von den Gebrüdern von Braun, Generalmajor Dornberger, und Willy Fiedler bekommen. ".
Professor Hermann Blenk schaut Ritter von Greim beinahe entgeistert an. Noch ehe er etwas erwidern kann, greift von Greim in seine Aktentasche und holt dort ein Dokument heraus und übergibt es dem verdutzt dreinblickenden Blenk. Mit leiser Stimme meint er nun zum Professor „Und dies sind die vielversprechendsten Projekte der Firmen. Ich möchte, dass sie die Typen herausfiltern welche am besten geeignet sind. Aber leider müssen wir auch darauf achten, welche auch am ehesten Einsatzreif sind. Konzentrieren sie sich auf je einen Typ in den Bereichen Boden- Luft, Boden- Boden, Boden- Luft und Luft- Luft.". Professor Hermann Blenk schaut sich das Dokument kurz an, dort sieht er Projektbezeichnungen wie Enzian E-1 bis E-4, Henschel Hs- 117 „Schmetterling",Henschel Hs 293, Henschel Hs 297 Föhn, Rheintochter, Wasserfall, Aggregat 4, Fiseler 103 oder Ruhrstahl X-4 und X-7 „Rotkäppchen" und dazu die jeweils wichtigsten Daten und Richtwerte. Schnell lässt er das Schriftstück in der Innentasche seines weißen Kittels verschwinden. „Herr Generalfeldmarschall, das ist natürlich eine sehr große Ehre für uns und unsere Forschungsanstalt, doch könnte es durchaus sein, dass diese Maßnahme, so sinnvoll sie auch ist unsere Möglichkeiten übersteigt!" fügt der Professor fast beiläufig hinzu. Von Greim schaut ihn

verstehend an und meint beschwichtigend „Darüber sollten sie sich den Kopf nicht zerbrechen, natürlich bekommen sie entsprechende finanzielle und personelle Zuwendungen. Des Weiteren muss ich sie dahin-gehend bitten mir eine Liste anzufertigen, welche Personen aufgrund ihrer Fähigkeiten unabkömmlich sind und welche durch, nun nennen wir es mal weniger qualifizierte Personen ersetzt werden können." Blenk nickt dem hohen Offizier verstehend zu und meint „Natürlich, ich werde diesbezüglich alles in die Wege leiten lassen." Nach dem Rundgang begibt man sich zu der wartenden Wagenkolonne des Generalfeldmarschalls, dieser meint abschließend zu Professor Hermann Blenk „Mein Lieber Blenk, ich hoffe ich kann mich auf sie verlassen, sie haben die vielleicht effektivsten Mittel zur Verteidigung des Reiches in ihrer Innentasche!" Schwer liegt jetzt bereits die Verantwortung auf den Schultern des Akademikers, in Gedanken bereits bei der Arbeit blickt er den Fahrzeugen hinterher. Als sie außer Sicht sind meint er zu seinem Assistenten „Farl, in 5 Minuten in meinem Büro. Wir haben viel zu besprechen und zu organisieren!"

27.Dezember 1942, Nachmittags, Heeresversuchsanstalt Kummersdorf

Generaloberst Heinz Guderian beobachtet zusammen mit den Herren Generaloberst Kurt Zeitzler, Generalfeldmarschall Gerd von Rundstedt, der Chef des Heereswaffenamtes General der Artillerie Emil Leeb und einigen Ingenieuren von MAN, Krupp und Henschel

und einigen anderen Offizieren eine Vorführung des neusten Kampfpanzers der Großdeutschen Wehrmacht. Sie stehen an einer, mit Spurrinnen durchzogenen, schneebedeckten Teststrecke auf dem Gelände der Heeresversuchsanstalt. Gerade durchfährt der Panzerkampfwagen V, genannt „Panther" eine Senke, um elegant auf der anderen Seite wieder heraufzukommen. Die Besatzung lässt den schneidigen Panzer mit den abgeschrägten Seiten und der langen, überstehenden Kanone eine enge Kurve drehen und vor der Gruppe zum Stillstand kommen.
Nachdem der starke Motor verstummt ist, verlässt die Besatzung den Kampfpanzer und stellt sich vor dem Stahlungetüm auf. Die Zuschauer und auch die Ingenieure sind anscheinend zufrieden mit der Vorführung. Guderian winkt einen jungen Major zu sich heran und wendet sich an einen der MAN- Ingenieure „Wie sieht es mit dem Seitenvorgelege aus? Wurden die Schwachstellen beseitigt? Was ist mit der Motorkühlung?" Der angesprochene Ingenieur wendet sich dem Generaloberst zu „Das Fahrwerk wurde verstärkt, es sollte nun jedem Anspruch gerecht werden, auch die Motorkühlung wurde verbessert und eine neue, automatische Motorlöschanlage eingebaut. Durch diese Maßnahmen hat sich jedoch die Serienfertigung nach hinten verschoben. Sie kann nun erst Anfang Februar starten." Guderian nickt langsam vor sich hin „Das ist unwichtig. Ich habe lieber einige wenige, aber dafür voll kampffähige Panzer, als viele schrottreife Panzer die auf dem Weg zur Front bereits ausfallen!"

Der Ingenieur macht sich einige Notizen, verabschiedet sich freundlich und begibt sich dann zu der Panzerbesatzung, um sich über eventuell aufgetretene Unregelmäßigkeiten zu informieren.
Danach wendet sich Guderian, zusammen mit seinem Begleiter an den Leitenden Ingenieur von Henschel „Herr Ingenieur, wie sieht es nun mit den bereits besprochenen Modifikationen am Tiger aus? Lässt sich die Panzerung nun ohne große Probleme abneigen? Was macht das Getriebe und ist bereits ein stärkerer Motor vorhanden? „ Die Ingenieur strafft sich und antwortet trocken „Herr Generaloberst, die Panzerung des Tigers lässt sich, nach genauester Überprüfung der Produktion und des Entwurfs nicht ohne große Schwierigkeiten abneigen, es würde zu diversen Verzögerungen in der Produktion kommen, wir reden hier von mehreren Monaten, das 12- Gang- Elektrogetriebe von ZF Friedrichshafen ist in der Erprobung, doch sind wir momentan auch mit dem Maybach- Vorwahlgetriebe zufrieden, die ersten Schwierigkeiten wurden beseitigt. Was den stärkeren Motor anbelangt, so sind wir bereits mit einem aufgeladenen Maybach- Motor und einem 1050 PS- Starken Motor von Adler in der Erprobung. Doch zu handfesten Ergebnissen werden wir erst später kommen. Wann genau, kann ich im Moment unmöglich sagen!" Diese Aussagen befriedigen den Generalinspekteur der Panzertruppe nicht im Geringsten. Unwirsch gibt er zurück „Herr Ingenieur, ich erwarte Ergebnisse! Diese Kampfwertsteigerungen sind nicht dafür da, um sie oder ihr Unternehmen zu profilieren, es geht darum unserer Panzerwaffe schlagkräftigere Waffen in die Hand zu geben um dem Geg-

ner weiterhin überlegen zu sein! Ich erwarte ihre Ergebnisse bis spätestens Ende Januar! Sollte ich keine nutzbaren Ergebnisse bekommen, werde ich sie persönlich zur Verantwortung ziehen und ich hoffe für sie, das sie dann eine gute Entschuldigung vorbringen können, sonst finden sie sich schneller als sie denken können bei der 999. wieder!" Ohne eine Antwort des Ingenieurs abzuwarten wendet sich Guderian ab, geht zu einer Gruppe von Krupp- Ingenieuren und lässt den Ingenieur von Henschel mit panikverzerrtem Gesichtsausdruck zurück.

Diese wenden sich sofort dem General zu, als sie die kleine Gruppe auf sich zukommen sehen. Die älteste der Gruppe begrüßt den hohen Offizier „Herr Generaloberst, Herr Major, was können wir für sie tun?" Guderian gibt jedem der Männer die Hand „Meine Herren ich möchte kurz mit ihnen über mögliche Kampfwertsteigerungen des Panzer IV sprechen. Was sehen sie für Möglichkeiten?" Die Ingenieure überlegen kurz und verweisen dann an einen jungen Kollegen in ihren Reihen. Dieser geht einen Schritt auf Generaloberst Guderian zu und beginnt dann ohne Umschweife „Herr Generaloberst, der Panzer IV kann im begrenzten Maße verbessert werden. Die Motorisierung und die Kraftübertragung sind soweit perfekt aufeinander abgestimmt. Die Bewaffnung mit der 7,5 cm KWK 40 L43 kann mit der L48 optimiert werden, doch ist es nicht möglich, wie eigentlich geplant die KWK des neuen Panthers einzubauen. Dies lässt der Turmdrehkranz einfach nicht zu. Wir sind mit Porsche in Verbindung, um einen Prototypen des Panzer IV mit abgeschrägter Panzerung zu entwickeln, um die Überlebensfähigkeit des Panzers bei Beschuss zu verbessern. Die Panzerung an sich kann bald einfach nicht mehr erhöht werden, da ansonsten das Laufwerk und der Motor überlastet sind und der Typ Gefahr läuft kopflastig zu werden. Dies ist auf Dauer die einzige Möglichkeit den Panzer Konkurrenzfähig zu halten, denn wir sind uns darüber vollkommen klar, dass die Alliierten und vor allem die Sowjets bei der Entwicklung neuer Modelle nicht schlafen werden und etwaige Berichte der „Abwehr" zeichnen uns dahingehend auch ein recht klares Bild. Wir können versuchen, neue Legierungen zu entwickeln, um die Panzerung zu verbessern, doch ist dies wiederum nur mit Metallen und Legierungselementen zu bewerkstelligen, welche höchst selten sind und dies in der ohnehin bereits angespannten Versorgungslage ist einfach nicht zweckdienlich!" Guderian zeigt sich sehr beeindruckt von der Offenheit und der Kompetenz des, noch recht jungen Ingenieurs. Ohne Umschweife fragt der Generalinspekteur der Panzerwaffe weiter „Wann, denken sie werden sie die ersten Ergebnisse des Prototyps mit abgeschrägter Panzerung haben?" Der Ingenieur überlegt kurz und meint dann „Nun Herr Generaloberst, ich denke, dass wir den ersten Prototypen wohl Ende Februar haben werden und ihn dann umfangreichen Tests unterziehen können. Dies hängt auch von den freien Kapazitäten bei Porsche ab!" Guderian nickt zufrieden „Herr Ingenieur, lassen sie mir regelmäßig den Entwicklungsstand zukommen. Ich werde veranlassen, dass sie von Seiten von Porsche alle Unterstützung bekommen, die sie benötigen. Sollten sie auf irgendwelche Probleme stoßen, zögern sie nicht, sich direkt an das Heereswaffenamt zu wenden! Ich danke ihnen für ihre Offenheit und

verabschiede mich meine Herren." Wieder gibt Guderian jedem der Ingenieure die Hand und verabschiedet sich.
Nach den Gesprächen mit den Wissenschaftlern und Technikern begibt sich der Generalinspekteur zusammen mit seinem, noch immer schweigenden Begleiter wieder zu General Zeitzler und Feldmarschall von Rundstedt. „Meine Herren, ich hoffen sie haben einige Interessante Eindrücke sammeln können, doch nun sollten wir uns wieder zurückbegeben, den wir müssen uns detaillierte Gedanken über die Neuaufstellung der 6. Armee machen. Wir sehen uns spätestens morgen zum Staatsbegräbnis von Reichsmarschall Göring, Feldmarschall Keitel und Generaloberst Jodl." Die Abordnung begibt sich wieder zurück zu den wartenden Fahrzeugen, welche die hohen Offiziere wieder zurück in die Reichshauptstadt bringen sollen. Bevor jeder der hohen Herrschaften sich in die entsprechenden Fahrzeuge begeben, grüßen sie noch kurz und unförmlich. Nun endlich wendet sich Guderian an den schneidigen Major „Major Becker, ich denke es war auch für sie sehr hilfreich einen kurzen Einblick in den momentanen Entwicklungsstand zu bekommen." Die wartenden Begleitsoldaten Guderians grüßen und öffnen den beiden Offizieren die Türen des schweren Horch- Wagens, welchen Guderian als Dienstfahrzeug benutzt. Als sie im Inneren des Wagens sitzen erwidert Major Becker „Herr Generaloberst ich danke ihnen für diese Möglichkeit, doch kann ich noch nicht ganz nachvollziehen, wieso ich hier bin." Guderian wartet kurz mit der Antwort, dann beginnt er „Nun Becker, es entging mir und auch dem OKW natürlich nicht, dass sie sehr

erfolgreich beim Umbau von diversen Beutefahrzeugen sind." Wieder macht er eine kurze Pause, bevor er weiter ausführt „Und genau deswegen sind sie hier. Sie werden genau diese Tätigkeit intensivieren! Sie werden mit ihrem Kommando zum Heereswaffenamt in die Außenstelle Paris versetzt und von dort aus werden sie zusammen mit den Heeren Schippert und von Urach ihre Arbeiten weiter ausführen und ausbauen!" Ohne eine Reaktion seines Nachbarn abzuwarten, überreicht er diesem eine schwarze Ledermappe mit großem goldenem Reichadler darauf, statt des Hakenkreuzes hält der Adler nun jedoch die deutsche Kaiserkrone in den Klauen. Alfred Becker, Ingenieur aus Krefeld und durch seine Einsätze in der Artilleriewaffe bereits hochdekoriert nimmt die Mappe an sich und öffnet sie. Als erstes sieht er eine Urkunde, ohne zu warten erklärt Guderian „Auf Befehl des Kaisers sind sie mit sofortiger Wirkung zum Oberstleutnant ernannt worden. Darüber hinaus hat er sie zum Sonderbeauftragten für die Fertigung und den Umbau von Beutefahrzeugen, mit entsprechenden Vollmachten ernannt." Beide Ernennungsurkunden findet Becker in der Mappe. Darüber hinaus noch eine Aufschlüsselung von verschiedensten Fahrzeugen „Was sie dort in der Hand halten, ist eine vorläufige Aufschlüsselung von, noch vorhandenen Beutefahrzeugen welche sich in unserem Besitz befinden." Oberstleutnant Becker überfliegt die Akte, welche aus mehreren Seiten besteht, dort findet er die Bezeichnungen der Beutefahrzeuge und die ungefähr zur Verfügung stehende Anzahl. Es befinden sich, unter anderem Fahrzeuge der Typen: Renault UE Chenillette, Lorraine 37L, AMR 35, Renault

FT 17/18, Hotchkiss H38, FCM 36, Bren universal Carrier, Vickers Light Tank Mk VI, T-40, T-60 und T-26. Noch ehe Becker mit dem durchlesen der Akte fertig ist, meint Guderian zu diesem „Ich erwarte, dass sie und ihr Kommando sich unverzüglich nach Paris begeben und dort so schnell wie möglich einsatzbereit sind. Sollten sie irgendwelche Personalwünsche haben, geben sie diese an das Heereswaffenamt weiter, sie werden dort volle Unterstützung bekommen, wenn nicht, wenden sie sich direkt an mich!" Becker sieht den Generalobersten verdutzt an, dies bemerkt Guderian natürlich und gibt mit einem klaren lächeln zurück „Aber ich gehe davon aus, dass dieser Schritt nicht nötig sein wird!" Auch Becker kann sich nun ein Lächeln nicht verkneifen, doch bleibt er trotz allem sachlich und gibt dementsprechend zurück „Herr Generaloberst, wenn sie gestatten, wo kommen diese ganzen Fahrzeuge her. Bisher war man von Seiten des Heeres recht zögerlich bei der Zuteilung von Fahrzeugen und Materialien für den Umbau. Wo kommen auf einmal diese Fahrzeuge her?" Wieder umspielt ein Lächeln das markante Gesicht Guderians „Nun, die Zeiten haben sich geändert, die 3 Wehrmachtsteile fungieren nun gemeinsam und nicht wie bisher auf höherer Ebene jeder für sich. Die Fahrzeuge kommen von der Luftwaffe, Kriegsmarine der Sicherheitspolizei oder auch der SS. Jeder hatte eigene versteckte Lager und achtete peinlichst darauf, genug vom Kuchen zu bekommen." Der Oberstleutnant geht nicht weiter darauf ein, bisher hatte er nur gute Erfahrungen mit den Kameraden der anderen Wehrmachtsteile sammeln können, doch was auf höherer Ebene passierte, dies verschloss sich Becker natürlich.

Die restliche Fahrt verläuft im Großen und Ganzen ruhig. Becker ist mit seinen Gedanken bereits bei seiner neuen Aufgabe, eine sehr große Herausforderung.
Auch Guderian überlegt bereits die nächsten notwendigen Schritte zum Wiederaufbau einer schlagkräftigen deutschen Panzerwaffe.

27.12.1942, Nachmittags, östlich des Flusses Myschkowa

Der Feldwebel Marcus Klaudius aus der Gegend von Tilsit in Ostpreußen, Sohn eines Geschichts-Professors, dessen Vorliebe der Römischen Geschichte gilt und es sehr vornehm fand, das sein Sohn einen Namen trägt, welchem auch einem Römischen Cäsaren gut gestanden hätte ist gerade dabei, mit seiner arg zusammengeschrumpften Truppe einen kleinen Hinterhalt in einem kleinen Dorf, welches auf keiner Karte verzeichnet ist für die stark nachdrängenden Kräfte der Roten Armee zu legen. So wie das Dorf ausschaut, wohnt jedoch schon lange niemand mehr in den armseligen Katen. Jedoch haben anscheinend einige Truppenteile der zurückgehenden Armeegruppe Hoth hier Quartier bezogen und das kann noch nicht allzu lange her sein.
Sie stellen sozusagen die Nachhut der Nachhut dar.
Hinter ihnen kommt der Feind.
Er beobachtet gerade, wie der Sprengstoffexperte seiner kleinen Truppe um die Häuser schleicht und hier und da einige Sprengfallen versteckt und Zündkabel verlegt.
Immer wieder ist er begeistert davon, was dieser Mann mit Sprengstoff anstellen kann. Zwar hat auch er den

einen oder anderen Lehrgang für den Umgang mit
Sprengmitteln im Rahmen seiner Pionierausbildung
besucht und stets recht erfolgreich abgeschlossen, doch
an dessen Können kommt er nicht heran.
Gerade zieht wieder eine stärkere Böe um die Ecke des
kleinen Bauernhauses neben dem der Feldwebel steht.
Unwillkürlich zieht er seinen fellbesetzten Kragen des
Uniformmantels höher. Schnellen Schrittes kommt Unteroffizier Klaus Riedel auf ihn zu. Er stoppt kurz vor
dem Feldwebel, grüßt leger und meldet: „Feldwebel,
die Präparierung des Dorfes ist fast abgeschlossen.
Kehlheim meint, dass er vielleicht noch eine viertel
Stunde benötigt, um alles fertig zu haben, auch hat er
wohl einige Überraschungen für die Roten vorbereitet.
Was das genau ist, wollte er noch nicht verraten." Klaudius muss augenblicklich grinsen. Wenn
Kehlheim eine seiner „Überraschungen" vorbereitet,
dann kann man sich auf was gefasst machen. „Sehr gut
Riedel, sag dem Kehlheim, er soll so schnell wie möglich fertig werden, zwar haben Eckbert und Schmitt
noch kein Alarm gegeben, aber es kann nicht mehr
lange dauern, bis die Russen uns wieder auf die Pelle
rücken!" Der Unteroffizier macht kehrt und läuft wieder zum arbeitenden Kehlheim und seine zwei Gehilfen, welche seine unzähligen Sprengmaterialien und
etliche Hilfsmittel tragen.
Noch immer kann er sich an die neuen Begebenheiten
nicht gewöhnen. Von den neuen Rangbezeichnungen,
über die Anrede bis zur Uniformierung. Er erinnert
sich an die Ereignisse noch ganz genau, sind ja auch
erst ein paar Tage her. Als sie in Frankreich völlig unerwartet alarmiert wurden und sich wieder auf dem
Weg zur Ostfront machten, war noch keine Rede von

irgendwelchen Veränderungen, mitten auf dem Weg drangen dann die ersten Gerüchte vom Angriff auf das Führerhauptquartier zur Truppe. Plötzlich hieß es, es war eher eine Art Verschwörung, Himmler und andere hohe SS- Führer haben mit den Russen gemeinsame Sache gemacht, der Führer und die Wehrmachtsführung seinen gefallen. Unruhe machte sich damals in der Truppe breit. Es roch nach „November 1918", und dass ausgerechnet ausgelöst durch die Organisation, welche genau dies verhindern sollte. Plötzlich wurde gehalten, auf freier Fläche und alles musste aus den Waggons hinaus und Aufstellung nehmen. Seine Pionierabteilung hatte das Glück, dass sie es von Obergruppenführer Eicke selbst hörten, andere Truppenteile wurden von ihren entsprechenden Offizieren über die ungeheuerlichen Ereignisse informiert. Angeblich hatte der Reichsführer- SS, mit Hilfe des SD geheime Informationen über den Standort des Führerhauptquartiers an die Sowjets weitergegeben. Diese hatten dann einen Angriff durch Fallschirmjägereinheiten gestartet in dessen Verlauf der Führer, Bormann, Keitel und Jodl getötet wurden. Verschiedenste SS, und Parteistellen hätten dann versucht, überall im Reich die Macht zu ergreifen. Mit größten Schwierigkeiten gelang es der Wehrmacht, zusammen mit loyalen SS und SA Einheiten die Verbrecher, unter ihnen Personen wie eben Himmler, Daluege, Alpers, Goebbels, Ribbentropp, Jordan, Giesler und deren engsten Mitarbeiterkreis gefangen zu nehmen oder zu vernichten. Wie es das Schicksal eben wollte, erlag der zweite Mann im Staate, der Reichsmarschall Göring genau in dieser Zeit einem Jagdunfall bei Carinhall, in seinen privaten Jagdgründen. In verschiedenen Frontabschnitten sollen

SS- Einheiten gegen Wehrmachtseinheiten vorgegangen sein, die Verluste bei diesen Kämpfen sollen nicht unerheblich gewesen sein.
Als führende Person im Staate hatte sich Louis Ferdinand von Preußen, zweitältester Sohn von Wilhelm Kronprinz des deutschen Reiches mit Hilfe der Wehrmachtsführung unter den Generalfeldmarschällen von Manstein, von Witzleben, von Rundstedt und Rommel, den Generalen Guderian, Zeitzler und anderen etabliert. Die SS musste, wegen der vorangegangenen Geschehnissen mit sofortiger Wirkung aufgelöst werden, SS- Dienstränge durften nicht mehr verwendet werden und währen durch die entsprechenden Heeresränge zu ersetzen, Uniformierung solle nach und nach angeglichen werden.
Angeblich solle eine neue Garde geschaffen werden, deren Führung dem jetzigen Generalobersten Hausser unterstehen wird, doch wer dort dienen soll und wann dies geschieht stehen noch nicht fest.
Eicke war genauso verunsichert, wie alle anderen auch.
Als sie auf dem Hauptbahnhof von Rostow ankamen, wurden sie von den anwesenden Wehrmachtseinheiten argwöhnisch beäugt. Teilweise war offene Feindschaft zu spüren.
Auf dem Marsch zum Einsatz kamen noch einige Details zur Truppe, was die neue Besetzung der Spitzenpositionen der Wehrmacht betraf.
Die Kämpfe zur Befreiung der 6. Armee, zusammen mit den alten Kameraden der „Leibstandarte" und „Das Reich" waren fast schon eine heilende Erfahrung, auch wenn diese schwere Verluste kosteten, besonders unter den neu dazu gekommenen Kameraden.

Als sie die Kameraden der 6. Armee endlich frei gehauen hatten, war von Feindschaft ebenfalls nichts zu merken, eher von unendlicher Freude und Erleichterung. Nun stehen sie hier in Mitten der russischen Weite, in einem kleinen Dorf, welches nirgends eingezeichnet ist mit einer einzigen Straße, die durch schwere Fahrzeuge bereits stark ausgefahren ist und trotzen der schneidenden Kälte und einem grimmigen Gegner, der Rache für die bereits sicher geglaubte Beute nehmen will.

„Feldwebel, Steinbach und Mehlei kommen angeflitzt! Anscheinend ist der Iwan auf dem Weg zu uns!" schreit der ehemalige SS- Unterscharführer gegen den schneidenden Ostwind. Sofort wird Klaudius aus seiner Lethargie gerissen. „Gut Riedel, runter zu Kehlheim, sag ihm, dass er fertig werden muss. Ich warte hier auf Steinbach und Mehlei. "

Sofort läuft der Unteroffizier, soweit es der oft hüfthohe Schnee mit vielen Schneeverwehungen zulässt zum Obergefreiten der immer noch Sprengfallen verlegt. Wenige Minuten später sind die beiden Soldaten, welche als vorgeschobene Beobachter eingesetzt waren, beim Feldwebel. Welcher den beiden entgegengeeilt ist, um die Informationen möglichst schnell zu erhalten.

„Feldwebel, es nähert sich eine starke Feindgruppe. Mindestens eine Kompanie, wahrscheinlich eher mehr. Dazu Panzerunterstützung, mehrere T-34 und KW-1, dazu noch Schützenpanzer unbekannter Anzahl. Das wird ein hartes Stück." sprudelt es nur so aus dem Obergefreiten heraus.

Feldwebel Klaudius hört sich das alles genau an und gibt kurz und knapp zurück „Ab zum SPW, hier haben

wir keinen Staat mehr zu machen." Die drei Landser laufen zurück in das Dorf, dort warten bereits Riedel, Kehlheim und die anderen. Im laufen ruft Klaudius zu Kehlheim hinüber „Wie sieht es aus Riedel?" Dieser kann sich ein Lachen nicht verkneifen und meint „Der Iwan wird einige böse Überraschungen erleben, leider wird es das Dorf danach nicht mehr geben, schade drum."
Unweit des entgegenliegenden Dorfausgangs wartet das SdKfz 251 auf die Pioniere. Schnell entern sie auf, Klaudius begibt sich zum Fahrer „Wo stehen die anderen?" fragt er knapp. Ohne sich umzudrehen erwidert dieser „Berger steht mit seinem Nebelwerfer bereit um auf ihr Kommando loszuschlagen." Sie fahren eine kleine Anhöhe hinauf und auf deren abgewandte Seite sieht Klaudius den Schützenpanzerwagen mit den, an den Seiten montierten Wurfrahmen für 28cm/32cm Wurfkörper. Die Feldwebel steigt, sich über die Seitenwand seines SdKfz 251 schwingend aus und eilt zu Bergers Fahrzeug hinüber „Berger, alles klar bei ihnen?" erkundigt sich der Feldwebel beim verantwortlichen Unteroffizier. Berger steht neben seinem Schützenpanzer und überprüft nochmals die Wurfkörper „Jawoll Feldwebel, alles klar, auf ihr Kommando lassen wir die Hölle los!" Zufrieden nickt Klaudius „Auf mein Kommando rücken sie vor und braten dem Iwan eine auf."
Klaudius wendet sich ab und geht zur kleinen Bergkuppe, bei der bereits Unteroffizier Riedel und der Obergefreite Kehlheim, im tiefen Schnee liegend und so vor der Sichtung durch die Sowjets geschützt liegen. Die Feldwebel legt sich neben Kehlheim, Riedel reicht ihm sein Feldstecher. Durch diesen sieht der ehemalige

Oberscharrführer das Geschehen, als ob er noch im Dorf sitzen würde. „Die Iwans gehen recht vorsichtig vor." meint Klaudius wie zu sich selbst. Die drei Landser können beobachten, wie die russische Angriffsgruppe vor dem Dorf stehen bleibt. Kurz danach lösen sich drei Panzer aus der Gruppe und zusätzlich noch ungefähr eine Kompanie Infanteristen. „Was hat das zu bedeuten, haben die was gemerkt?" fragt Riedel. Ohne sich zu ihm zu wenden antwortet Klaudius „Nein, die wollen nur nicht ihre besten Einheiten gefährden. Schaut euch die Infanteristen an, nicht mal einfachste Tarnklamotten, allgemeine schlechte Ausrüstung. Das sind Bewährungseinheiten, in den drei Panzern sitzen wahrscheinlich ebenfalls Sträflinge. Vielleicht wollen die Iwans auch in dem Dorf Quartier machen, es wird ja auch langsam dunkel und besonders eilig scheinen sie es mit der Verfolgung auch nicht zu haben." Langsam arbeiten sich die Panzer zum Dorfeingang vor, dicht gefolgt von den Bodentruppen. Die Dorfstraße ist so enge, das einzig ein Panzer sie gleichzeitig befahren kann. Daher fährt ein Russentank weiter gerade auf das Dorf zu, während die beiden anderen Panzer auf die ausgefahrenen Spuren links und rechts neben dem Dorf zufahren, ebenfalls nur breit genug für einen Panzer. Neben den Spurrinnen ist der Schnee so hoch, dass die Panzer nach kurzer Zeit stecken bleiben würden. Die ersten Panzer fährt in Schrittgeschwindigkeit durch das Dorf, feuert ab und wartet auf irgendeine Reaktion. Natürlich geschieht nichts, es befinden sich ja auch keine deutschen Truppen mehr im Dorf.

Nun werden auch die Infanteristen mutiger, da sie keine Gefahr mehr vermuten. Die Panzerkampfwagen,

welcher durch das Dorf vorrückt, hat schon fast den Ausgang erreicht, als er auf eine Panzermine fährt und durch die Explosion aus der Bahn geschleudert wird. Die überlebende Besatzung will gerade das Fahrzeug verlassen, die Rotarmisten gehen an den Häusern in Deckung. Einige laufen vor, andere versuchen wieder zurück zu kommen. Kehlheim reicht dem Feldwebel den Zündschalter und meint „Bitte einmal Drücken Feldwebel." Dieser nimmt verwundert den Schalter und drückt den Zünder, unschlüssig, was er erwarten wird.
Unmittelbar nach der Betätigung Explodieren vier Sprengfallen am Eingang und am Ende des Dorfes. Die dort schutzsuchenden Rotarmisten, sowie die sich bereits in Sicherheit geglaubten Tankisten werden durch den Luftdruck, durch herumfliegende Splitter oder durch herabstürzende Trümmer zerfetzt, durchsiebt oder erschlagen. Einige der Überlebenden versuchen nun in die restlichen Häuser zu gelangen, doch beim Öffnen von Türen oder Fensterläden werden diese durch angebrachte Sprengfallen und Handgranaten getötet. Der Rest der eingedrungenen Kompanie sitzt nun ungefähr in der Mitte des Dorfes fest. Klaudius gibt nun das Handzeichen nach hinten, Becker fährt mit seinem Schützenpanzer ein Stück nach vorn und feuert seine Nebelwerfer ab. Die 5 28 cm Sprengkörper und der eine 32 cm Flammölkörper haben eine vernichtende Wirkung im Ziel, kein einziger Rotarmist überlebt.
Die beiden Tanks die außen um das Dorf herumfahren wollten, wurden von den Ereignissen vollkommen überrascht und blieben auf der Stelle stehen. Nun versuchen sie so schnell es geht zum Ausgang des Dorfes

zu kommen. Genau damit hatten die ehemaligen SS-Pioniere gerechnet. Kehlheim und Riedel nehmen eine Art Fernbedienung zur Hand und steuern je einem Goliath- Kleinpanzer unter, oder in der Nähe der T-34 Kampfpanzer und zünden diese. Die 60 Kilogramm Sprengladung hat eine verheerende Wirkung. Die Panzer werden zerrissen.
In der Zwischenzeit haben die Männer von Unteroffizier Becker die Nebelwerfer nachgeladen und feuern auf die, vor dem Dorf wartenden und von den Ereignissen und dem Untergang ihrer Kameraden überraschten Sowjets. Auch hier haben die Wurfkörper die gleiche vernichtende Wirkung. Nun beginnen diese sich auseinander zu ziehen und feuern ungezielt in Richtung der vermuteten Feinde. Einige Panzer versuchen um das Dorf herum zu fahren, fahren sich jedoch sehr schnell im hohen Schnee fest.
„Sehr gut, die sind erstmal bedient und die Durchfahrt durch das Dorf ist auch erstmal Geschichte. Lasst uns abrücken. Es wird dunkel, ich will Anschluss an die eigene Truppe haben bevor es richtig finster ist!" meint Klaudius zu seinen beiden Kameraden und sie rücken ab. Der Schein des brennenden Dorfes leuchtet in ihrem Rücken und gibt ein schauriges Zeugnis der Vernichtung dreier Panzer und vieler tapferer Soldaten.

Rex Germania I - Entstehung des Neuen Deutschen Reiches

Das Oberkommando der Wehrmacht gibt bekannt:

... Im Süden der Ostfront ist es im Raum der Armeeabteilung Hollit erneut zu schweren Gefechten gekommen, doch konnten alle Angriffe der Bolschewisten durch die Einheiten der Armeeabteilung abgewehrt und dem Feind durch geschickte Gegenangriffe starke Verluste an Menschen und Material zugeführt werden.
Im Großraum Rostow stehen die Divisionen der Panzergruppe Hoth kurz vor dem Erreichen der Ostland- Stellungen. Auch hier kann der Roten Armee durch geschickt angelegte Hinterhalte und punktuelle Gegenangriffe immer wieder schmerzliche Verluste zugeführt werden.
An der Afrikanischen Front ist es zu ersten großen Gefechten entlang der Buerat- Stellung, wobei die britischen Streitkräfte des Feldmarschalls Montgomery innerhalb einer Stunde den Verlust von 12 Kampfwagen und mehreren Dutzend Soldaten zu verzeichnen hatten. Die eigenen Deutsch-Italienischen Einheiten hatten mit 2 Kampfwagen vergleichsweis geringe Verluste.
Im Luftraum des Reiches und der besetzten Westgebiete ist es am Tage und in der Nacht wieder zu, teilweise starken Luftgefechten mit anglo-amerikanischen Terrorfliegern gekommen, es wurden mehrere feindliche Bomber abgeschossen, oder teils schwer beschädigt.
...

Romowe. Der Verlag

28.12.1942, früher Abend, Reichshauptstadt Berlin, Bahnhof Alexanderplatz

Vor dem großen Bahnhof, welcher eigentlich bereits seit Mitte des Jahres für den Fernverkehr geschlossen ist, steht die Ehrenkompanie der neuen Gardedivision „Großdeutschland". Die Soldaten mit ihren neuen, eleganten schwarzen Paradeuniformen, den silbernen Reichsadlern mit Kaiserkrone und den weißen Koppelriemen machen einen düsteren, doch eleganten Eindruck.
Nahe bei diesen Soldaten steht ihr neuer Kommandeur Generalmajor Walter Hörnlein, ebenfalls in seiner neuen schwarzen Paradeuniform. Generaloberst Paul Hausser, Vizeadmiral Wilhelm Canaris und Oberst Georg Hansen von der Abwehr stehen etwas abseits und beobachten ruhig das Geschehen.
Nach und nach treffen die geladenen Gäste zum Staatsbegräbnis ein.

Nach und nach werden sie von der Ehrenformation in Empfang genommen und von einzelnen Offizieren zu bereitgestellten Fahrzeugen geleitet.

„Bisher läuft ja alles wie erwartet Herr Generaloberst." meint Admiral Canaris mit ruhiger Stimme. Hausser dreht sich zum Chef der Abwehr um und meint ebenso ruhig „Wollen wir hoffen, dass es so bleibt und alles so verläuft, wie sie sich das gedacht haben, mein lieber Canaris."
Der Plan ist einfach und dennoch, oder gerade deswegen so vielversprechend.

Rex Germania I - Entstehung des Neuen Deutschen Reiches

Die Prominenz des Reiches hat Einladungen zum heutigen Staatsbegräbnis erhalten, natürlich wird diese der Einladung auch folgeleisten, ohne Verdacht zu schöpfen und genau dann ergibt sich die Gelegenheit unliebsame Personen ohne großes Aufsehen festzunehmen und ihrer Strafe zuzuführen.
Unter diesen Personen befinden sich Namen wie Werner Best, Philipp Bouhler, Leonardo Conti, Ludwig Fischer, Karl Hermann Frank, Roland Freisler, Karl Hanke, Werner Heyde, Theodor Eicke, Curt von Gottberg, Karl Gutenberger, Heinrich Müller und einige mehr.
Ohne dass sie, oder die anderen Personen etwas davon mitbekommen, werden sie in das Berliner Gefängnis Spandau überführt, wo sie ihrer Aburteilung vor dem neu zusammengestellten Reichsgericht entgegensehen. Noch bevor sie mitbekommen, dass sie keineswegs zum Berliner Dom gefahren werden sind sie bereits am Spandauer Gefängnis und werden dort von Männern der Polizei und Soldaten der Garde in Empfang genommen.
Nach etwas über einer Stunde ist das ganze geschafft. Die Ehrengäste befinden sich nun im Berliner Dom, wo der feierliche Akt des Staatsbegräbnis stattfinden soll und die unerwünschten Elemente befinden sich allesamt im Spandauer Gefängnis.
„Sehr schön Admiral Canaris, alles ist ohne Zwischenfälle verlaufen. Hoffen wir, dass der Festakt so weiter geht und die Briten uns in Ruhe lassen!" Unvermittelt beginnt Canaris zu lachen. Hausser und Hansen schauen ihn fragend an. „Darf man Fragen was so lustig ist Herr Admiral?" fragt ihn Hansen. Dieser meint nur geheimnisvoll „Nun meine Herren, ich denke, dass

die Engländer uns schon einen Besuch abstatten wollen, das hoffe ich sogar. Dabei ist die Frage nicht ob sie kommen, sondern ob sie es auch bis hierherschaffen werden und das möchte ich stark bezweifeln!" Diese Antwort dient nicht gerade dazu, die Unsicherheit seiner beiden Begleiter zu beseitigen, doch ohne sich weiter zu erklären meint der Abwehrchef „Es wird Zeit, das auch wir uns zum Dom begeben." und er läuft zum bereitstehenden Mercedes.

28.Dezember 1942, Abends, Fliegerhorst Gilze Rijen

Es herrscht rege Betriebsamkeit auf dem Fliegerhorst in den Niederlanden. Seit Tagen schon sind sie immer wieder aufgestiegen und haben das Suchen und Finden von Feindmaschinen mit Hilfe der Bodenleitstellen und der Suchscheinwerfer der Flugabwehr geübt, Stundenlang sind sie in der Luft geblieben, einige der älteren Besatzungen hatten gemeint, dies sei wie bei der Fernnachjagd gewesen, dort sei man auch eine gefühlte Ewigkeit in der Luft gewesen, bis zum letzten Tropfen Sprit. Diese alten Hasen wurden indes müde belächelt, Fernnachtjagd wurde auf höchstem Befehl hin nicht mehr geflogen.
Nun jedoch sieht es anders aus. Bei der Einsatzbesprechung gab Hauptmann Dr. Horst Patuschka bekannt, dass diese Nacht etwas Großes anlaufen wird. Das komplette Nachtjagdgeschwader 2 und Teile des Nachtjagdgeschwaders 1 und 3 werden zur Fernnachtjagd eingesetzt. Die restlichen Teile des Nachtjagdgeschwaders 1 und 3 sowie das Nachtjagdgeschwader 4 und 5 werden ebenfalls geschlossen in

den Einsatz gebracht. Die Besonderheit besteht darin, dass das Nachtjagdgeschwader 2 die britischen Bomber bereits vor ihrem Anflug auf das Reichsgebiet über ihren Heimathorsten angreifen wird, die Teile der Nachtjagdgeschwader 1 und 3 werden sich dann in den Bomberstrom über dem Reich einschleusen und diese auf dem Rückflug bis über die britische Insel verfolgen.
Eine weitere Besonderheit wird sein, dass diesmal auch Tagjäger und Zerstörer mit von der Partie sein werden um dem Feind entgegenzutreten.
Natürlich wurde von den erfahrenen Flugzeugführern sofort eingewendet, dass man nicht einfach zu den Briten rüber fliegen und über den Einsatzflughäfen des Bomber Command herumfliegen könne. Auch dafür hatte der Hauptmann natürlich eine Lösung. Es sei geplant, das alle noch im Westen zur Verfügung stehenden Bomber und Jagdbomber einen Störangriff auf die britischen Funkmessstationen und Städte wie Portsmouth, Dover, London oder Ipswich fliegen werden. Es kommt dabei nicht auf Zielgenauigkeit an, sondern vielmehr auf die Täuschung des Gegners. In diesem Bomberstrom sollen die Nachtjäger mitfliegen und während die Bomber und Jagdbomber wieder zurückfliegen werden, operieren die Flugzeuge der Nachtjagd weiter über der Insel und jagen die Bomber, während sie sich formieren.
Die wenigen Jagdbomber der Typen Me 109, Me 110 und Fw 190 sind dabei doppelt belastet, da diese sich nach getaner Arbeit als Jagdbomber an der Jagd auf die Bomber über Frankreich, den Niederlanden und gegebenenfalls auch über dem Reichsgebiet beteiligen werden.

Auch an die Flakwaffe wurde gedacht, diese bildet an bestimmten Stellen massive Flak- Sperriegel, jeder Flugzeugführer bekommt eine Karte, wo diese Sperrriegel eingezeichnet sind, oder hat sie selbst nachgetragen.
Es steht eine Operation der gesamten Luftwaffe im Westen bevor, es wurden sämtliche betreffenden Stellen der Luftwaffe, der Kriegsmarine und des Heeres informiert und in die Planung einbezogen, wenn auch diese Stellen auf die nötigste Anzahl beschränkt wurde, um der Geheimhaltung gerecht zu werden. Wenn alles nach Plan verlaufen wird, dann steht dem britischen Bomber Command eine heiße Nacht bevor. All das geht dem Unteroffizier Helmut Schwarz durch den Kopf, als er in voller Flugzeugführer- Kombination und mit Schwimmweste bepackt zu seiner Lucie läuft. Es ist Sitzbereitschaft befohlen. Die Bodenstellen warten darauf, das der rege Funkverkehr über der Insel verrät, dass sich die Bomber zum Sammeln bereit machen, dann kann das Unternehmen mit dem Namen „Hermann" starten. Schwarz begutachtet seine Maschine vom Typ Junkers 88 C-6. Die elegante Form in einer Mischung aus Mattschwarz und Dunkelgrau gehaltene Färbung, die massive Bewaffnung in der Bugnase und der Bodenlafette und zu Guter Letzt das Lichtenstein FuG 21 2. Es scheint alles in einem einwandfreien Zustand zu sein und schon begibt er sich in seine Maschine. Dort warten bereits seine Mannschaftskameraden, der Obergefreite Eberhard Leder, welcher den Platz des Navigators übernimmt und das Lichtenstein bedient und überwacht und der Gefreite Fred Schneider, der als Funker und Bordschütze tätig ist. „Na Männer, alles klar soweit?" erkundigt sich der

Flugzeugführer recht unmilitärisch bei seinen Kameraden. Diese wenden sich ihm zu und geben ebenso locker zurück „Jawoll, Helmut. Bei uns ist alles klar. Von uns aus kann es losgehen, hoffentlich dauert die Sitzbereitschaft nicht so lange."
Dennoch müssen sie eine halbe Stunde warten und schon dröhnt es aus den Lautsprechern, dass sie sich zum Start bereitmachen und vorrollen sollen.
Wenige Momente später sind sie bereits in der Luft und nach der Sammlung des Verbandes befinden sie sich auf dem Weg zu den britischen Inseln.
„He Helmut hast du gehört, dass die Amis es tatsächlich gewagt haben nach Berlin zu fliegen um die Staatsbegräbnisse heute Abend zu stören?" Ohne sich seinem Funker, der diese Frage stellte zuzuwenden antwortet Schwarz „Ja, hab davon gehört. Ich hätte nicht gedacht, dass sie wirklich so dumm sind ihre Bomber stundenlang ohne Schutz durch Begleitjäger herumgurken zu lassen." „Ja dumme, arrogante Amis, sollen teuer dafür bezahlt haben, hab´ ich so läuten hören. Zu unseren Kameraden von der Tagjagt, sollen sich sogar einige Nachtjäger, Werksschutzstaffel und sogar Schulmaschinen gesellt haben. Es wurde angeblich so ziemlich alles, was in dem Bereich lag in ie Schlachtgeworfen wurden sein!" wirft Leder ein. „Sollen über hundert Bomber verloren haben und weiss der Teufel wieviel beschädigt wurden." meint er. „Naja, von dumm und arrogant kann keine Rede sein!" gibt nun Schwarz zu bedenken „Immerhin sind auch Maschinen durchgekommen und wenn sie Erfolg gehabt hätten, wäre unsere gesamte Führung weg gewesen!" und denkt sich im Stillen „wieder einmal."

Den Rest des Fluges bleibt es ruhig, abgesehen von einigen belanglosen Unterhaltungen. Jeder häng bei dieser eintönigen Dunkelheit irgendwann seinen eigenen Gedanken nach.
„Wir sind jetzt über der Insel, die Bomber und Jagdbomber werden jetzt nach und nach mit den Störangriffen anfangen. Außerdem sollten wir nun besonders aufmerksam nach feindlichen Nachtjägern Ausschau halten, diese wurden uns wohl entgegengeschickt!" meldet unvermittelt der Gefreite Schneider. Sofort sind alle wieder hellwach und beobachten ihre Umgebung. Ab und an sehen sie einige Explosionen am Boden. „Sind wohl die Störflugzeuge. Hoffentlich leisten sie ganze Arbeit!" erklärt Schwarz.
Einige Augenblicke später sehen sie mehrere Lichtpunkte vor sich. „Was soll denn das da sein?" fragt Schneider in die Runde. Noch ehe Schwarz etwas erwidern kann, meint Leder als Erklärung „Wenn ich es nicht besser wüsste, würde ich sagen, das sind Positionslichter der Bomber und des Fliegerhorsts, aber das kann doch gar nicht sein!" bestätigend gibt nun auch Schwarz als Antwort „Doch, das kann sein und das ist auch so. Die Briten haben tatsächlich am Boden die Positionsleuchten an, genauso wie die Bomber!" Noch ehe sie den ersten Bomber als Ziel nehmen können, sehen sie am Boden mehrere Explosionen aufleuchten, genau dort wo sie die Start- und Landebahn des Flugplatzes vermuten. „Sieht so aus, als ob einige unserer Kameraden den Platz selbst beharken!" meint der Unteroffizier. Kaum ausgesprochen und schon drehen sie auf den ersten Bomber ein, der auch jetzt noch mit eingeschalteten Positionsleuchten seine Runde fliegt. Gekonnt hängt sich Schwarz hinten den riesigen Bomber,

der wie ein überdimensionaler Schatten vor ihnen hängt. Der in Schwarz gehaltene britische Bomber rückt näher und näher und wird immer größer im Visier des Unteroffiziers. Schwarz lässt die Lucie ein wenig nach links rücken um die beiden linken Motoren des viermotorigen Britenbombers ins Reflexvisier zu bekommen und drückt die Auslöseknöpfe auf seinem Steuerhorn. Sofort schlängeln sich glühende Feuerzungen auf den Bomber zu. Zielgenau schlagen die Geschosse in die Motorgondeln ein. Diese fangen sofort Feuer und montieren ab. Dadurch stürzt der Bomber, sich um seine Längsachse drehend ab und schlägt als brennende Fackel auf. Ein Aufschlagbrand unter vielem, der in seiner Wirkung noch immens verstärkt wird, da die Bomber noch voll mit Sprit und Bomben beladen sind. „Das war ein Short Stirling!" meint Leder. „Links ist der nächste Bomber!" erwidert Schneider, der sich kurz umgedreht hat, um einen Blick auf den abstürzenden Bomber zu werfen. Sofort schwenkt Schwarz auf diesem ein, er braucht nicht einmal viel näher an diesem heranrücken und kann auch diesmal aus nächster Nähe das Feuer eröffnen. Diesmal wird anscheinend der Tank getroffen, die Maschine platzt förmlich auseinander. Schwarz und seine Besatzung müssen aufpassen, dass sie nicht durch die herumfliegenden Trümmer erwischt werden. Wieder ist es eine Stirling, welche den Kanonen von „Lucie" zum Opfer fällt. „Unglaublich, die haben noch immer ihre Positionsleuchten an und es wurden bereits mindestens 8 Maschinen heruntergeholt!" meint der Gefreite Schneider verwundert. „Na dann nutzen wir ihre Dummheit aus, so lange sie noch anhält!" antwortet Unteroffizier

Schwarz und kurvt bereits auf die nächsten Positionsleuchten ein. Wieder dauert es nur wenige Minuten, bis sich aus dem schwarzen Schleier ein mächtiger viermotoriger Bomber herausschält. Aus leicht erhöhter Position drückt Schwarz die Maschine hinunter und nimmt den Bomber ins Visier. Größer und größer leuchtet der Bomber im Refexvisier. Schon erkennt der Unteroffizier deutlich das hohe Leitwerk und auch den Heckschützen in der hinteren Glaskugel des Heckstandes. Gerade noch kann Schwarz erkennen, dass der Heckschütze seine Waffe ausrichtet, da feuert der Unteroffizier auch schon auf den Briten. Die gut gezielte Garbe prasselt in den Rumpf des Engländers und reißt ihm die rechte Tragfläche auf. Der Engländer brennt und kippt über die linke Fläche ab. Das alles geschieht in Bruchteilen einer Sekunde. Der Heckschütze kann noch feuern, doch sind die Garben ungezielt und ungenau. Schwarz zieht die „Lucie" steil in den Nachthimmel, um den Garben des Briten auszuweichen. „Prima, das war unsere Nummer 3 Herr Unteroffizier!" jubelt der Obergefreite Eberhard Leder und meint weiter: „Machen wir weiter, vielleicht erwischen wir noch einen der Brüder!". In diesem Augenblick erlöschen nach und nach die Positionsleuchten der restlichen Bomber und es herrscht plötzlich eine merkwürdige Leere am nächtlichen Himmel. „Anscheinend haben die Tommys nun mitbekommen, was gespielt wird, also Eberhard klemm dich hinter die Röhre und führe uns an den Feind!" Wie befohlen, schaltet Leder sein Lichtenstein- Gerät an und das Suchgerät tastet die Umgebung ab, Leder meldet ruhig: „Achtung, Feindzack taucht auf. Ungefähr bei 130 Grad." Sofort schwenkt Schwarz

auf den Kurs ein. Leder gibt weiter an: „Ziel ist in ungefähr 1 Kilometer voraus." Der Unteroffizier gibt noch etwas mehr Gas. Schnell nähert sich die Maschine dem Ziel. Jedem Augenblick muss die Feindmaschine auftauchen. Der Abstand wird immer geringer, da sieht Schwarz auch schon den drohenden Schatten des Feindbombers. Der Engländer zieht, trotz allem gelassen seine Bahn und pendelt zur Abwehr leicht hin und her. An der Form der Tragflächen erkennen Schwarz und Leder den Flugzeugtyp, eine viermotorige Lancaster. Leder schaltet sein Gert wieder ab, um sich ebenfalls auf jede kommende Phase des kommenden Luftkampfes zu konzentrieren. Langsam pirschen sie sich, mit dem Mondlicht im Rücken, heran. Der Abstand beträgt noch circa 200 Meter. Plötzlich muss der Tommy sie entdeckt haben, den er schwenkt plötzlich in eine starke Rechtskurve, um seinem Heckschützen bessere Schussmöglichkeiten zu bieten. Die „Lucie" bleibt ihm, trotz aller Ausweichmanöver und dem Feuer des Heckschützen auf den Fersen. Hell glänzt das Panzerglas des Heckstandes im Mondlicht, gerade als der Zielstachel des Reflexvisiers auf den Heckschützen zuläuft und Schwarz feuern will eröffnet dieser seinerseits das Feuer aus allen Rohren. Wie Glühwürmchen fliegen ihnen die Geschosse um die Ohren, unangenehm prasselt es in der Maschine. Doch mit einem leichten Druck am Steuerknüppel sind sie wieder aus der Gefahrenzone heraus.
Die „Lucie" versucht es nun von tief unten an den Gegner heran zu kommen und nähert sich im Tempo eines Fahrstuhls der Feindmaschine.

Die Heckschütze kann sie so nicht mehr erwischen, gefährlich wird nun jedoch der Schütze in der Bodenwanne. „Diesmal schieße ich zuerst!" meint Schwarz entschlossen. Nur schwach heben sich die langen, schmalen Tragflächen gegen den Nachthimmel ab. Sofort als der Unteroffizier die hellen Auspuffrohre der Motoren erkennt, nimmt er sie mit schnellen Steuerbewegungen ins Visier und zielt genau zwischen die beiden Motorgondeln. Unverzüglich drückt er ab und feuert aus allen Rohren. Der englische Schütze muss im gleichen Moment das Feuer eröffnet haben, den seine Leuchtspur fährt in die linke Fläche der Junkers. Sofort taucht Schwarz nach unten weg und setzt sich ab. „Der Tommy brennt, der Tommy brennt!" schreit Schneider vor lauter Begeisterung von hinten. Tatsächlich kommen Flammen aus der Tragfläche zwischen den Motoren, doch noch fliegt er ganz ruhig auf seinem Kurs. „Soll ich nochmal schießen?" fragt Schwarz in die Runde und fliegt wieder näher heran. Aber der Gegner ist bereits waidwunden und die gefräßigen Flammen erhellen gespenstisch die Nacht. Hell leuchtet die englische Kokarde auf und der Brand wird stärker und stärker. Plötzlich stürzt ein Körper aus der Maschine und nach ihm noch einer und noch einer. Die Besatzung Schwarz zählt im Ganzen Acht Mann, die sich in die gähnende Tiefe stürzen.
Dies war auch höchste Zeit, den gerade als sich der letzte Mann aus der brennenden Maschine gerettet hat, da explodiert der linke Flächentank und die Maschine stürzt in die Tiefe, einen langen, brennenden Schweif hinter sich herziehend. Schwarz legt die Maschine auf die Fläche und beobachtet den Anblick der abstürzenden Lancaster. Immer tiefer saust der Komet der Erde

entgegen und verschwindet durch die Wolkendecke. Noch ein paar Sekunden und eine gewaltige Stichflamme erhellt den Nachthimmel. Der vierte Abschuss dieser Nacht. Nun befindet sich die Besatzung Schwarz mitten im Bomberstrom, welcher sich nun auf dem Weg ins Reich macht. Wieder schaltet Leder sein Lichtenstein- Gerät an. Nach einigen Minuten Flugzeit meldet sich Leder „Kurs 90 Grad, Abstand 2000 Meter, Flughöhe etwa 5400 Meter." sofort ändert Schwarz Kurs und Höhe in angegeben Richtung. In regelmäßigen Abständen gibt Leder die Entfernung zum Ziel bekannt „1500 Meter, 1000 Meter, 500 Meter!" Die Maschine beginnt anscheinend Abwehrbewegungen zu fliegen, das Lichtenstein zeigt an, dass der Gegner stetig von links nach rechts pendelt. „Soll der Brite sie bereits erkannt haben?" denken sich die Männer, „Unmöglich bei dieser Entfernung." „Gegner 200 Meter voraus etwa 50 Meter höher!" gibt Leder bekannt. Aber noch immer ist der Engländer unsichtbar für das menschliche Auge. Nun suchen drei Augenpaare den nächtlichen Sternenhimmel nach dem Feindschatten ab.
Die Situation ist nicht ungefährlich für die Besatzung der „Lucie", denn man könnte den Bomber ungewollt rammen, oder man wird vorher von den feindlichen Bordschützen erkannt und beschossen. Nochmals schaut Leder auf die Röhren des Suchgeräts, riesengroß wird der Feind angezeigt, in unmittelbarer Näher muss er sich befinden. Plötzlich fährt Unteroffizier Helmut Schwarz zusammen. Dicht vor ihnen, nur wenig höher bewegt sich, kaum sichtbar der feine Schatten einer viermotorigen Feindmaschine. Nun heißt es wieder höllisch aufpassen. Zwar pendelt der Bomber leicht

hin und her, doch der gleichmäßige Rhythmus verrät, dass er noch ahnungslos ist. Die mächtige Haifischflossenähnliche Heckflosse des Leitwerks hebt sich jetzt deutlich gegen den Nachthimmel ab „Wieder eine Short Stirling!" ruft Leder. Schwarz zögert nicht länger und als die Maschine beim nächsten Pendeln in das Visier wandert feuert er auf den mächtigen Viermot. Helle Stichflammen jagen aus Motoren und Tanks, eine zweite Garbe reißt den Rumpf auf und trifft die Besatzung. Hell und gespenstisch leuchtet die blau- weiß- rote Kokarde an der Seitenwand des Flugzeuges auf, dann taucht es mitsamt seiner Bombenlast in die Tiefe. „Und das war die Nummer fünf!" jubelt Schneider von hinten. Schwarz zieht die Junkers wieder in die Höhe, Schneider kann sehen, wie ihr Opfer irgendwo in die Küstenlandschaft der Niederlande einschlägt. Überall am nächtlichen Himmel sehen die drei Männer in Abständen die Mündungsfeuer schwerer Kanonen aufblitzen. Auch über dem europäischen Festland wird der Kurs der britischen Bomber durch Aufschlagbrände gepflastert. Zusätzlich blitzen nun auch schwere Flak- Scheinwerfer auf, um den Kameraden der Tagjagd die Arbeit zu erleichtern. Vier, fünf Feindbomber stürzen manchmal gleichzeitig brennend zur Erde. Nach mehreren Stunden Nachtjagd muss Schwarz seine Maschine landen. Die „Lucie" wurde bis zum letzten Tropfen Sprit geflogen. Zwei weitere Bomber wurden von ihnen noch zur Erde geschickt. Durch den massiven, unkonventionellen Einsatz aller verfügbaren Luftwaffenkräfte in einem wohlgeplanten Unternehmen ist es der deutschen Jagdabwehr gelungen den britischen Gegner einen furchtbaren Schlag zu versetzen. Da die britischen Bomber bereits über ihren

Flugplätzen, beim Sammeln angegriffen wurden, war es ihnen nicht möglich sich richtig zu ordnen und sie nahmen weit auseinandergezogen und ungeordnet Kurs auf die Reichshauptstadt. Der Weg von den Einsatzhäfen bis nach Berlin war übersät von brennenden Flugzeugwracks. Über 50 Bomber wurden bereits über der britischen Insel abgeschossen. Weitere 131 über dem europäischen Festland oder dem Kanal. Es gelang nur sehr wenigen Bombern bis nach Berlin vorzudringen und diesen war es nicht möglich ihre Bomben gezielt abzuwerfen. Ungefähr nochmal so viel Bomber sind nach dem Einsatz so schwer beschädigt, dass sie verschrottet werden müssen, oder nur noch als Ersatzteilspender dienen können. Die personellen Verluste der Royal Air Force sind entsprechend hoch.
Der Tod hat in dieser Nacht unter den britischen Bomberbesatzungen reiche Ernte gehalten.
Die deutsche Abwehr verlor beim ersten Teil des Unternehmens „Herrmann" 8 Nachtjäger und 13 Tagjäger. Ein vergleichsweise geringer Verlust. Alles in allem ist die Führung äußerst zufrieden mit dem Ausgang der ersten Schlacht.
Für den Abschuss von 7 Feindbombern in einer Nacht wird Unteroffizier Helmut Schwarz das Eiserne Kreuz erster Klasse und der „Ehrenpokal Für besondere Leistungen im Luftkrieg" verliehen. Darüber hinaus wird er zum Unterfeldwebel befördert. Die Obergefreite Eberhard Leder wird zum Hauptgefreiten und der Gefreite Fred Schneider zum Obergefreiten befördert. Beide bekommen das Eiserne Kreuz zweiter Klasse verliehen. In der deutschen Presse wird der Erfolg, belegt mit vielen Bildern weidlich ausgeschlachtet, die britische Seite hüllt sich hingegen in Schweigen.

Romowe. Der Verlag

Das Oberkommando der Wehrmacht gibt bekannt

… in der vergangenen Nacht kam es zu schwersten Luftkämpfen über dem besetzten Teil Frankreichs und dem Reichsgebiet. Der britische Feind versuchte mit einer, noch nie dagewesenen Anzahl von Bombern bis zur Reichshauptstadt vorzudringen und die stattfindenden Trauerfeierlichkeiten zu stören.
Durch neuartige Technologie und Angriffstaktiken ist es unseren Verbänden der Luftwaffe gelungen bereits die Versammlung der Bomberarmada über den britischen Inseln zu unterbinden und den Bomberstrom auf dem Hin- und Rückweg zu attackieren. Es ist keinem Feindbomber gelungen die Reichshauptstadt zu erreichen und gezielt Bomben abzuwerfen.
Nach ersten Angaben wurden 181 Feindbomber, teils bereits über den feindlichen Flugplätzen abgeschossen. Eine unbestimmte Anzahl der Feindbomber wurde zum Teil schwer beschädigt.
…

29.12.1942, später Nachmittag, Isle of Wight

Feldwebel Bernd Kruse ist froh, dass er vor sich das Ziel erkennen kann. Wider alle Erwartungen ist es dem Schnellboot gelungen, sich unbemerkt an die Isle of Wight heranzuschleichen. Kruse und seine 4 Männer der Brandenburger sind anscheinend ebenso unbemerkt angelandet.
Nun liegen sie in einer Sanddüne und beobachten mit ihren Ferngläsern ihr Ziel, die Radarstation der Insel. Diese sollen sie ausschalten. Nach Möglichkeit langfristig.

Rex Germania I - Entstehung des Neuen Deutschen Reiches

Ohne den Blick vom Ziel zu wenden meint der Feldwebel „Brehmer sie bleiben hier und halten Stellung am Funk, damit sie so schnell wie möglich unsere Abholung organisieren können. Stephens, sie und Bierbach gehen links an die Station vorbei und wenn sie Gefechtslärm hören, greifen sie von hinten die Station an. Ich selbst werde mit Maier frontal angreifen." Wieder beobachtet Kruse das Vorfeld und flüstert weiter „Es sind zwei Mann als Posten eingeteilt, mehr hab´ ich bisher nicht gesehen, laut Einweisung sind in solchen Stationen nochmal mindestens vier Soldaten eingesetzt, doch erwarte ich keine Starke Bewaffnung. Wenn alles gut geht, werden diese gar nicht mitbekommen, dass wir da sind. Wenn sie es merken, wird es für sie zu spät sein. Ich denke ihr werdet 10 Minuten benötigen, um ungesehen um die Station herum zu kommen. Jeder von euch nimmt eine Hohlladung 15 mit. Also los!"
Schon machen sich Bierbach und Stephens auf dem Weg. Die nächsten 10 Minuten bleibt alles ruhig. Kruse sieht auf die Uhr und flüstert zum, neben ihm liegenden Maier „Los jetzt Maier, nimm eine Hohlladung 15 mit und schön leise!" Schon robben die beiden durch den kalten, nassen Sand. Der Wind weht immer stärker und verschluckt so ziemlich jedes Geräusch. Sie sind nur noch einige Meter entfernt, noch hat der britische Posten sie nicht entdeckt, Kruse nimmt seine Wurfmesser aus seiner Tasche, hockt sich hin, holt aus und wirft kurz nacheinander die beiden Wurfmesser auf den einem Posten. Dieser sackt, in Hals und linker Brust getroffen lautlos zusammen. Die Posten sind noch nicht auf dem Boden aufgekommen, da sprintet Maier los um sich den zweiten Posten zu schnappen.

Die ist gerade auf dem Weg auf die andere Seite der Station, so hat er den beiden seinen Rücken zugewandt und merkt nichts von der Gefahr hinter ihm. Im Laufen zückt Maier sein Kampfmesser und mit einer schnellen, flüssigen Bewegung setzt Maier das Messer an die Kehle des zweiten Postens und zieht durch. Mit einem leisen gurgeln fällt auch dieser Soldat leise in den kalten Sand.
„Sehr gut Maier!" meint Kruse zum Gefreiten. „Bring jetzt die Hohlladung an den Sockel der Funkstation auf der Rückseite an. Ich bringe meine hier vorn an!" Sofort eilt Maier weiter nach hinten.
Er hockt sich gerade hin, als aus dem Hintergrund Stephens und Bierbach herankommen. „Mensch Maier, sieht aus, als ob alles gut gelaufen ist." Gerade hat er seine Sprengladung angebracht und dreht sich zu den beiden um „Jawoll Herr Obergefreiter. Verlief besser als angenommen. Feldwebel Kruse bringt seine Sprengladung gerade an der Front an, verteilt eure am Rest des Gebäudes.
Kaum haben die Männer sich verteilt, da kommt auch schon Kruse und kontrolliert, wie weit seine Männer sind.
Als alle mit dem Anbringen der Ladungen fertig sind, werden sie scharf gemacht. Sofort eilen sie wieder hinter die Dünen, hinter denen Brehmer am Funkgerät wartet.
Mehrere ohrenbetäubende Explosionen, die fast zu einer verschmelzen branden über die Sanddünen und die fünf Kommandosoldaten werden von Sand, Balken, Steine und anderem herumfliegenden Trümmern übersät.

Wenige Augenblicke nachdem die Explosionen verklungen sind, richten sich die fünf Brandenburger auf und schauen sich ihr Werk an. Von der Funkstation ist nicht mehr sehr viel über, als ein rauchender Trümmerhaufen.
„Sehr gut Männer." lobt Kruse seine Untergebenen und meint weiter „Brehmer, funken sie durch, dass wir abgeholt werden können!"
Eine halbe Stunde später sehen sie, wie eine BV 138 sehr nahe bei der Küste landet und sich ein Rettungsboot nähert.
Ohne Zeit zu verlieren, packen die fünf Brandenburger ihre Sachen zusammen und laufen dem Boot entgegen. Bis zu den Knien waaten sie ins Wasser, steigen in das Boot und werden von den beiden Soldaten zur wartenden Blohm und Voss gebracht.
Der Rückflug verläuft für die Kommandosoldaten ohne weitere Vorkommnisse.
Die zweite Phase des Unternehmens „Herrmann" beinhaltet unter anderem die Ausschaltung von bestimmten britischen RADAR- Stationen.
So wie es das Kommando unter Feldwebel Kruse als Auftrag hatte, die RADAR- Station auf der Isle of Wight auszuschalten, hatten verschiedene andere Kommandotrupps der Brandenburger den Auftrag die Stationen, zum Beispiel bei Brighton, Canterbury und Ipswich unschädlich zu machen.
Die Station bei Dover war das Ziel der Eisenbahngeschützbatterie 701 mit den beiden 21 cm Kanonen K 12 (E) und der Eisenbahngeschützbatterie 803 mit 28 cm Kanonen K 5(E). Die Station wurde den ganzen Tag über mit Granaten eingedeckt und letztendlich auch getroffen und vernichtet.

Am Abend starteten dann alle verfügbaren Bomber und Jagdbomber der Luftwaffe und sämtliche, auch nur ansatzweise geeigneten Maschinen der Kriegsmarine, um die verschiedenen Einsatzflughäfen der US Air Force und der Royal Air Force anzugreifen.
Durch den unerwarteten Ausfall der RADAR- Stationen traf dieser Angriff den Feind völlig unerwartet, da die Abfangjäger der Typen Bristol Beaufighter und De Havilland Mosquito erst durch akustische Überwachung alarmiert werden konnten und nicht wie üblich bereits aufsteigen konnten,
wenn die deutschen Verbände sich in erst auf dem Weg gemacht hatten.

„Mensch unser Vogel ist ab wirklich sehr träge heute." bemerkt der frisch gebackene Unterfeldwebel Helmut Schwarz als er mit der „Lucie" in eine etwas engere Kurve geht um auf Angriffskurs einzuschwenken. Doch niemand geht auf seine Äußerung ein. Jeder der Männer hängt seinen eigenen Gedanken nach.
Sie steigen auf 3000 Meter und legen die Sauerstoffmasken an. Sie sollen bis auf 6000 Meter Angriffshöhe steigen, um dann im Sinkflug mit überhöhter Geschwindigkeit die Royal Air Force Station Wickenby anzugreifen. Die ungewöhnliche Trägheit der „Lucie" kommt von den beiden 250 Kilogramm und den 4 50 Kilogramm Sprengbomben, welche provisorisch in einer meisterhaften Leistung am Tage von den Mechanikern unter den Tragflächen des Nachtjägers montiert wurden. Laut Führung soll nun einmal ein Angriff mit allen verfügbaren Maschinen geflogen werden und so müssen die Nachtjäger nun auch Bomben schleppen. So wie es der „Lucie" geht, geht es der gesamten 2.

Gruppe des Nachtjagdgeschwaders 2, welche den Flugplatz Wickenby, der circa 15 Kilometer nordöstlich vom Stadtzentrum der Stadt Lincoln liegt als Ziel zugewiesen bekommen hat.

Auch der Aufstieg dauert diesmal ungewohnt lange. Bisher sind sie im Tiefflug über die britische Insel geflogen, nun steigen sie kontinuierlich auf. Schweigen und Dunkelheit herrscht in der Maschine. Nur das monotone brummen der Motoren ist zu hören.

Nach, scheinbar unendlichen Minuten des Wartens gibt Schwarz er zu seiner Besatzung durch „Angriffshöhe erreicht!" in den FT- Hauben ist einzig und allein der Summton des Funkfeuers und das Rauschen der atmosphärischen Störungen zu vernehmen.

Jeden Augenblick musste der Angriffsbefehl durch den Gruppenkommandeur durch das FT kommen. Die Männer versuchen durch die Dunkelheit ihr Ziel zu erkennen, geben sich jedoch selbst keine großen Chancen. Eigentlich sollten zwei Maschinen des Gruppenstabs als Markierer voraus fliegen und den Flugplatz durch Leuchtbomben sichtbar machen. Doch bisher ist nichts zu erkennen.

Die Männer werden langsam nervös.

Der Hauptgefreite Leder meint ruhig „Wenn ich richtig mitgekommen bin, muss das Ziel genau vor uns liegen!"

Kaum ausgesprochen, sehen die 3 Männer tatsächlich Bodenbeleuchtungen genau vor sich am Boden, einige Kilometer entfernt.

„Angriff auf erkannte Ziele am Boden!" erklingt die blechern klingende Stimme von Hauptmann Patuschka durch das FT.

„Also gut, dann wollen wir mal!" meint Schwarz trocken und beginnt mit dem Sinkflug. Sofort schnellt der Fahrtenmesser nach oben.

„Na das kann ja was werden!" meint der Obergefreite Schneider skeptisch und sieht seinen Flugzeugführer dabei an. „Schmeiß die verdammten Eier ab und dann nix wie nachhause und auf dem Heimweg bekommen wir vielleicht ein paar Briten vor die Rohre.

Schwarz, welch nun auch noch vorrübergehend als Bombenschütze dienen muss, sieht seinen Bordschützen verärgert an, doch dies kann Schneider wegen der Atemmaske nicht sehen. Verärgert gibt Schwarz an den Obergefreiten zurück „Einfach abwerfen ist nicht, Obergefreiter Schneider!" ob der Tonart und der ungewohnten Förmlichkeit merkt Schneider sofort, dass seine Äußerungen unpassend waren.

Der zweite Teil des Unternehmens „Herrmann" ist zeitlich so abgestimmt, dass die Angriffe im Landesinneren zur gleichen Zeit beginnen, wie die Angriffe auf die Flugplätze nahe am Kanal. So können die britischen Einheiten und Stützpunkte sich nicht vorher warnen.

Die stürzenden Maschinen des Nachtjagdgeschwaders 2 sehen in schwacher Bodenbeleuchtung einzelne Hallen, Gebäude und Flugzeuge.

Auf einmal erscheint das Umfeld des Flugplatzes völlig überraschend in einem grellen weißen Licht. Die Besatzungen sind für einen Moment geblendet. „Die Brüder vom Vorauskommando haben es doch noch geschafft!" meint Leder enthusiastisch. „Schnapp dir die Werkshallen!" ruft Schneider aufgeregt. Sie rauschen durch den steilen Sinkflug aus 6000 Metern nun mit über 600 Kilometer pro Stunde dem Ziel entgegen. Der

Rex Germania I - Entstehung des Neuen Deutschen Reiches

Nachtjäger ist bis an die Grenzen seiner Belastbarkeit beansprucht. Unterfeldwebel Schwarz tritt in die Pedale um den schweren Nachtjäger auf die Werkshallen zu lenken. Gleichzeitig umkrampft er die Steuerhörner. Schwerfällig wendet sich die Junkers der Werkshalle zu. „Helmut, wir müssen die Eier langsam abschmeißen und Lucie abfangen!" meint Leder angestrengt und von den Fliehkräften in den Sitz gepresst.
Im letzten Augenblick zeigt die Nase der Maschine auf die Werkshallen und Schwarz drückt die Knöpfe zum Abwurf der Bomben. Merklich geht ein Ruck durch die Junkers und befreit von 500 Kilogramm Übergewicht lässt sich die Maschine merklich leichter steuern.
Der Unterfeldwebel fängt die Junkers gekonnt ab und beim Einkurven der „Lucie" schlagen die abgeworfenen Bomben genau in die große Werkhalle ein. Es folgt eine gewaltige Explosion. Die Druckwelle können sie bis zur Maschine spüren und es ist ein merkliches ruckeln zu spüren.
Wieder lässt Schwarz den Nachtjäger etwas steigen, nicht mehr so hoch wie beim ersten Angriff, doch so, dass sie wieder mit höherer Geschwindigkeit angreifen können. Beim Steigen können die Männer das Ergebnis des ersten Angriffes sehen. Ihr Ziel, die Werkhalle brennt lichterloh, ebenso wie einige Gebäude und Flugzeuge. In Wickenby sind schwere Lancaster- Bomber der 12. Squadron stationiert, welche erst vor kurzem übergeben wurden. Nun stehen bereits einige dieser nagelneuen Bomber als Brandfackeln am Boden. Auch die Besatzung Schwarz widmet sich nun diesen schweren viermotorigen Bombern.
Die Abwehr am Boden ist noch immer nur vereinzelt, zu überraschend ist anscheinend dieser Angriff.

Schwarz erkennt am äußersten linken Platzrand vier, sehr nahe beieinander abgestellte Bomber. „Eberhard, Fred beharkt die Maschinen mit den MG's beim An- und Abflug!" befiehlt Schwarz seinen Männern und schon feuert Leder mit dem eingebauten MG 151 an der Front. Trotz der, wieder rasant zunehmenden Geschwindigkeit kann Leder die Leuchtspurgeschosse in die Maschinen einschlagen sehen, gleichzeitig feuert Schwarz mit den Bugmaschinengewehren. Wieder ist es Zeit die „Lucie" abzufangen. Der Unterfeldwebel drückt den Auslöseknopf für die vier 50 Kilogramm-Bomben. Auch diese liegen sehr gut im Ziel. Bei Abflug feuert Schneider mit den Heck- MG's auf die bereits brennenden Bomber. Wieder können die Luftwaffensoldaten das Zerstörungswerk ihrer Kameraden überblicken. „Nun aber ab nach Hause, sonst müssen sie uns aus dem großen Bach fischen!" meint Schwarz zu seinen Besatzungsmitgliedern. Die Nachtjäger hatten ein Ziel zugewiesen bekommen, welches hart am Aktionsradius der Junkers lag. Daher haben sie nicht viel Zeit über dem Ziel. Nach dem Abdrehen feuert Schwarz mit den Bug-MG's noch auf einige Gebäude welche in Flugrichtung liegen und die „Lucie" fliegt im Tiefstflug Richtung Heimat. „Scharf auf feindliche Nachtjäger Ausschau halten!" meint Schwarz zu Leder und Schneider.
Wieder ist die Besatzung von Unterfeldwebel Schwarz von der gewohnten Dunkelheit umgeben. Also sie schon auf Heimatkurs sind, wird die Flugabwehr der Briten wach. Nun fühlen geisterhaft helle Leuchtfinger in die Dunkelheit und man kann Leuchtspurgeschossen in den Himmel steigen sehen. Viel zu spät reagiert die britische Abwehr, der Angriff der deutschen

Nachtjäger ist so gut wie beendet und die Gruppe von Hauptmann Patuschka befindet sich auf den Rückflug. Zurück lassen die Nachtjäger einen stark zerstörten Flugplatz, mehrere zerstörte Werkhallen, zerstörte oder schwer beschädigte Verwaltungsgebäude, ein vernichtetes Tanklager, zerschlagene Flak- Stellungen und mindestens 27 zerstörte oder schwer beschädigte nagelneue schwere britische Viermot- Bomber des Typs Lancaster.
Kilometer um Kilometer nähern sich die Männer ihrem Fliegerhorst.
Ab und an können sie Leuchtspur- Schnüre, Scheinwerfer- Kegel oder auch einzelne Brände sehen.
„Haltet mir bloß gut Ausschau nach feindlichen Nachtjägern. Wir haben keinen Sprit für lange Kurbelein!" belehrt Schwarz nochmals seine Besatzung.
Trotz, oder gerade wegen der scharfen Beobachtung der Luftwaffensoldaten kommt es zu keinerlei Zwischenfälle auf dem Rückflug.
Mit dem letzten Tropfen Treibstoff landen sie wieder auf dem Flugplatz Gilze Rijen in den Niederlanden.
Auch diese Phase des Unternehmens „Herrmann" war sehr erfolgreich für die deutsche Luftwaffe und brachte für die anglo- amerikanischen Luftverbände schwerste Verluste an Menschen und Material. Nach ersten Auswertungen von Informationen wurden über 150 Flugzeuge vom einmotorigen Jäger bis hin zum schweren Viermotorigen Langstreckenbomber zerstört und viele weitere schwer beschädigt. Eine Vielzahl an Einrichtungen und Infrastruktur und Logistik wurde zerstört oder für längere Zeit unbrauchbar gemacht.

Romowe. Der Verlag

Das Oberkommando der Wehrmacht gibt bekannt:

… in der vergangenen Nacht kam es zu einem massiven Gegenschlag unserer Luftwaffe und Marinefliegerkräften gegen die Einsatzhäfen der anglo-amerikanischen Luftstreitkräfte und deren Versorgungsbasen.
Mehrere Flugplätze wurden teils stark beschädigt, eine noch unbestimmte Zahl an feindlichen Flugzeugen verschiedenster Art wurde vernichtet oder außer Gefecht gesetzt. Doch wird sich die Anzahl an zerstörtren Feindmaschinen auf mindestens 150 beziffern lassen.
Wertvolles Material des Feindes wurde vernichtet. Logistikeinrichtungen und teilweise auch Hafenanlagen am Kanal wurden beschädigt und sind teils für längere Zeit unbrauchbar.
An der Afrikanischen Front ist es erneut zu schweren Kämpfen mit der britischen 8. Armee gekommen. Alle Angriffe konnten jedoch durch massive Unterstützung der wenigen Panzerkräfte der 15. Und 21. Panzerdivision abgewiesen werden. Der Feind erlitt starke Verluste an Menschen und Material.
An der Afrikanischen Westfront stoßen die Anglo- Amerikanischen Kräfte nur langsam und zögerlich vor. Dabei werden sie, wo immer möglich von eigenen, sowie Italienischen und teilweise auch von Vichy- Französischen Truppen angegriffen.
An der Ostfront ist es im Großen und Ganzen ruhig. Die Kampfhandlungen verlagern sich, noch immer fast ausschließlich auf dem Südraum. Dort Gehen die Absetzbewegungen der Truppen der Heeresgruppe A und B Richtung Rostow und dem Kuban- Raum planmäßig und geordnet weiter. Starke sowjetische Kräfte versuchen jedoch immer wieder die Bewegungen der Verbände zu stören, werden jedoch regelmäßig unter schwersten Verlusten abgewiesen.

Rex Germania I - Entstehung des Neuen Deutschen Reiches

30.12.1942, Abends, östlich von Rostow am Don

Feldwebel Marcus Klaudius sitz mit seinen Männern wieder einmal als Nachhut in einem kleinen Dorf. Wieder einmal sind die Kampfkräfte der Gruppe Hoth bereits durchmarschiert, Klaudius Männer müssen die Stellung halten und die Position der sowjetischen Angriffsspitze durchgeben.
„Jedes Mal die gleich Scheiße!" meckert Unteroffizier Klaus Riedel lautstark. Sie sitzen im Dachgeschoss eines kleinen gemauerten Hauses und beobachten das Vorfeld. „Was hast du den zu mosern, Riedel?" erkundigt sich der Feldwebel, ohne das schwere Zeiss- Glas von den Augen zu nehmen. Riedel schlägt die Arme gegen den Körper, um sich aufzuwärmen und meint trocken zurück „Was ich zu mosern haben, Feldwebel? Hier ist es Arschkalt, wir dürfen kein Feuer machen, weil das sonst der Iwan sehen könnte und sitzen mal wieder als Schütze Arsch vor dem Feind. Dummerweise hat man aber vergessen, uns Verstärkung und Nachschub bereitzustellen!" Der Feldwebel kann sich ein Grinsen nicht verkneifen und antwortet etwas spitz „Naja, könnte aber noch schlimmer sein. Stell dir mal vor, wir müssten draußen im Freien in irgendeinem Graben liegen und das bei angenehmen minus 25 Grad!" Der Unteroffizier spuckt verächtlich aus und gibt zurück „Pahhh, ein armseliger Trost." und beginnt nochmals seine Handgranaten und die Munition für das, vor einiger Zeit gefundene K98 in der Scharfschützenausführung zu ordnen.
Klaudius begibt sich hinunter in den ehemaligen Wohnraum des Hauses. Dort hat sich die Gruppe des

Obergefreiten Steinbach häuslich eingerichtet. Klaudius wendet sich an den Obergefreiten „Steinbach, schicken sie einen ihrer Männer hoch zu Riedel, damit er da oben nicht versauert und sich auf seine Tätigkeit als Scharfschütze konzentrieren kann." Der Befehl wird weiter gegeben und einer von Steinbachs Männer eilt, mit einer MP 40 und mehreren Handgranaten bewaffnet nach oben. Danach läuft der Feldwebel zur eingerichteten Funkstelle in einem kleinen Schuppen, ziemlich am Ende des kleinen Dorfes. Der Schuppen hat seinen früheren Besitzern mit hoher Wahrscheinlichkeit einmal als Geräte- und Werkzeugschuppen gedient. Es sind noch reichlich Schippen, Spaten und Hacken vorhanden. Neben dem Funker, Obergefreiter Christian Sommer ist dort auch sein Helfer, der Gefreite Matthias Bast und der Obergefreite Kehlheim und der Pionier Mehlei. Von einem eisigen Wind verfolgt, reißt Klaudius die Holztür auf, sie wird ihm durch den Wind fast aus der Hand gerissen. Mit einem lauten Knall schließt er die klapprige Holztür wieder. Als er in dem kleinen Raum tritt, bringt er nicht nur eisige Luft mit hinein, sondern auch noch jede Menge Schnee.
Er öffnet seine dicke Winterjacke und meint zum Funker „Na Sommer gibt es neue Nachrichten von der Division?" Sommer dreht sich um und meint mit ruhiger Stimme „Jawoll Feldwebel. Gerade reingekommen. Wollte gerade einen Melder schicken. Die Division hat gemeldet, das alles vorbereitet ist. Wir sollen versuchen, die Sowjets in das Dorf zu locken. Wenn das geschafft ist, sollen wir die Koffer packen, den Feuerbefehl durchgeben und schnelle Füße machen." Feldwebel Klaudius überlegt kurz und antwortet „Sehr schön,

ich bin vorn bei Unteroffizier Riedel. Sollte etwas passieren, findet ihr mich dort." Klaudius schließt seine schwere Winterjacke wieder, klappt den fellbesetzten Kragen hoch und geht nach draußen.
Kaum hat er Fuß herausgesetzt, da hört er aus der Richtung Rostow immer lauter anschwellende Motorengeräusche. Die Feldwebel setzt seine rechte Hand über die Augen und blickt nach oben. Ohne ein Fernglas sieht er die Schwärme von Flugzeugen. Dort fliegen Staffeln von Junkers Ju 88 und Heinkel He 111 Richtung Feinde. Auch einige schwere Heinkel He 177 sind dabei. Umkreist werden sie von Messerschmitt Me 109 und Focke- Wulf Fw 190, welche den Bombern als Begleitschutz dienen.
Von vorn sieht er einen seiner Männer heranrennen. Durch den Motorenlärm versucht der Soldat etwas in Richtung Klaudius zu schreien, doch kann dieser nichts verstehen. Erst als der Landser unmittelbar vor ihm steht versteht der Feldwebel, was der Melder sagen will. Er versuchte Klaudius darauf aufmerksam zu machen, dass die Spitze der Sowjets unmittelbar vor dem Dorf steht.
Feldwebel Klaudius befiehlt dem Melder weiter zum Funkraum zu laufen und dort zu überbringen, dass sie schon alles soweit zusammenpacken sollen. Nur noch der Feuerbefehl muss raus gehen.
Das Dröhnen der schweren Motoren wird nun überlagert vom donnern schwerer Explosionen. Nach wenigen Minuten ist Klaudius wieder im Dachboden bei Unteroffizier Riedel und seinem Begleiter.
„Riedel, wie sieht's aus?" Der Unteroffizier schaut durch das Zielfernrohr seines Karabiners. Die Kameraden der Luft beharken gerade den Iwan. Die werden

ganz schön zerpflückt." Feldwebel Klaudius stellt sich nun ebenfalls zum Fenster, nimmt seinen Feldstecher und beobachtet das Geschehen im Vorfeld. Er sieht gerade noch, wie eine Staffel Junkers Ju 88 die Bomben auslöst und so eine Gruppe von T-34 zerschlägt, welche frei im Gelände herumgefahren sind. Die Heinkel He 177 fliegen anscheinend Ziele weiter im Hinterland an, denn sie nehmen keinerlei Notiz von den russischen Kampfgruppen unter ihnen. Dort sind die He 111 umso aktiver. Vereinzelt stürzen sich auch die Begleitjäger auf das ein, oder andere Ziel.
Nach und nach bekommen die deutschen Flugzeuge jetzt jedoch auch Feuer von einzelnen Flugabwehrgeschützen der Russen. „Meine Herren, das ist aber ganz schön was los!" entfährt es den Feldwebel. Riedel schaut noch immer durch sein Zielfernrohr. Gerade sieht er, wie ein russischer Offizier versucht, etwas Ordnung in das ausgebrochene Chaos zu bringen, da drückt der Unteroffizier seinen Zeigefinger durch und der sowjetische Offizier fällt mitten in der Bewegung in sich zusammen. Die deutschen Bomber drehen langsam wieder ab und fliegen zu ihren Flugplätzen zurück. Mehr und mehr wird nun versucht das Durcheinander in den russischen Reihen zu ordnen. Offiziere, Unteroffiziere und Kommissare versuchen Herr der Lage zu werden. Genau diese nimmt sich Riedel nun als Ziele vor. Ruhig als ob er noch nie etwas anderes gemacht hätte, zielt er trotz der heranbrechenden Dunkelheit mit seinem Karabiner. Ungeachtet der herrschenden Kälte zittert er kein bisschen. Einen russischen Soldaten nach dem anderen erledigt er auf dieser Weise. Im, noch immer anhaltendem Chaos registrieren die Sowjets die neue Gefahr noch gar nicht. Erst

Rex Germania I - Entstehung des Neuen Deutschen Reiches

nach dem nächsten Abschuss bemerkt ein russischer
Offizier, anscheinend anhand des Mündungsfeuers die
neue Bedrohung und schlägt Alarm. Doch dies nutzt
diesem nichts mehr, auch er wird von Riedel erfasst
und erschossen.
Nun jedoch wissen die Sowjets, woher die Gefahr
kommt. Anerkennend nimmt sich Klaudius vor, den
Unteroffizier zu einem Lehrgang als Scharfschütze an-
zumelden. Doch nun sieht er durch das Fernglas, wie
sich einige Kanonen der rochierenden T-34 und KW-1
auf das Haus eindrehen. Auch die Mitgefahrenen SU-
76 und einige angehängte 7,62 cm Feldgeschütze werden in Stellung gebracht. „Vorsicht, es wird Zeit, das
wir verschwinden! Der Iwan geht in Stellung! " ruft
Klaudius. Durch den Rauch und Qualm der Explosionen sehen die beiden Landser wie sich die Sowjets sich
zum Angriff formieren. Noch ehe die Männer ihre ganzen Sachen zusammenpacken können, schlagen die
ersten Granaten im Haus ein. Die drei Soldaten liegen
flach auf dem Boden. Sie werden von oben bis unten
mit Staub, Mörtel und Steintrümmern bedeckt und
schon schlagen die nächsten Granaten ein. Das Gebälk
fängt an zu zittern und die ersten Balken lösen sich
und fallen hernieder. Noch ehe die nächsten Granaten
einschlagen, richten sich die Landser wieder auf, klop-
fen sich den Staub von den Uniformen und eilen in das
Erdgeschoss hinunter. Auf den letzten Metern wird der
junge Landser, welcher eigentlich Unteroffizier Riedel
unterstützen sollte, von einem herunterfallenden Dach-
balken erwischt. Beim ersten Blick sieht Klaudius, das
dort nichts mehr zu machen ist. Der schwere Balken
hat dem jungen Pionier den Brustkorb und den Bauch
zerquetscht. Riedel kann als letzte Handlung nur noch

die halbe Erkennungsmarke des jungen Soldaten an sich nehmen. Unten im Erdgeschoss herrscht bereits Aufbruchsstimmung. Wieder schlagen Granaten ein und lassen das Haus in seinen Grundfesten erzittern. „Los alle raus aus der Bude!" ruft der Feldwebel und schon sind die Soldaten aus dem Haus raus. Auch auf der Dorfstraße schlagen immer wieder Granaten ein und reißen die Pflastersteine heraus. In schnellen Sprüngen jagen die Soldaten von Deckung zu Deckung und nähern sich dem kleinen Schuppen, welcher als Funkstelle dient.
„Feldwebel, überlassen wir den Russen etwa kampflos das Dorf?" ruft ein junger Pionier dem Feldwebel zu. „Witzbold." denkt sich Klaudius, „Wie sollen wir die Russen den bekämpfen, ohne panzerbrechende Waffen?". In der nächsten Deckung meint Klaudius zu dem jungen Landser. „Wird uns wohl erstmal nichts anderes übrigbleiben. Aber wartet mal ab, wenn alles so klappt, wie von der Führung geplant, werden die Russen nicht viel Freude an dem Dorf haben!" Kurz vor dem Funkschuppen wird die Gruppe um Feldwebel Klaudius nochmals von einem Granathagel überrascht. Gerade noch können sie sich in Deckung werfen. Leider schaffen es nicht alle und ein weiterer junger Pionier wird von Granatsplittern zersiebt und sackt laut aufschreiend zusammen. Als Klaudius und Steinbach sich umschauen, sehen sie den jungen Soldaten im eigenen Blut liegend auf der Straße.

Auch dort kommt jede Hilfe zu spät.

Rex Germania I - Entstehung des Neuen Deutschen Reiches

Aus dem Hintergrund sehen sie die Gruppe von Unteroffizier Berger, durch die Finsternis auf sie zustürmen und ebenfalls von Deckung zu Deckung springen. Als die Gruppe heran ist, reißt Klaudius die alte, morsche Holztür auf und ruft, ohne einzutreten „Funkspruch raus zur Division, Feuerbefehl auf eigene Stellung im Dorf und Vorfeld! Und man soll uns so schnell wie möglich abholen! Danach abbauen und weg!" Die Obergefreite Sommer macht sich sofort an den Funkspruch, der Gefreite Bast packt schon mal ihre Sachen zusammen, verstaut sie in den bereitgestellten Rucksack und setzt ihn sich schon mal auf, um sofort aufbrechen zu können.
Die Gruppen von Steinbach und Berger haben in den umliegenden Häusern Stellung bezogen, genauso wie der Unteroffizier Riedel und Feldwebel Klaudius selber. Sie können beobachten, wie die Rotarmisten, mit Panzerdeckung langsam in das Dorf vordringen. Immer wieder brechen sie in ein Haus ein und durchsuchen es, oder die Panzer feuern in die Häuser hinein. Dennoch kommen sie den Gruppen um Feldwebel Klaudius immer näher.
Wenige Minuten später stürmt der Funktrupp aus dem Schuppen, gemeinsam mit den übrigen Soldaten setzen sie sich nun aus dem Dorf ab.
Die Russen verfolgen sie nicht und so kommen sie unangefochten aus dem Dorf und warten ungefähr einen Kilometer dahinter hinter einem flachen Hügel. Die Dunkelheit hat sie hervorragend gedeckt
Klaudius, Riedel und Berger liegen auf der Hügelkuppe, jeder ein Zeiss- Glas vor den Augen, versuchen so gut wie möglich die Dunkelheit zu durchbohren

und beobachten das Dorf und besonders den Dorfausgang, ob die Russen nachstoßen und sie sich weiter zu Fuss absetzen müssen.

Plötzlich hören sie ein, immer lauter werdendes Donnern, die Soldaten blicken nach hinten in Richtung Rostow. Dort scheint der Himmel zu brennen.
Wieder blicken die drei Soldaten auf der Hügelkuppe in Richtung Dorf. Dort bricht die Hölle auf. Gewaltige Kaliber von Artillerie müssen dort einschlagen. Durch eine einzige Granate werden Häuser eingestampft, Panzer verschwinden im Nichts, eine riesige Feuerglocke liegt über dem Dorf und dem näheren Vorfeld. Fasziniert beobachten die Soldaten das finstere Schauspiel, bis Feldwebel Marcus Klaudius nach ein paar Minuten gegen den, bis zu ihnen anbrandenden Lärm ruft „Los Männer alles zurück, dort bleibt kein Stein auf dem anderen. Das überlebt niemand."
Sie brechen auf und nach wenigen Kilometern werden sie von zwei Opel Blitz aufgesammelt und nach Rostow gebracht - Die Abwehrschlacht um Rostow hat nun begonnen.

Romowe . Der Verlag – Buchempfehlungen

Wolfgang Luley – Deutschland für alle, die es hassen

ISBN 9783946557

Mit wenigen Worten viel erreichen? Mancher Satz, von Wolfgang Luley Werk "Deutschland - für alle die es hassen", kommt leicht daher und ist tiefgründiger als erwartet.

Hagen Ernst – Volsunga-Saga und andere Helden

ISBN 9781517618674

Tauchen Sie ein, in eine uns bekannte und doch so ferne Welt. In die Welt des Nordens, in die Welt der altdeutschen Sagen. In die Welt der Menschen und Götter. In die Welt unserer Vorfahren und Geschichtenerzähler. In die Welt der Helden. Geschichten, einst weitergereicht von Mund zu Mund, die uns erzählen von Neid, von Missgunst, von Verrat, von Gewalt und von Liebe. Von Treue und Eide. Von Krieg und Friede, von Macht und Armut. In die Welt von einst! In unsere Welt! Denn es ist auch die Welt der Weisheit und Weisheiten, die Welt des Glaubens, Hoffens und die Welt des Wissens. Die Welt der Demut und der Rache, die Welt der Menschen.

Es ist die Welt in der Frauen sich rächen, Männer kämpfen und aus Kindern Helden werden.

Weitere Bücher auf www.romowe.de

Romowe. Der Verlag

Tanja Krienen – Das Ziel in weiter Ferne

ISBN 9783946557128

Die **KRIENEN** ist wieder da – mit Geschichten, Aphorismen, Denkanstössen und … Lesen Sie selbst!

Illustration Livius Bootz; Vorworte: Ronald M. Hahn, Dietrich Kantel & Hagen Ernst

Rex Germania I - Entstehung des Neuen Deutschen Reiches

Zum Autor:

Der 1985 geborene Heiko Piller beschäftigt sich schon seit seinen Kindheitstagen mit der deutschen Militärgeschichte und -technik. Vom deutschen Kaiserreich bis heute. Der aktive Reservist ist Vater eines Sohnes und schreibt in seiner freien Zeit. Die vorliegende Military-Fiction ist der erste Roman, der von ihm veröffentlicht wurde. Rex Germania ist eine Fortsetzungsreihe mit der er seit vielen Jahren schwanger trägt. Doch auch Sachfragen zu Preußen und dem Militär im Kaiserreich beantwortete Piller auf bekannten Webseiten.

Zum Verlag

Romowe, 2013 gegründet als Kleinst-Autoren-Verlag, produziert Schriften unterschiedlicher Couleur. Dazu gehören Bücher und Zeitschriften, Internetauftritte und Veranstaltungen die sich der Geschichte, der Moderne, der Kultur, der Politik, der Tradition und dem Neuen widmen. Zusätzlich bietet Romowe nach 5jähriger Präsenz Dinge zum Leben. Denn Lesen und Leben gehören für uns zusammen.
Eines vereint alle Sparten des Romowe-Konzeptes: Alle Mitstreiter verpflichten sich dem Erhalt der freien Meinungskultur. Wir sind überzeugt, dass nur eine freie Meinungsbildung, fernab von Dogmen, zu einer echten Meinungsfreiheit führen kann.

Romowe. Der Verlag

www.ingramcontent.com/pod-product-compliance
Lightning Source LLC
Chambersburg PA
CBHW060505090426
42735CB00011B/2120